Esoterik

Herausgegeben von Gerhard Riemann

Walther Howe ist Sozialpädagoge und Historiker. Er arbeitet seit mehreren Jahren hauptberuflich als lehrender und beratender Astrologe.

Bildnachweis: S. 41 dpa · S. 63, 85, 107, 127, 145, 167, 191, 213, 235, 255, 275
Archiv für Kunst und Geschichte, Berlin

Originalausgabe August 1990
© 1990 Droemersche Verlagsanstalt Th. Knaur Nachf., München
Umschlaggestaltung Dieter Bonhorst
Satz MPM, Wasserburg
Druck und Bindung Ebner Ulm
Printed in Germany   5   4
ISBN 3-426-04219-3

Walther Howe:

Aszendent und Persönlichkeit

Inhaltsverzeichnis

Dank

Es ist mir eine Freude, an dieser Stelle denjenigen zu danken, die mir bei der Verwirklichung dieses Buches geholfen haben. Dabei denke ich vor allem an Christa, die mir bei meiner Arbeit immer wieder Mut machte, die meine Kapitel mit großer Geduld Korrektur las und die schließlich alle Zeichnungen anfertigte. Gelegentliche Fachdiskussionen mit Michael brachten mir neue Gedanken nahe und bereicherten auf diese Art meine Kreativität.

Schließlich gaben mir alle, die vorab einzelne Kapitel kritisch lasen, wertvolle Anregungen.

Ohne die mir von allen Seiten entgegengebrachte Unterstützung hätte ich dieses Buch sicherlich nie geschrieben.

Dank

Vorwort

Auf der Landkarte der populären Astrologie gibt es nur noch wenige weiße Flecken. Die Zahl der Veröffentlichungen ist Legion, und zu fast jedem noch so speziellen Thema gibt es das passende Buch.

In einer Zeit, in der man mit Erfolg astrologische Kochbücher (im Wortsinn zu verstehen!) für Hunde und Katzen verkaufen kann, nimmt es wunder, daß keiner ein so grundlegendes Thema wie das des aufsteigenden Zeichens, des Aszendenten, bearbeitet hat. Zwar gibt es einige wenige Bücher, die das Wort »Aszendent« im Namen tragen, ausführlich behandelt wird es jedoch nirgends.

Sein Tierkreiszeichen kennt heute (fast) jeder. Daß der Aszendent mindestens genauso wichtig für die Deutung ist, wissen mittlerweile viele.

Daß es zahllose Tierkreiszeichenbücher gibt, aber keine zu den Aszendentenzeichen, mag vielleicht damit zusammenhängen, daß man sein Tierkreiszeichen durch den Geburtstag bereits kennt, während der Aszendent von der Geburtsminute und dem Geburtsort abhängig ist.

Dieser Umstand zeigt jedoch bereits dem Laien, um wieviel wichtiger die Aszendentenstellung zu werten ist: Eine Tierkreiszeichenposition (nämlich die des Aszendenten), die nur für eine bestimmte Minute an einem bestimmten Ort gilt, *muß* ungleich mehr über Charaktere aussagen können als das sogenannte Sternzeichen, das für alle Menschen gilt, die im gleichen Monat geboren sind!

Da dieses Buch eine außerordentlich gute und genaue Aszendententabelle enthält, kann jeder seinen Aszendenten in einer Minute selbst bestimmen, und zwar nicht nur ungefähr, sondern exakt!

Bedauerlicherweise ist es unüblich geworden, daß sich ein Autor die Mühe macht, jahrelang intensiv und sorgfältig Grundlagenforschung zu betreiben, bevor er seine Erkenntnisse veröffentlicht. Ich hatte die Ehre und das Vergnügen, Walther Howe bei der Entwicklung von *Aszendent und Persönlichkeit* begleiten zu dürfen, und war immer wieder beeindruckt, mit welcher Sorgfalt und Akribie jede Aussage hergeleitet und überprüft wurde, wie oft jedes Kapitel überarbeitet wurde, bis es seinen eigenen Ansprüchen genügte.

Durch die Entwicklung eines speziellen Verfahrens gelang es Walther Howe, zusätzlich zum Aszendentenzeichen die mitteleuropäischen Breiten in seine Deutungen mit einzubeziehen. Dies erlaubt außergewöhnlich treffende Aussagen, die über die bisher bekannten Möglichkeiten weit hinausgehen. Howes psychologisch orientierte, einfühlsam geschriebene Aszendentendeutung ist differenzierter, treffender und damit hilfreicher als eine normale Deutung des *gesamten* Horoskops! So ist dieses Buch besser geeignet, Astrologiekritiker durch die Wucht der Tatsachen zu überzeugen, als so manches umfangreiche Deutungs- und Lehrbuch.

Howe ist kein alter Theoretiker, sondern fühlt sich vor allem der (Beratungs-)Praxis verpflichtet. Hilfestellungen und Ratschläge sind keine blutleeren Kopfgeburten, sondern anwendbare Lösungsvorschläge aus der Praxis für die Praxis. Da Howe auf jedweden erhobenen Zeigefinger verzichtet, sich niemals belehrend über den Leser erhebt, ihm vielmehr immer ein liebevoller Begleiter bleibt, fällt es nicht schwer, die angebotenen Lösungsvorschläge als echte Lebenshilfe zu begreifen und anzunehmen.

Der fortgeschrittene Astrologe mag es an der einen oder anderen Stelle bedauern, daß auf jeglichen »Fachjargon« verzichtet wurde. Es war jedoch Howes Absicht, ein Buch zu schreiben, von dem *jeder* profitieren kann, unabhängig von seinen astrologischen Vorkenntnissen.

Dieses Ziel wurde erreicht.

Michael Roscher
Bergheim, im Juni 1990

Grundlagen

Horoskope bestehen im wesentlichen aus drei Deutungselementen: den Planeten, den Tierkreiszeichen und den Häusern.

Die Planeten stellen Energiezentren dar, die bestimmte Antriebe oder Handlungsweisen, die allen Menschen grundsätzlich gemein sind, symbolisieren. So kennen beispielsweise alle Menschen den Wunsch nach Zärtlichkeit und liebevollen Kontakten (Venus). Steht nun die Venus zu einem bestimmten Zeitpunkt z. B. im Steinbock, so wird ihr Licht durch dieses Tierkreiszeichen gefärbt. Verglichen mit einer Laterne, ist der Planet das innen scheinende weiße Licht. Ob außen aber rotes, blaues oder grünes Licht erscheint, hängt von der Farbe des transparenten Papiers ab, das vor die Öffnungen geklebt wurde. In unserem Beispiel bedeutet das, daß Bedürfnisse nach Zuwendung auf Steinbockart geäußert werden. Man fällt also beim Partner nicht gleich mit der Tür ins Haus, ist eher schüchtern und hat eventuell sogar Angst, seine Bedürfnisse zu äußern oder etwas anzunehmen. Man kann sagen, daß die Stellung der Planeten in den Tierkreiszeichen Auskunft darüber gibt, auf welche Art sich ein bestimmtes Prinzip äußern wird.

Die astrologischen Häuser symbolisieren eine weitere Ebene. Sie stellen zwölf Bereiche des täglich erfahrbaren Lebens eines Individuums dar. Stellungen von Planeten in den Häusern geben daher Auskunft darüber, in welchem Lebensbereich sich bestimmte Energien äußern. Das erste Haus steht beispielsweise für die Person an sich sowie ihre instinktive Selbstbehauptung. So zeigt die Stellung der Venus im ersten Haus instinktive Kontaktbereitschaft durch freundliches Verhalten.

Tierkreiszeichen sagen also etwas darüber aus, wie bestimmte Energien der Planeten sich äußern, während die Häuser den konkreten Bereich ihres Auftretens anzeigen.

Die zwölf Häuser werden in vier grundlegende Lebensbereiche unterteilt, die sogenannten Quadranten.

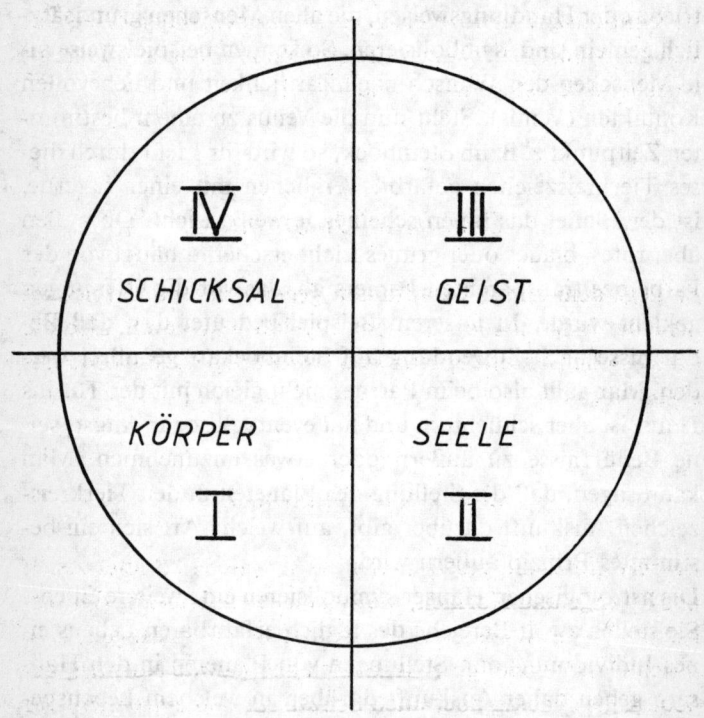

Abbildung 1: Die vier Quadranten

Der erste Quadrant:

Er bezeichnet den Bereich der instinktiven Eigenart eines Individuums. Hier befindet sich alles, was ererbt wurde: Instinkte, unwillkürliche Reaktionen und körperliche Veranlagungen.

Der zweite Quadrant:

Er symbolisiert den Bereich des Seelischen. Hier orientiert sich ein Mensch an seinem Empfinden und handelt dementsprechend selbstbestimmt und subjektiv.

Der dritte Quadrant:

Er liegt dem ersten Quadranten gegenüber und bezeichnet die einer individuellen Existenz zugehörige Umwelt, also die persönlichen Freunde, Ehe- und Geschäftspartner sowie das eigene Denken.

Der vierte Quadrant:

Er bezeichnet die gesellschaftliche Ebene. Hier finden sich alle Zwänge und Normen, die zu einer Relativierung des seelischen Eigenwillens zwingen. Solche Beschränkungen, z. B. durch Gesetze oder gesellschaftlich anerkannte Normen, bedeuten gleichzeitig aber auch Schutz für den einzelnen. Der vierte Quadrant liegt dem zweiten gegenüber.

Das Horoskop wird mit Hilfe zweier Achsen, die durch den Tierkreis gelegt werden, in die vier Quadranten unterteilt. Jede schneidet den Kreis an zwei Punkten. Die erste ist die Horizontlinie. Sie trennt den zum Zeitpunkt der Geburt sichtbaren Teil des Himmels (über dem Horizont) von dem, der gerade nicht sichtbar ist (unter dem Horizont). Die entstehenden Punkte sind der Aszendent (AC) und der Deszendent (DC). Mit dem Aszendenten beginnt der erste Quadrant, mit dem Deszendenten der dritte Quadrant. Auf dieser Achse begegnen sich Subjekt und Objekt, Individuum und persönliche Umwelt. Keines der beiden ist ohne das andere denkbar. Mit der Geburt wird man in eine Umwelt hineingeboren. Eine Existenz ohne das Außen ist nicht vorstellbar.

Aszendent und Deszendent verkörpern also die beiden Pole, die Voraussetzung und Bedingung für menschliches Dasein schlechthin sind. Diese Achse bedeutet daher die Fähigkeit sowie die Aufgabe des Menschen, in einer bestimmten Umwelt auf dieser Erde leben zu müssen.

Die andere Achse schneidet den Kreis an den Punkten »Himmelsmitte« (MC = Medium Coeli) und »Himmelstiefe« (IC = Imum Coeli). Diese Achse trennt den Himmel in eine östliche und eine westliche Hälfte. Am MC beginnt der vierte Quadrant, am IC der gegenüberliegende zweite Quadrant. Auch hier entsteht eine Polarität. Sie zeigt auf, daß individuell subjektives Empfinden in diesem Leben immer nur zeitbezogen denkbar ist. Gefühl und damit Orientierung aus sich selbst ist nur aus einer real gegebenen Situation heraus sinnvoll. Es gilt, in jedem Moment den eigenen Standort unter den gegebenen objektiven Bedingungen zu bestimmen.

So bezeichnen die beiden grundlegenden Achsen des astrolo-

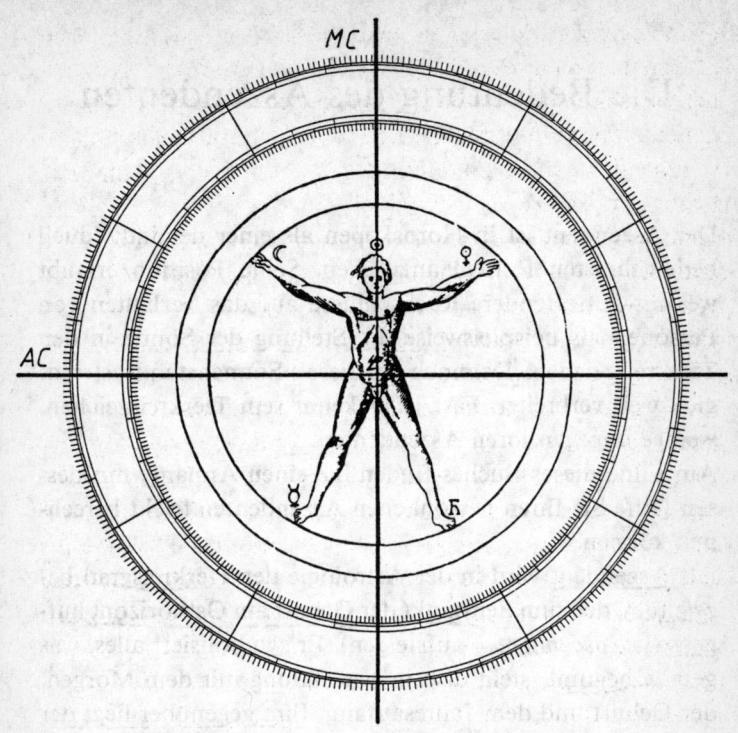

Abbildung 2: Die Kreuzigung im Realen

gischen Häusersystems die zwei wesentlichen Ebenen des menschlichen Daseins. Das Hier und Jetzt. Zusammen bilden sie das Kreuz der Inkarnation, das jedes lebende Wesen auf sich genommen hat.

Die Bedeutung des Aszendenten

Der Aszendent ist in Horoskopen als einer der individuell bedeutsamsten Punkte anzusehen. Seine Position erlaubt weitaus zutreffendere Rückschlüsse auf das Verhalten von Personen als beispielsweise die Stellung der Sonne in den Tierkreiszeichen. Dennoch ist diese »Sonnenstandsastrologie« weit verbreitet: Fast jeder kennt sein Tierkreiszeichen, wenige dagegen ihren Aszendenten.

Am Ende dieses Buches finden Sie einen Anhang, mit dessen Hilfe Sie Ihren persönlichen Aszendenten leicht berechnen können.

Als Aszendent wird in der Astrologie der Tierkreisgrad bezeichnet, der zum Zeitpunkt der Geburt am Osthorizont aufgeht (lat. *ascendere* = aufsteigen). Er symbolisiert alles, was gerade beginnt, steht also in Verbindung mit dem Morgen, der Geburt und dem Jahresanfang. Ihm gegenüber liegt der absteigende Punkt, der Deszendent (lat. *descendere* = absteigen). Dieser repräsentiert alles Untergehende und Endende, z. B. den Abend, das Alter und das Jahresende. Aufgrund seiner relativ schnellen Bewegung (etwa ein Grad in vier Minuten) ist der Aszendent zusammen mit dem Medium Coeli als einer der individuell bedeutsamsten Punkte im Horoskop anzusehen.

Mit dem Aszendenten beginnt zugleich das erste Haus. Dieses steht in der Astrologie für die instinktive Eigenart eines Menschen. Damit wird all das symbolisiert, was einer Person an triebmäßigem Aktionspotential eigen ist, ohne dabei

18

in der Regel eine Aussage darüber zu erlauben, wo dieses Potential gelebt werden wird. Der Aszendent beschreibt damit den angelegten Anspruch eines Menschen an die Welt. Wie dieses Potential gelebt wird, zeigen dagegen die Planeten an.

Im wesentlichen[1] hat sich nun die Astrologie in den letzten Jahren und Jahrzehnten damit begnügt, den Aszendenten, diesen immerhin als wichtigen persönlichen Faktor eingeschätzten Punkt, lediglich im Bezug zum jeweiligen aufsteigenden Tierkreiszeichen zu untersuchen. Dringt man jedoch ein wenig tiefer in die Materie ein, so zeigt sich, daß diese Betrachtungsweise notwendig zu unvollständigen Ergebnissen führen muß. Meines Erachtens läßt sich gerade in der Astrologie kein einzelner Punkt — und schon gar nicht der Aszendent — losgelöst von seinem Zusammenhang interpretieren. Aus dem System der Häuser, das die gesamte zwölfgeteilte potentielle Wirklichkeit eines Menschen umfaßt, lassen sich ohne inhaltliche Verluste keine Einzelteile aussondern. Der Bedeutungsschwund steigt mit jedem nicht berücksichtigten Faktor.

So ist es zwar durchaus interessant zu wissen, daß jemand mit einem Waageaszendenten besonders freundlich und kompromißbereit reagiert. Wirklich verstanden wird diese Aussage aber erst, wenn weitere Informationen darüber geliefert werden, auf welche Umwelt dieser Mensch so kompromißbereit reagiert. Isolierte Einzelinformation wirft stets mehr Fragen auf, als sie beantworten kann.

---

[1] Der letzte, der sich vor fast hundert Jahren um eine umfassendere Betrachtung des Aszendenten bemühte, war der verdienstvolle Astrologe Karl Brandler-Pracht. Vgl. Karl Brandler-Pracht, *Astrologische Kollektion*, Berlin 1921, 2. Auflage.

Aszendent und Häuser

Nun läßt die genaue Position des Aszendenten für bekannte geographische Breiten Rückschlüsse auf die Lage aller anderen Häuserspitzen in den jeweiligen Tierkreiszeichen zu. Das heißt, daß aufgrund eines als bekannt vorausgesetzten Aszendenten gleichzeitig Informationen über Verhaltens-

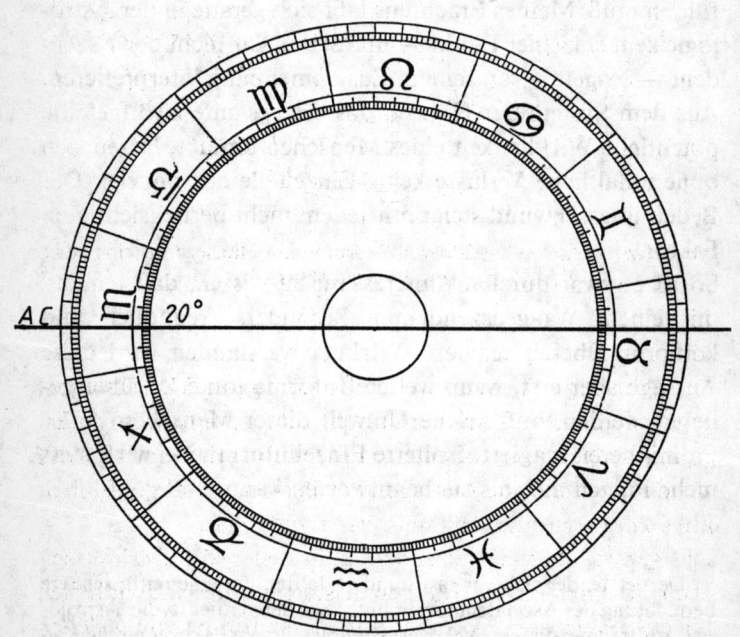

Abbildung 3: Aszendent 20 Grad Skorpion

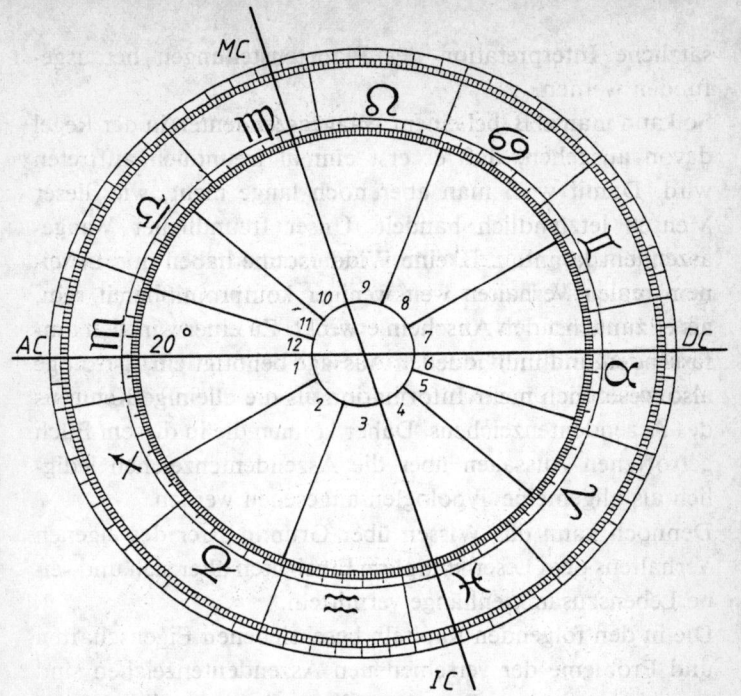

Abbildung 4: Aszendent 20 Grad Skorpion mit Häusern für eine nördliche Breite von 50 Grad (Frankfurt/M.)

muster, z. B. in Partnerschaft, Elternbezug und Berufsleben, gegeben sind. Zusammen mit dem Bild der instinktiven Eigen-art, welche der Aszendent beschreibt, wird eine sinnvoll zusammenhängende Aussage über Personen und die Einheit ihres Lebenszusammenhangs erst ermöglicht.

Die Kapitel über die Aszendenten in den zwölf Tierkreiszeichen beschreiben die Bühnenausstattung des individuellen Lebens. Welches Stück aber auf dieser Bühne von welchen Schauspielern gespielt werden wird, kann nur durch die zusätzliche Interpretation der Planetenstellungen herausgefunden werden.

So kann man z. B. bei einem Waageaszendenten in der Regel davon ausgehen, daß er erst einmal freundlich auftreten wird. Damit weiß man aber noch lange nicht, wie dieser Mensch letztendlich handelt. Unser freundlicher Waageaszendent könnte z. B. eine Widdersonne haben und in seinem realen Verhalten weit weniger kompromißbereit sein, als es zunächst den Anschein erweckt. Zu einer wirklich umfassenden und individuellen Aussage benötigt ein Astrologe also wesentlich mehr Information als die alleinige Kenntnis des Aszendentenzeichens. Daher können die in diesem Buch getroffenen Aussagen über die Aszendentenzeichen lediglich als allgemeine Typologien angesehen werden.

Dennoch kann das Wissen über Grundmuster des eigenen Verhaltens dem Leser komplexe Einsichten über sich und seine Lebenszusammenhänge vermitteln.

Die in den folgenden Kapiteln beschriebenen Eigenschaften und Probleme der verschiedenen Aszendentenzeichen sind empirisch erhärtet. Den getroffenen Aussagen liegen umfangreiche biographische Studien zugrunde, die in zum Teil überraschender Weise Übereinstimmendes zwischen Persönlichkeiten mit demselben Aszendentenzeichen zutage förderten.

Aszendent Widder

Bekannte Widderaszendenten

Armstrong, Louis (Musiker)
Baez, Joan (Sängerin)
Brandt, Willy (Politiker)
Breschnew, Leonid (Politiker)
Cash, Johnny (Sänger)
Castaneda, Carlos (Schriftsteller)
Delp, Alfred (Theologe; Widerstand im Dritten Reich)
Eisenhower, Dwight D. (Militär, Präsident der USA)
Gandhi, Indira (Politikerin)
Hutton, Barbara (Schauspielerin)
Kennedy, Robert (Politiker)
Kohl, Helmut (Politiker)
Laing, Ronald D. (Psychoanalytiker)
Martin, Dean (Schauspieler)
Miller, Henry (Schriftsteller)
Mirabeau, Octave (Schriftsteller, Journalist)
Proust, Marcel (Schriftsteller)
Rockefeller, John D. (Industrieller)

Widderaszendenten

Mit dem Widder beginnt der astrologische Tierkreis. Er symbolisiert daher Inkarnation, Beginn und Aufbruch. Die instinktive Eigenart dieser Menschen richtet sich vor allem

23

auf die *Individualisierung*, die *Ich-Werdung* durch Bewegung, Aktion und *Selbstbehauptung*. Die wesentlichsten Kennzeichen des Widderaszendenten ergeben sich aus der Situation des unbelasteten, gleichsam geschichtslosen Neubeginns, der das verborgene, durch keine Erinnerung getrübte uralte Wissen am reinsten verkörpert.

Widderaszendenten erkennt man in aller Regel an ihrer *direkten* und *natürlichen Art*. Für diese Menschen ist es das Selbstverständlichste auf der Welt, sich offen zu sich und ihren Wünschen zu bekennen und diese sofort und ohne alle Umschweife in die Tat umzusetzen. Aufgrund ihres impulsiven, jederzeit aufflackernden *Aktivitätsdranges* wirken sie auch in fortgeschrittenem Alter noch jugendlich frisch und unverbraucht und verfolgen ihre jeweiligen Ziele mit ungebremst vehementem Energieeinsatz. Das will aber keineswegs heißen, daß sich die Geborenen dabei besonders rücksichtslos oder gar egoistisch verhielten. Es fällt ihnen lediglich wesentlich leichter als anderen, sich auf ihren eigenen Standpunkt zu stellen und ihre Anliegen zu vertreten. Das macht den Umgang mit ihnen relativ *unkompliziert*. Spannungen und Differenzen mit ihren Mitmenschen tragen sie sofort aus. Meinungsverschiedenheiten liegen offen auf dem Tisch, werden nicht harmonisiert oder »schöngelogen«. Manche lehnen dieses Verhalten als undiplomatisch oder gar grob ab, doch andererseits weiß man bei Widderaszendenten meist genau, woran man ist. Aufgrund dieser gelegentlich etwas ungehobelt wirkenden, aber urwüchsig-offenen und herzlichen Art sind sie bei ihren Mitmenschen meist ausgesprochen beliebt. Selbst wenn sich andere manchmal gehörig »auf den Schlips« getreten fühlen, kann ihnen keiner auf die Dauer ernsthaft böse sein.

Widderaszendenten verkörpern in besonderem Maße archetypische Urbilder unserer nomadisch umherziehenden Vorfahren, der Jäger und Sammler. Ihre instinktiven Reaktionen sind in hohem Maße auf kämpferische *Selbstbehauptung* in einer prinzipiell feindlichen Umwelt ausgerichtet. Der umherziehende Nomade ist notwendigerweise in der Lage des Eindringlings (z. B. in die Gebiete eines ackerbauenden Stammes) und trägt immer ein aggressives, weil grenzverletzendes, Element in sich. Somit macht er sich ständig angreifbar.

Die Geborenen repräsentieren im tiefsten Innern ihres Wesens jenes unverbildete, noch weitgehend ungezähmte Individuum, das außerhalb jeglicher schützender Gemeinschaft steht. Durch ihre somit meist *exponierte* und jederzeit bedrohte Position können sich diese Menschen eigentlich keine Schwäche leisten. Nur jederzeit *präsente Stärke* kann das Überleben sichern.

Selbstbehauptung bedeutet nun allerdings keineswegs, daß die Widderaszendenten den lieben langen Tag nur auf Kampf und Streit aus sind. Ganz im Gegenteil! Gerade diese Menschen begegnen ihrer Umwelt mit einer beinahe naiven *Offenheit* und *Aufgeschlossenheit.* Fast unschuldig wirkt der Drang, die Welt kennenzulernen, Abenteuer zu erleben und stets neue Herausforderungen zu bestehen. Diese Wünsche sind auch keineswegs darauf ausgerichtet, anderen Leid zuzufügen, sondern dienen ausschließlich dazu, sich selbst auf die Probe zu stellen. Nur so läßt sich herausfinden, ob man der Welt draußen gewachsen ist oder nicht. Stellt sich ihm etwas in den Weg, so neigt der Widderaszendent allerdings zu dem Versuch, diesen Widerstand einfach kurzerhand zu überrollen, welcher Natur er auch immer sei. Kommt es zu Kämpfen, so möchte er immer gewinnen und *der Erste sein.*

In der Regel führt der Wunsch nach unmittelbarer, aktiv herbeigeführter Triebbefriedigung zu einem ausgesprochen abwechslungsreichen und spannenden Leben. Anderen kommt dieses Treiben manchmal etwas unruhig oder gar hektisch vor. In der Tat fehlt den Widderaszendenten in ihrer *Ungeduld* und *Unrast* oft die Ruhe, notwendige Entwicklungen abzuwarten, womit sie sich manchmal um die Früchte ihrer zahlreichen Anstrengungen bringen können. Sie stürzen sich mit aller Kraft auf neue Projekte oder winkende amouröse Abenteuer und setzen gerade am Beginn eines Unternehmens häufig enorme Energien frei. Alte Pläne und Vorhaben, in welche man möglicherweise bereits viel Kraft und Zeit investiert hat, werden dagegen des öfteren unvermittelt über den Haufen geworfen, meist ohne jedes Bedauern. Die Neigung, die eigenen Bedürfnisse stets direkt — daher auch *nicht reflektiert* oder kontrolliert — auszuleben, bedeutet eine vielfach geringere Distanz gegenüber den eigenen Wünschen, die man sofort und ohne Aufschub befriedigen möchte. Zum Nachdenken bleibt oft keine Zeit.

Im Extrem fänden wir Menschen, deren Reaktionen — unfähig zu einer Distanz sich oder der Situation gegenüber — weitgehend von außen bestimmt würden. So kann aus dem Antreibenden unversehens ein hilf- und richtungslos Getriebener werden. *Spontaneität* und der bekannte Hang, auf vielfältige Verlockungen sofort anzuspringen, können neben einer Überforderung und Zersplitterung der eigenen Kräfte zu steigender Fremdbestimmung führen.

So fällt es manchen Widderaszendenten nicht gerade leicht, sich auf ihre zentralen Anliegen zu konzentrieren und dort erzielte Erfolge zu konsolidieren. Statt dessen hat mancher all seine Energien auf einmal verausgabt, während er gar nicht mehr so genau weiß, wofür und wieso. Man fühlt sich hohl und ausgebrannt, hat aber Schwierigkeiten, sich das einzugestehen, nicht zuletzt deshalb, weil man sich gegenüber den Mitmenschen keine Blöße geben will. Man sollte lernen, seine Energien so einzuteilen, daß noch Kraft bleibt, Angefangenes zu Ende zu führen, zu bewahren oder zu genießen.

Die weitgehend vorurteilsfreie Aufgeschlossenheit der Geborenen gegenüber allem und jedem kann eine gewisse *Unberechenbarkeit* nach sich ziehen. Viele lassen sich zu leicht von den ihnen wesentlichen Dingen ablenken, weil sie oft völlig *unüberlegt reagieren* und sich dabei nur unzureichend in der Lage zeigen, die Folgen für sich und andere angemessen zu berücksichtigen. Dazu aber wäre es unerläßlich, sich die eigenen Aktivitäten von Zeit zu Zeit (selbst)kritisch vor Augen zu halten und zu prüfen, ob sie noch mit der gewünschten Marschrichtung übereinstimmen. Das kann eine Rückbesinnung auf das Wesentliche und damit eine selbstbestimmte Neuorientierung zur Folge haben.

Jede Vorwärtsbewegung stößt zwangsläufig an Grenzen, die sich dem bislang ungebremsten Fortschreiten des Widderaszendenten entgegenstellen. Dabei ist es unerheblich, ob es sich um Erschöpfung aufgrund körperlicher Aktivitäten oder um ein angenehmes Zusammentreffen (z. B. einen Flirt) handelt. Wichtig ist vielmehr, daß solche Erlebnisse, im Positiven wie im Negativen, die Bewegung der Geborenen zum Anhalten bringen. Sie werden gezwungen, sich die Situation näher zu betrachten und sich zu entscheiden, ob sie sich näher darauf einlassen wollen oder nicht. So bedeuten diese »Grenzen« für den Widderaszendenten nicht nur *Konfrontation* mit neuen Personen oder Ereignissen, sondern vor allem mit sich selbst. Aufgrund seiner Impulsivität erblickt er in solchen Begegnungen jedoch gelegentlich nur

Behinderungen eigener Vorhaben und Ziele, die es schnell niederzuwalzen gilt.

Solches Verhalten ist allerdings eher die Ausnahme. In ihrer Umwelt suchen diese Menschen vor allem das Neue und Aufregende, zeigen sich angezogen von allem Schönen. Dabei stehen vor allem konkrete Genüsse im Vordergrund, wenngleich auch häufig eine Affinität zu den bildenden Künsten besteht. Selten ist es für diese Menschen ein Problem, ihre Ziele, zumindest vordergründig betrachtet, zu erreichen. Oft weiß man jedoch mit dem, was einem vorher so erstrebenswert erschien, nun auf einmal nichts mehr anzufangen. So muß man häufig erst lernen zu genießen. Wer keine Zeit findet, sich seine Eroberungen und Erlebnisse auch zu eigen zu machen, weil er bereits hinter Neuem her ist, der gerät mit sich und seiner Umwelt ins Ungleichgewicht und schließt tiefergehende Erfahrungen mutwillig aus.

Partnerschaften bedeuten für Widderaszendenten grundsätzlich kein besonderes Problem. Selten sind sie kontaktarm, vielmehr meist ausgesprochen beliebt bis begehrt beim anderen Geschlecht. Ihre *Direktheit* und *Offenheit* tragen wesentlich dazu bei, daß in Beziehungen entstehende Probleme schnell geklärt anstatt wie sonst häufig üblich unter den Teppich gekehrt werden. Schon eher besteht die Gefahr, den eventuell sensibleren Partner durch relativ unreflektierte Ausfälle zu verletzen, was in der Situation selbst aber kaum wahrgenommen wird. Unter Umständen merken sie erst später anhand der Reaktionen des anderen, was sie angerichtet haben. Dann tut einem das eigene Verhalten bald leid, das Porzellan ist allerdings bereits zerschlagen und muß mühevoll wieder gekittet werden.

Schwerer fällt es den meisten, sich für den Partner wirklich zu öffnen und damit verletzlich zu machen. Die tiefere Ursache liegt hauptsächlich in der bereits beschriebenen *Einzelkämpfermentalität* der Geborenen. Gerade diese so unverzichtbare eigene Stärke und Unabhängigkeit ist es, die in engen Beziehungen schnell gefährdet erscheinen kann. Bei entsprechender Veranlagung entwickeln sich unter Umständen massive Ängste, die sich hauptsächlich um Themen wie Ausgeliefertsein, hilflose eigene Schwäche und Abhängigkeit drehen. Einige weichen vor diesen im Unterbewußtsein verborgenen Bedrohungen in unverbindliche »one night stands«, »Beziehungen für eine Nacht«, aus. Andere sind zwar äußerlich in einer festen Beziehung, leben innerlich allerdings weitgehend neben ihrem Partner her und machen vielleicht ab und zu einen kleinen Seitensprung. In manchen Fällen wird diese Problematik auch auf die materielle Ebene verlagert. Dann können das Streben nach Geld und (politischer) Macht eventuell dazu dienen, die verdrängten Ängste in Schach zu halten.

Sich dagegen mit seinen Ängsten und Befürchtungen zu konfrontieren und gerade auch eigene Schattenseiten mit dem Partner zu teilen, anstatt sie schamhaft vor ihm zu verbergen, verlangt ein hohes Maß an Mut. Doch könnte sich ein Widderaszendent nicht einmal durch eine Mutprobe ganz anderer Art herausfordern lassen?

In einem solchen Prozeß kann es gelingen, sich dieser Urängste bewußter zu werden und damit das mit ihnen verbundene, bislang nicht integrierte Energiepotential für sich nutzbar zu machen. So kann der Aufbau einer auf Achtung und Vertrauen basierenden Beziehung dem Widderaszendenten helfen, sich von seinem Sieg/Niederlage-Trauma zu befreien. Er erlebt, daß er für seinen Partner auch gerade deswegen so liebenswert ist, weil er nicht immer so stark und mutig ist, wie er es gerne vorgibt.

Mutterbezug

Auch wenn sie das später möglicherweise nicht wahrhaben wollen, sind Widderaszendenten von Haus aus, abgesehen von wenigen Ausnahmen, *sensibel, träumerisch* und *kreativ.* Ihre ausgeprägte *Stimmungsabhängigkeit* erinnert an das bekanntermaßen ebenso launische Aprilwetter. Diese weibliche Seite macht einigen der Geborenen (nicht nur den Männern) allerdings große Probleme, da sie schwer vereinbar mit dem instinktiven Drang nach Aktivität und Stärke erscheint. Inwieweit diese beiden widersprüchlichen Anteile zu einer harmonischen Persönlichkeit verbunden werden können, hängt vor allem von der Qualität der Mutterbeziehung ab.
Im Falle eines harmonischen Mutter-Kind-Verhältnisses förderte die an keine Bedingungen geknüpfte volle Zuwendung der Mutter die Entwicklung stabilen Urvertrauens und gesunden Selbstbewußtseins. Zugleich verkörperte sie vielfach eine klare Ordnung, die jedem Familienmitglied einen Platz zuwies, ohne es jedoch in der Entwicklung seiner Eigenständigkeit zu behindern. Im Idealfall können unter solchen Bedingungen autonome Persönlichkeiten heranreifen, die sich zwar zwanglos in als sinnvoll und nützlich erkannte Regeln oder Gesetze einfügen, sich aber gegen alles Engstirnig-Kleinkarierte entschieden zur Wehr setzen. Sie entwickeln ein hohes Maß an schöpferischer Phantasie, wenn sie sich ab und zu Phasen der Ruhe und Beschaulichkeit gönnen. Hierbei ist besonders auch an die spätere eigene Familie zu denken, die für diese Menschen einen seelisch stabilisierenden Faktor erster Ordnung bedeuten kann. Zur Mutter erhält sich meist eine enge und liebevolle Bindung, die sich auch in der tiefen seelischen Verwurzelung im familiär-heimatlichen Milieu spiegelt. Auch wenn es diese Geborenen selten in ihrer Hei-

mat hält, so träumen sie doch meist von einer Rückkehr zum Mutterboden, dem Ausgangspunkt des eigenen Lebens.

Wenngleich sich bei Widderaszendenten weniger als bei allen anderen Tierkreiszeichen Aussagen über die Qualität des Mutterbezugs treffen lassen, so treten etwa bestehende Problematiken unter diesem Aszendenten doch besonders deutlich zutage. Dem außenstehenden Beobachter scheinen sie nahezu von exemplarischem Charakter zu sein.

Es lassen sich zwei Formen einer schwierigen Mutterbeziehung unterscheiden. Einige Geborene waren einer möglicherweise gutgemeinten, aber oft verhängnisvollen Verzärtelung seitens der Mutter ausgesetzt, die im Extrem zu weitgehender Bevormundung und, daraus resultierend, zu Unselbständigkeit führte. In anderen Familien war die Mutter nicht in der Lage, den Geborenen das Gefühl zu geben, daß sie von ihr geliebt werden. Eventuell standen bei ihrer Erziehung Tugenden wie Pflichterfüllung, Ordnung und Sauberkeit im Vordergrund, während hingegen die mütterliche Wärme klar zu kurz kam. Das daraus resultierende Ungeborgenheitsgefühl wird im Extrem zum zentralen Antrieb des eigenen Handelns. So kann sich z. B. ein stark kompensatorischer *Ehrgeiz* entwickeln, der letztlich nur dazu dient, auf dem Umweg über Leistung und Karriere die damals versagte Mutterliebe doch noch zu erlangen. Nur in seltenen Ausnahmefällen findet man unter diesem Zeichen überangepaßte Leisetreter. Häufiger sind dagegen egoistische *Einzelgänger*, die ihre Ellenbogen skrupellos gebrauchen, weil sie sich allein gegen den Rest der Welt gestellt sehen. Gefühle bedeuten ihnen Schwäche und Unterlegenheit, die sie sich daher nicht leisten können. In seltenen Einzelfällen kann bei beiden Geschlechtern eine Verachtung aller weiblichen Wesensmerkmale die Folge sein.

Das Männliche und das Weibliche bilden aber eine der

grundlegenden Polaritäten unseres Daseins. Jeder trägt beide Seiten in sich. Erst durch die Versöhnung dieser auch widersprüchlichen Anteile in uns können wir uns unserer Ganzheit bewußt werden. Solange die eine Hälfte als Hemmschuh oder gar als zu eliminierende Schwäche erlebt wird, bleibt der Weg zu sich selbst verschlossen. Gerade für Widderaszendenten ist es daher wichtig, auch ihre weibliche und emotionale Seite anzunehmen. Ein erster Schritt könnte z. B. darin bestehen, auftretende Rückzugsbedürfnisse nicht sofort mit neuen Aktivitäten zu betäuben, sondern ihnen tatsächlich nachzugeben. Die dabei verstärkt ins Bewußtsein drängenden Empfindungen können einen Zugang zur eigenen Wirklichkeit öffnen und damit zunehmende Orientierung an den innersten Bedürfnissen ermöglichen. Erst auf diesem Boden entfaltet sich die oben beschriebene Kreativität der Geborenen angemessen. So kann durch die Bereitschaft, solche Gefühle — und damit die andere Seite von sich selbst — ernst zu nehmen, die Grundvoraussetzung für selbstbestimmtes Handeln gelegt werden.

Was den Vaterbezug betrifft, so lassen sich bei Widdergeborenen zwei Typen unterscheiden: der Labile (ca. 0 bis 25 Grad Widder) und der Selbständige (ca. 25 bis 29 Grad Widder).

Der Labile

Bei diesen Geborenen zogen in der Regel beide Elternteile erzieherisch wie auch persönlich an einem Strang. Häufig entwickelte sich eine Rollenteilung zwischen den Eltern von der Art, daß einer der beiden die emotionale Zuwendung gab, während der andere für Ordnung sorgte. Vielfach entwickelte der Vater nahezu mütterliche Qualitäten, während die

Mutter eher streng erlebt wurde. Umgekehrt stand eine eher sanftmütige Mutter dem männlichen Patriarchen hilfreich zur Seite. In seltenen Erziehungsfällen versuchte eine alleinerziehende Mutter, ihren Kindern den Vater zu ersetzen.

Auch der Vater vermittelte in der Regel mehr Geborgenheit und Sicherheit als Ansporn zur Kreativität. So kann man häufig von einer (über)behüteten Kindheit sprechen, ein Klima, welches die Neigung dieses Typs zu Passivität und Egozentrierung vielfach unterstützte. In manchen Fällen war der Vater stark auf sich selbst konzentriert und verband seine zweifellos vorhandene zärtliche Liebe zu den Geborenen mit einem überraschenden Desinteresse an deren eigenständiger Entwicklung bzw. Selbstverwirklichung. Von sich aus legte er ihnen keine Steine in den Weg, solange er seine eigenen Interessen nicht berührt sah. Diese setzte er aber unter Umständen rigide durch. Häufig blieben die Widderaszendenten dieses Typs, was ihre Selbstverwirklichung angeht, weitgehend auf sich gestellt.

Mangels positiver Verstärkung von seiten des Vaters entwickelte sich manchmal ein unzureichendes Vertrauen in die eigene Leistungsfähigkeit. Da die Entwicklung von den Eltern im großen und ganzen weder gefördert noch behindert wurde, lernte dieser Typ schon früh, seine Interessen allein durchzusetzen.

In anderen Fällen übertrug ein innerlich unselbständig gebliebener Vater seine eigenen Lebensängste durch übertriebene Fürsorge auf die Geborenen. Hier besteht die Gefahr, daß die Widderaszendenten aus Bequemlichkeit in der gewünschten Kindrolle verharren. Dies erlaubt ein — wenn auch mit Unselbständigkeit erkauftes — relativ unkontrolliertes Ausleben von Stimmungen, ohne dafür irgendwelche Pflichten übernehmen zu müssen. Manchmal kompensierte der Vater seine

Schwäche auch durch einen autoritären Anspruch. War dieses Regiment allzu streng, so blieb den Kindern eventuell nur die Flucht in eine Verweigerungshaltung, die sich zu Rebellion und destruktiver Opposition steigern konnte.

Die Geborenen dieses Typs sind normalerweise ausgesprochen auf sich fixiert, um nicht zu sagen *egozentriert*. Dies ist sicherlich teilweise als eine direkte Folge des väterlichen Desinteresses an der eigenständigen Entwicklung anzusehen. Die Wahrnehmung der Widderaszendenten ist fast ausschließlich auf das eigene Wohlbefinden ausgerichtet, während ihnen das, was andere darüber meinen oder denken, gleichgültig ist. Zu den eigenen Empfindungen besteht vielfach kaum Distanz, Bedürfnisbefriedigung wird sofort angestrebt und entspringt in der Regel einer weitgehend unkontrollierten momentanen Laune. Phasen der Aktivität sowie der guten Stimmung folgen unvermittelt auf solche der absoluten Lustlosigkeit, Passivität und Niedergeschlagenheit. Eventuell auftretenden Schwierigkeiten geht man am liebsten aus dem Weg und räumt sie erst dann widerwillig beiseite, wenn es kaum mehr anders geht. Mit Unangenehmem beschäftigt man sich nur so weit wie unbedingt nötig, um das eigene Wohlbefinden zu wahren. Insofern werden auch die väterlichen (elterlichen) Ge- und Verbote als gegeben hingenommen, sofern sie nicht den Eigenwillen behindern. Man versucht, sich soviel Freiraum wie möglich zu nehmen, und nutzt günstige Gelegenheiten aus, um ungestraft Grenzen zu übertreten.

In allen diesen Fällen kam der Vater nur bedingt als Vorbild für männlich-aktive Qualitäten in Betracht, selbst wenn ein enges emotionales Verhältnis zu ihm bestand. Er wird daher oft entweder als Schwächling abgelehnt oder als rücksichtsloser Patriarch bekämpft. Diese Ausgangssituation führt vielfach zu Handlungsunsicherheit und leichter Irritierbarkeit. Beide Geschlechter neigen eher zu einer Überkompensation seelischer Instabilität, indem sie sich betont selbstsicher geben, um innen wie außen keine Zweifel an der eigenen Entschlossenheit aufkommen zu lassen. *Hyperaktivität*, Arroganz, Prahlerei und demonstrierte Egozentrik sollen helfen, Schwächen zu vertuschen.

Bei einigen führt die negative Grundeinstellung gegenüber dem »feindlichen Außen« zu dem Drang, sich von der Gegenwart abzuwenden und hinabzusteigen in die Geborgenheit der eigenen Ursprünge. Was einem die Welt mit ihren Regeln versagt, findet man im besten Falle in der eigenen Vergangenheit, die man sich immer wieder herbeiträumt. Diese Träume sollten nicht nur zugelassen werden. Mindestens ebenso wichtig ist es für die Geborenen, das, was sie so herbeisehnen, auch konkret anzustreben, auch wenn die Realisierung zunächst illusorisch oder nur schwer erreichbar scheint. Manche haben einfach Angst, ihr Leben selbst in die Hand zu nehmen. Haupthindernis ist dabei ein passiver Subjektivismus, der die Übernahme von Verantwortung für sich und andere gerne ablehnt. Lieber lassen sich viele (von ihren Launen) treiben und wursteln sich irgendwie, am besten so bequem wie möglich, durch. Grundlegend etwas zu verändern ist ihnen einfach zu anstrengend.

Für diese Geborenen ist es daher wichtig, sich vom negativen Vaterbild zu trennen und für sich selbst klare Handlungsformen zu finden. Dabei kann es z. B. sehr nützlich sein, sich vor allem auf solche Ziele zu konzentrieren, deren Verwirklichung einem besonders am Herzen liegt. Deren Realisierung wiederum stärkt automatisch das Bewußtsein der eigenen Handlungsfähigkeit. Dabei kann es hilfreich sein, wenigstens eine gewisse Distanz zu den vielfältigen spontanen Empfindungen zu entwickeln, um sich nicht heillos zu verzetteln.

Der Selbständige

Bei diesem, in unseren Breiten allerdings nur äußerst selten anzutreffenden Typ bestand meist eine harmonische Beziehung zwischen den Elternteilen. Diese verkörperten klar unterscheidbare Rollen. Der Vater war durch seine beruflichen Aufgaben eher selten zu Hause, während die Mutter das häusliche Leben prägte. Beide neigten zu einer eher konservativen Grundeinstellung, die jedoch besonders von der Mutter vorgelebt und vertreten wurde. Gesellschaftlich hatte der Vater vielfach den Ruf eines originellen Außenseiters, dessen beruflicher Aufstieg von abrupten Umschwüngen gekennzeichnet war.

Trotz seiner häufigen Abwesenheit gelang es dem Vater aber meistens, eine warme und herzliche Beziehung zu den Geborenen aufzubauen. In späteren Jahren fiel es ihm zwar nicht immer leicht, die beruflichen Wünsche der Kinder zu akzeptieren, unterstützte aber dennoch ihre wachsende Selbständigkeit oft weit mehr als die Mutter.

Dieser Typ ist bei aller Sensibilität als sehr robust und aktiv anzusehen. Besonders in der Jugend führten sich die Geborenen oft derart lausbubenhaft und ungezogen auf, daß sie ihren Eltern manchmal als regelrechte Plage erscheinen mußten. Auch strengere Erziehungsmethoden konnten die unbändige Energie kaum im Zaum halten. Eine besondere Vorliebe entwickelten viele schon früh für Spiele und sportliche Betätigungen mit Wettkampfcharakter. Auffällig ist bei dieser Gruppe vor allem die stark ausgeprägte Lustorientierung. Macht eine Tätigkeit wirklich Spaß, so ist man begeistert bei der Sache und hat keine Schwierigkeiten, bis zu ihrem Abschluß konzentriert zu bleiben. Wird man aber zu etwas gezwungen, dem man keine vergnügliche Seite abgewinnen kann, so lassen sich nur noch spärliche Energieströme in Bewegung setzen.

Diese Geborenen sind vor allem auf sich und ihren Spaß konzentriert, was natürlich immer auch die Gefahr des Egoismus in sich birgt. In der Tat werden einige zu skurrilen bis rücksichtslosen *Einzelgängern,* die wegen ihrer absoluten Egozentrik kooperationsunfähig sind. Allein hört nun allerdings der Spaß schneller auf als erwartet, am ehesten für die Betroffenen selbst, die gegebenenfalls sehr unter gesellschaftlicher und persönlicher Isolation leiden. Natürliche Ich-Bezogenheit muß aber keineswegs in Einsamkeit enden. Dazu gehört allerdings, daß man nach und nach lernt, auch andere am eigenen Vergnügen teilhaben zu lassen. Dann stellt sich unter Umständen sehr bald heraus, daß gemeinsame Aktivitäten noch mehr Freude bringen und daß sich in einem Team manches besser verwirklichen läßt. So besteht eine der wichtigsten Aufgaben für diesen Typ darin, die vorhandene innere Fülle sowie das fast unerschöpfliche Energiepotential ganz bewußt auch für andere einzusetzen. Solche Bemühungen bedeuten gleichzeitig erste Schritte in Richtung einer Überwindung des blinden Ausgeliefertseins an das Ego und seine Emotionen.

Beide Typen lassen sich von ihren Neigungen her kaum einer bevorzugten Berufsgruppe zuordnen. Reiche Begabungen sind zwar oft gegeben, doch sind sie unterschiedlicher Natur und kommen unter Umständen mehr auf persönlichem als auf beruflichem Felde zum Tragen.

Stumpfsinnige Büroarbeit ist sicherlich nichts für sie. Die Geborenen brauchen bei jeder Art von Tätigkeit sowohl *persönliche Freiheit* als auch viel *Abwechslung.* Wenn sich ein

Widderaszendent aber einmal für Arbeit begeistert, dann kann man sicher sein, daß mit ihr entweder ein spannendes Spiel oder eine große Herausforderung verbunden sein muß. Unter solchen Bedingungen können Widderaszendenten in nahezu allen Sparten Hervorragendes leisten und eine Vorreiterrolle einnehmen, indem sie neue Wege für die Allgemeinheit gangbar machen.

Schlüsselbegriffe

Individualisierung, Ich-Werdung, Selbstbehauptung, direkte und natürliche Art, impulsiv, Aktivitätsdrang, unkompliziert, exponiert, Offenheit, Aufgeschlossenheit, der Erste sein wollen, Ungeduld, nicht reflektiert, Unberechenbarkeit, Konfrontation, Einzelkämpfermentalität, sensibel, träumerisch, kreativ, große Stimmungsabhängigkeit, Ehrgeiz, Einzelgänger, egozentriert, Hyperaktivität, persönliche Freiheit und Abwechslung.

Beispiel: Henry Miller

Kurzbiographie Henry Miller:

26. 12. 1891 Henry Miller als Sohn der deutschstämmigen Eltern Heinrich und Luise Miller in Yorkville (N. Y.) geboren.

1909 Verläßt das City College in New York aus Protest gegen die dortigen Erziehungsmethoden, betreibt Athletik.

1912/13 Theosophische und anarchistische Einflüsse.

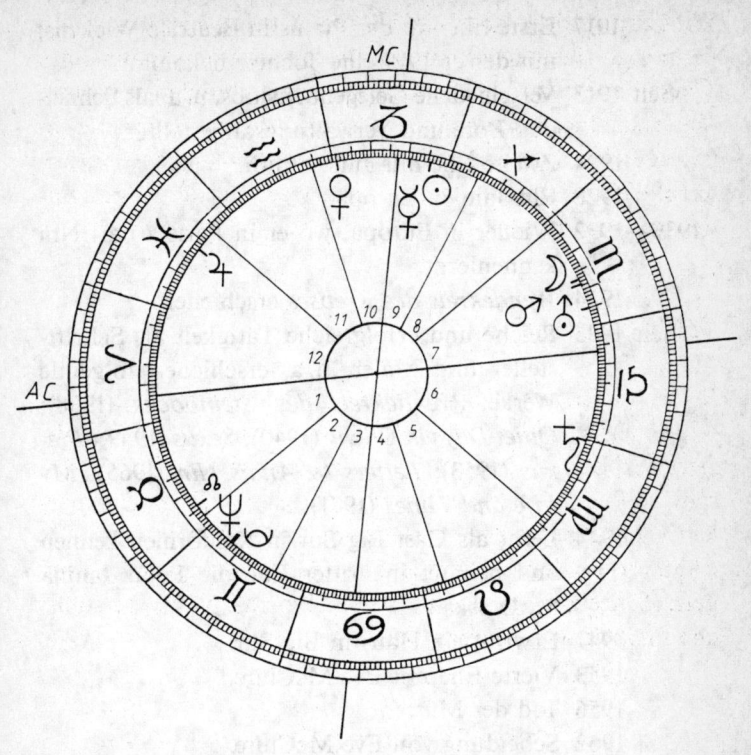

26. 12. 1891   12.30.00 EST

Geburtsort: Brooklyn

073° 56′ 00″ W   40° 38′ 00″ N

Häuser: Placidus

1 22° 58′ ♈	**10** 12° 25′ ♑	
2 27° 39′ ♉	**11** 05° 25′ ♒	
3 21° 26′ ♓	**12** 06° 26′ ♓	

☉ 04° 42′ ♑
☽ 12° 47′ ♏
☿ 09° 50′ ♑ R
♀ 29° 10′ ♑
♂ 11° 41′ ♏
♃ 12° 37′ ♓
♄ 29° 59′ ♍
♅ 05° 10′ ♍
♆ 06° 56′ ♓ R
♇ 07° 22′ ♓ R
☊ 24° 10′ ♉

Abbildung 5: Horoskop Henry Miller

39

1917	Erste Ehe mit der Pianistin Beatrice Wickens, mit der er 1919 eine Tochter bekommt.
Seit 1913	Verschiedene Gelegenheitsjobs, u. a. als Schneider, Bote und Verwaltungsangestellter.
1924	Zweite Ehe mit June Smith.
1928	Ein Jahr in Europa.
1930—1932	Wieder in Europa, wo er in Paris Anaïs Nin kennenlernt.
1934	*Wendekreis des Krebses* erschienen.
Seit 1935	Reiche und erfolgreiche Tätigkeit als Schriftsteller und Maler; u. a. erschienen folgende Werke: *Wendekreis des Steinbocks* (1938); *Quiet Days in Clichy* (1940); *Sexus* (1949); *Plexus* (1953); *Letters to Anaïs Nin* (1965); *My Life and Times* (1971).
1944	Lernt als Gast Big Sur in Kalifornien kennen und heiratet in dritter Ehe die Polin Janina M. Lepska.
1947	Erwirbt ein Haus in Big Sur.
1953	Vierte Ehe mit Eve McClure.
1956	Tod der Mutter.
1962	Scheidung von Eve McClure.
1965	Ausstellung von Millers Aquarellen in Los Angeles.
1967	Ehe mit Hoki Tukuda.
1974	»Grand Chevalier« der französischen Ehrenlegion.
1977	Scheidung von Hoki Tukuda.
7. 6. 1980	Miller stirbt in Paris.

Abb. 6: Henry Miller

Die Äußerungen Millers über seine Jugend sind durchaus vielfältiger Natur. Seinen Geburtsort will er bis zu seinem Todestage hassen, er weiß, daß er im falschen Hause geboren wurde und daß seine Jugend ein langer Festtag gewesen sei. Die Einstellung gegenüber seiner Mutter ist solchen Schwankungen nicht unterlegen. Sie blieb bis ins hohe Alter von einer intensiven Negativität gekennzeichnet. Astrologisch ist dieser ausgeprägte Mutterhaß der Mond/Mars-Konjunktion zuzuschreiben. Ihre Stellung im siebten Haus weist darauf hin, daß Miller diese Problematik in die Außenwelt projizierte. So läßt sich die große Anzahl seiner gescheiterten Ehen als eine (nur teilweise bewußte) Wiederholung dieser frühesten Beziehung zu einer Frau einordnen. In der Tat zieht sich die Auseinandersetzung mit ihr wie ein roter Faden durch sein Leben:

»Aber der Dämon der Empörung hatte schon früh von mir Besitz ergriffen. Meine Mutter war es, die ihn mir einpflanzte. Gegen sie, gegen alles, was sie verkörperte, richtete sich meine zügellose Energie. Bevor ich fünfzig war, habe ich nicht ein einziges Mal liebevoll an sie gedacht. Obwohl sie niemals meine Absichten wirklich vereitelte (nur aus dem Grund, weil mein Wille der stärkere war), fühlte ich ständig, wie ihr Schatten über meinem Wege lag. Es war ein Schatten der Mißbilligung, schweigsam und hinterhältig, wie ein Gift, das einem langsam in die Adern geträufelt wird.«[2]

1971, achtzigjährig, schildert er ihre Todesstunde:

»Selbst auf dem Sterbebett war sie genauso tyrannisch wie immer und schrieb mir vor, was ich zu tun hätte, und weigerte sich, irgend etwas zu tun, um das ich sie bat ... Manchmal, wenn ich jetzt im Bett liege, sage ich zu mir: ›Du hast

[2] Zitiert nach Walter Schmiele, *Henry Miller*, Hamburg 1961, S. 19.

dich mit der Welt ausgesöhnt. Du hast keine Feinde. Es gibt niemanden, den du haßt. Wie kannst du da kein besseres Bild deiner Mutter heraufbeschwören. Angenommen, du stirbst morgen, und es gibt ein Jenseits, und du triffst sie wieder. Was wirst du sagen, wenn du ihr gegenüberstehst?‹ Ich kann Ihnen jetzt schon sagen, daß sie das letzte Wort haben wird.«[3]

Aber zu guter Letzt gelingt eine innerliche Versöhnung mit ihr. Während eines drei Jahre vor seinem Tode geträumten Treffens mit ihr im Himmel begreift er seine tiefe Bindung an sie und folgendes:

»Das ... wirkliche Sie, das er in so vielen Frauen gesucht hatte, es mußte identisch sein mit der Kalten, Schrecklichen, die noch in der Leichenhalle ihren bösen Blick nach ihm geschleudert hatte.«[4]

Als sie sich nach dem Gespräch entfernt, winkte sie ihm zu. Scheinbar nur eine kleine Geste der Zuwendung. Für Miller jedoch ein erschütterndes Erlebnis:

»Als ich aufsah, erblickte ich meine Mutter schon in einiger Entfernung von mir. Sie schien den Ort unserer Begegnung zu verlassen. Als ich genauer hinsah, gewahrte ich, daß sie winkte, ein Lebewohl mir zuwinkte. In diesem Augenblick fuhr ich aus dem Schlaf auf, die Augen von Tränen naß, stieß einen lauten Schrei aus und rief: ›Mutter, ich hab' dich lieb. Ich hab' dich lieb. Hörst du mich rufen?‹«[5]

Doch Miller war beileibe kein Muttersöhnchen. Seit seiner Jugend trieb er viel Sport, war unabhängig, rebellisch und anarchistisch. Bei ihm richtete sich der Aktivitätsdrang,

3 Ebenda, S. 165.
4 Ebenda, S. 166 f.
5 Ebenda, S. 168.

aber auch die Aggression bewußt nach außen (Mars in sieben). Über seine Phantasien berichtet er sehr freimütig:
»Ich schaue die Leute mit Mörderblicken an. Wenn ich eine Bombe schleudern und das ganze Viertel in Trümmer legen könnte, würde ich es tun. Ich wäre glücklich, sie zerfleischt, schreiend, in Stücke gerissen, vernichtet in die Luft fliegen zu sehen. Ich möchte die ganze Erde vernichten. Ich gehöre nicht zu ihr. Ein Narrenhaus von A bis Z.«[6]
Seine klare, manchmal brutal-offene Sprache ist sicherlich keineswegs zufällig. Miller, der Widderaszendent, liebt es klar und direkt:
»Ich will eine Welt, wo die Vagina durch einen einfachen und ehrlichen Schlitz dargestellt ist, eine Welt, die ein Gefühl für Knochen und Umrisse hat, für starke Grundfarben, eine Welt, die Respekt vor ihrem tierischen Ursprung hat.«[7]
Millers Erfolg beruht sicherlich zu einem wesentlichen Teil auf der Schilderung dieser ungeschminkten, triebhaften Wahrheiten, die er mit der Sonne im neunten Haus einsichtig verarbeiten konnte. Anaïs Nin schrieb 1947 folgendes über den *Wendekreis des Krebses:*
»Das ist ein Buch, das, wenn dergleichen möglich ist, unseren Geschmack für die fundamentalen Wirklichkeiten wiederherstellen könnte. Der vorwaltende Ton ist der der Bitterkeit ... Aber zugleich spricht eine wilde Ausgelassenheit mit, eine irre Fröhlichkeit, ein Schwung, ein Urbehagen, manchmal fast ein Delirium ... Erniedrigungen und Niederlagen werden in primitiver Offenheit zugegeben, und das endet niemals in Kälte, Verzweiflung oder Nihilismus, sondern in einem großen Hunger nach immer mehr Leben ... Hier

6 Ebenda, S. 38.
7 Ebenda, S. 53.

wird uns Blut und Fleisch geschenkt. Essen und Trinken, Gelächter und Sehnsucht, Leidenschaft und Neugier, die einfachen Wirklichkeiten, aus denen sich unsere höchsten und unsere unbestimmtesten Schöpfungen ernähren. Der Überbau ist heruntergeschnitten. Dieses Buch führt den Sturmwind mit sich. Er bläst alle toten hohlen Bäume um, deren Wurzelwerk im sterilen Boden unserer Zeit schon abgewelkt ist. Dieses Buch greift an die Wurzeln und dringt tief hinunter, dringt vor zu unterirdischen Quellen.«[8]

[8] Ebenda, S. 95.

Aszendent Stier

Bekannte Stieraszendenten

Busch, Wilhelm (Maler, Karikaturist)
Capra, Fritjof (Physiker, Buchautor)
Cocteau, Jean (Schriftsteller)
D'Annunzio, Gabriele (Schriftsteller)
Ford, Gerald (Expräsident der USA)
Kennedy, Edward (US-Senator)
King, Martin Luther (amerikanischer Bürgerrechtler,
    Pfarrer)
Maier-Witt, Silke (Terroristin)
Raspe, Jan-Carl (Terrorist)
Rudolf von Habsburg (österreichischer Thronfolger vor
    1889)
Tesla, Nikola (Physiker)
Thoma, Ludwig (Schriftsteller)
Wagner, Richard (Komponist)
Washington, George (erster Präsident der USA)

Stieraszendenten

Der Stieraszendent verkörpert das Prinzip der *Formwer-*
dung und der *Verwurzelung im Materiellen*. Er will verwach-
sen mit dem Boden, auf dem er mit beiden Füßen seht. Er ist
kein Theoretiker, sondern ein *Realist*, dessen Anliegen darin
besteht, sich aus der Fülle des organischen Lebens das an-

zueignen, was seine überwiegend sinnlich-konkreten Bedürfnisse befriedigt. Die Geborenen stehen der Welt letztlich naiv-*lustbetont* gegenüber. Wegweiser ist ihnen im Leben der persönliche Geschmack, der das Hauptkriterium jeder Wahl darstellt. Je größer der Lustgewinn, den Mensch oder Gegenstand bedeuten, desto höher wird für sie auch deren subjektiver Wert. Die dabei entstehenden Bedürfnisse führen zu dem Wunsch, diesen Wert zu erwerben, zu besitzen und zum Eigentum zu machen. Besitz bedeutet die Sicherheit, jederzeit genießen zu können, und erhöht daher Selbstsicherheit und Selbstwertgefühl.

Wer die irdische Seite der Existenz in vollen Zügen auskosten will, der braucht dafür vor allem Ruhe und *Beschaulichkeit*. Ein Stieraszendent ist daher kein Freund von Schnellimbißmenüs, die man sich hastig auf der Straße hineinschlingt. Er weiß, daß Hektik beim Essen nur schaden kann, und nimmt sich daher die Zeit, die ein restloses *Einverleiben* der sich darbietenden Annehmlichkeiten und die Hingabe an den ungeschmälerten Genuß unbedingt erfordern. Die Fähigkeit, sich auf solches Erleben einzulassen, darin buchstäblich aufzugehen, macht aber auch langsam bis *schwerfällig*. Man muß eben alles gründlich verarbeiten und gegebenenfalls mehrfach wiederkäuen, bevor man überhaupt wieder Neues aufnehmen kann. Solches Verhalten ist für die Geborenen nicht nur in bezug auf dingliche Objekte, sondern gerade auch gegenüber Menschen und Ideen in höchstem Maße bezeichnend. Es dauert lange, bis man sich etwas wirklich angeeignet hat, doch dafür ist es dann in Fleisch und Blut übergegangen.

Für diese Menschen geht es vor allem um das gedeihliche Aufnehmen und *Einverleiben von Substanz*. Dieser Prozeß ist von solch grundsätzlicher Natur, daß jede Trennung von bereits Erworbenem ihnen wie eine Amputation vorkommen kann. So geht die Assimilationsfähigkeit der Geborenen mit gegebenenfalls sturem *Beharren auf Bewährtem* einher. In diesem Sinne strebt der Stieraszendent nach *Abgrenzung* seines Bereiches. Durch Erwerb von Eigentum und Besitz wird Schutz gegenüber dem Außen erstrebt. Die Errichtung und Instandhaltung des Zaunes, der den eigenen Obstgarten vor »begehrlichen Übergriffen Unbefugter« schützen soll, beansprucht manchmal allerdings so viel Energie, daß keine Zeit zur Ernte der Früchte mehr bleibt. Am liebsten würden die Geborenen alles Schöne *sammeln* und konservieren, ohne sich dabei neuen Vergnügungen zu verschließen. Doch meist geht das eine nur auf Kosten des anderen, denn irgendwann einmal ist der Gerümpelkeller einfach voll. Der Stieraszendent muß nun abwägen, ob er sich von altem Plunder trennen, auf jeglichen zusätzlichen Erwerb verzichten oder die Unannehmlichkeiten eines Anbaus auf sich nehmen will. Hier wird manchen ihr *Beharren auf Gewohntem* zum Verhängnis. Jegliche Trennung ist ihnen ein Greuel. So halten sie relativ unbeweglich an altbekannten Rezepten und Gewohnheiten fest und lehnen alles Neue mißtrauisch ab. Sie können das, was sie häufig mühsam erwerben mußten, schwer wieder loslassen, weil sie ja gerade daraus einen guten Teil der existentiellen Sicherheit beziehen.

Das instinktive Bedürfnis des Stieraszendenten, sich und sein Eigentum gegenüber dem Außen *abzugrenzen*, ist nur sinnvoll, wird es ergänzt und vertieft durch die Bereitschaft, dieses Außen auch kennenzulernen und zu erforschen. Schließlich lassen sich nur so eventuell bedrohliche Vorgänge, aber auch möglicher Lustgewinn frühzeitig erkennen. Mit einem Blick über den Zaun kann eine angemessene Reaktion erleichtert sowie die Verringerung unbegründeter Ängste erreicht werden. So ist es z. B. für den Landwirt sehr wichtig, auch die nähere Umgebung seines Hofes gelegentlich wachen Auges zu durchstreifen. Nur wer weiß, ob es in seinem im Bezirk Füchse gibt, kann entscheiden, ob er einen höheren Zaun für seinen Hühnerstall braucht oder nicht. Auf diese Art erreicht er wesentlich mehr für seine *Sicherheit*, als wenn er ängstlich oder bequem den Kopf in den Sand gesteckt hätte.

Durch ihre *Orientierung auf den Genuß* des materiellen Lebens werden diese Menschen zwangsläufig auch mit den Schattenseiten dinglicher Existenz konfrontiert. Streben nach Lustgewinn bringt gleichzeitig Lustverzicht als notwendiges Gegengewicht mit auf den Plan. So verwelkt die bezauberndste Blume, genauso wie der schönste Augenblick nicht festgehalten werden kann. Der Stieraszendent sieht sich daher immer wieder mit dem Schmerz des Verlustes geliebter, gewohnter und bereits fest assimilierter Dinge oder Menschen konfrontiert. Nicht zuletzt, um solche Enttäuschungen zu vermeiden oder wenigstens zu minimieren, stehen die Geborenen ihrer persönlichen Umwelt ausgesprochen *kritisch*, ja sogar ablehnend gegenüber. Häufig versucht man instinktiv, sich Bedrohliches vom Leib zu halten, und löst Probleme und Konflikte am liebsten durch ihre Nichtbeachtung.

Dabei besteht aber die Tendenz, von vornherein Negatives zu vermuten, *mißtrauisch* und *eigenbrötlerisch*, eventuell auch schadenfroh zu sein, das Elend und die Schwächen anderer von sich abzuwehren, um ungestört in satter Selbstzufriedenheit zu schwelgen. Diese Sicht — oder besser gesagt »Nicht-Sicht« — der Dinge kann zu einer verstärkten *Abgrenzung* gegenüber der Umwelt führen. Je mehr man sich und die engste Umgebung zur Insel der Glückseligkeit hochstilisiert, die es gegen Übergriffe des »Bösen« zu verteidigen und zu behaupten gilt, desto größere Bedeutung gewinnt automatisch jede reale oder auch nur befürchtete Bedrohung dieses Bestandes. Der Versuch, alles Unangenehme nach außen zu verlagern, während man für sich selbst immer nur das Angenehme beansprucht, führt unvermeidlich zu dumpfer Frustration. Sie wird jedoch häufig nicht als solche registriert, sondern vielmehr als Ausrede mißbraucht, um sich noch weiter abzugrenzen. Auf diese Art läßt es sich unter Umständen lange vermeiden, gewohnte Wege in Frage zu stellen. Auf die Dauer kann dieses Verhalten aber zu Isolation und Depression führen. Alles menschliche Leben unterliegt einem ständigen Veränderungsprozeß. Der Stieraszendent ist herausgefordert zu begreifen, daß *Beharrung* und *Abgrenzung* allein ihm aus diesem Grunde niemals wirkliche Befriedigung verschaffen können. Je mehr er sich abwendet, die Augen verschließt und privatisiert, desto mehr gleicht er einem Menschen, der, im Mief seiner Stube hockend, lieber Kopfschmerzen in Kauf nimmt, anstatt die klare, wenn auch kühle Novemberluft hereinzulassen.

Erst die Bereitschaft, Schwierigkeiten offenen Auges entgegenzutreten, eröffnet die Möglichkeit der Veränderung bewußtgewordener Mängel. Nur so werden Probleme nicht nach außen abgedrängt, sondern nach Möglichkeit einbezogen und beseitigt. Auf diese Art gelingt es einigen, die angelegte Beschränkung des Blickfeldes zu überwinden und zu *tiefschürfenden Beobachtern* zu werden. Diese Menschen sind dann in der Lage, auch die komplexesten Vorgänge in ihrer Umgebung zu durchschauen und innerhalb kürzester Zeit zu den Kernproblemen vorzudringen. Häufig besteht ein großes Interesse an gesellschaftspolitischen Fragestellungen. Höherentwickelte verspüren die Verpflichtung, ihre Energien im Interesse von Personen oder Menschengruppen einzusetzen, denen sie sich nach Herkunft, Abstammung oder auch familiärer Bindung verbunden fühlen.

Stieraszendenten sollten sich dem auf- und absteigenden Kreislauf des Lebens anvertrauen, anstatt überall die unangenehme Hälfte zu verleugnen. Das Bewußtsein der Endlichkeit vermag die lustvolle Konzentration auf das Hier und Jetzt durchaus zu steigern. Leider lernt aber nicht jeder, sich einen alten Wein auch dann noch auf der Zunge zergehen zu lassen, wenn es sich dabei um die letzte Flasche dieses Jahrgangs handelt. Wer aus Angst, sein Eigentum zu verlieren, abwartet, bis aus dem edlen Getränk Essig geworden ist, der hat offensichtlich etwas falsch gemacht.

Gegenüber ihrer Umwelt besteht das Anliegen der Stieraszendenten gewöhnlich darin, nach dem Lust-Unlust-Prinzip ausgewählte Menschen oder Gegenstände in den eigenen Bestand einzubeziehen und sich damit an sie zu binden, oder sich umgekehrt ihnen gegenüber abzugrenzen. Entscheiden sie sich für Assimilation, so nur unter der Voraussetzung, daß es ihnen konkreten Nutzen bringt. All das, was nicht nützlich ist, wird automatisch ausgeschlossen. Dazu gehören oft auch unangenehme Empfindungen wie Schmerz, Leid und Trauer. Die Geborenen besitzen ein *gesundes Mißtrauen* gegenüber neuen Kontakten, verhalten sich eher *zurückhaltend, distanziert*, ja sogar verschlossen. Kaum einer läßt sich zu vorschnellen Reaktionen hinreißen, die er später bereuen könnte. Statt dessen beobachtet man lieber und macht sich seine Gedanken, häufig jedoch ohne die Bereitschaft, negative Erwartungen in der Realität zu überprüfen.

Allen intensiveren Kontakten mit anderen Menschen steht

der Stieraszendent zunächst einmal reserviert gegenüber. Die Öffnung für andere bedeutet immer auch das Risiko, sich den möglicherweise nicht nur angenehmen Fremdeinflüssen auszuliefern. Gleichzeitig kennen die Geborenen in bezug auf Partnerschaften kein halbherziges Hin und Her. Sie werden zwar lange die Vor- und Nachteile einer beabsichtigten Liaison abwägen, doch haben sie sich erst einmal zu einem »Ja« durchgerungen, so sind sie daran auch gebunden und fühlen sich dem anderen zutiefst verpflichtet. Die Geborenen sind in der Regel sehr *verantwortungsbewußt* und werden einmal gegebene Zusagen, selbst wenn sie dafür Nachteile in Kauf nehmen müssen, unter allen Umständen einzuhalten versuchen.

Dies führt aber bei einigen Stieraszendenten zu einem ausgeprägten *Bindungsvermeidungsverhalten*. Hier steht die Angst vor der Verpflichtung im Vordergrund. Man befürchtet, ausgenutzt und verlassen zu werden. Wurden schon früh verletzende Erfahrungen gemacht, so kann sich eine Tendenz zu menschenscheuer *Eigenbrötlerei* entwickeln. Andere schützen sich durch Oberflächlichkeit oder destruktive und verletzende Kritik an ihren Mitmenschen. Gelegentlich tritt auch eine ausgesprochene *Negativität im Denken* auf. Man ist erst zufrieden, wenn man alles und jeden in den Schmutz gezogen hat, während man sich selbst als einzigen mit einer makellos sauberen Weste ausgestattet sieht. Wenn etwas nicht geklappt hat, so können immer nur die anderen schuld daran gewesen sein.

Für Stieraszendenten sind Partnerschaften eigentlich immer schwierige Gratwanderungen zwischen zwei Extremen. Während es einerseits naheliegt, den anderen zum Objekt des eigenen Besitzstrebens zu machen, besteht andererseits immer die Gefahr, sich in eine Abhängigkeit von ihm zu begeben, gerade wenn man für sich selbst noch keine eigene Sicherheit aufgebaut hat.

So spielt in den Beziehungen dieser Menschen häufig Macht eine nicht zu unterschätzende Rolle. Es ist z. B. eine direkte Folge von nicht überwundenem Mißtrauen und Verlustängsten, daß manche versuchen, ihre Partner zu kontrollieren, und ihnen *eifersüchtig* nachspionieren. Dahinter steckt häufig die der realen Situation nicht angemessene Angst, den fest als Bestandteil der eigenen Sicherheit eingeplanten Partner zu verlieren. Gleichzeitig kann die allzu große Abhängigkeit von ihm dazu führen, daß dieser den Spieß umdreht, um vom Beherrschten zum Beherrscher zu werden. Diese Formen von Liebesbeziehung schließen aber letztlich durch die gegenseitig zugefügten Wunden genau das aus, was einen Ausstieg aus diesem Teufelskreis ermöglichen würde: den Aufbau von Vertrauen und die Bereitschaft, sich anstehenden Konflikten zu stellen, ohne dabei mit vorschnellen Schuldzuweisungen oder stummem Rückzug notwendige Auseinandersetzungen zu verhindern. Besteht hierzu die Bereitschaft, so wird es möglich, daß all das Unangenehme, was man früher nicht wahrhaben wollte, nun auf den Tisch kommt und damit bearbeitet werden kann.

Diejenigen, die glauben, sich dazu nicht aufraffen zu können, laufen Gefahr, ihr Leben mit dem allerdings meist vergeblichen Versuch der Vermeidung von Leid zu verbringen. Wer sich jeglicher Erfahrung und folglich auch dem Lernen und wachsenden Verständnis beharrlich verweigert, der beschränkt mutwillig sein Blickfeld. Dumpf spürt er, daß irgend etwas nicht stimmt, und läuft davon, immer auf der Flucht vor sich selbst.

Vertrauen dagegen schafft die Voraussetzung für eine sicherlich nur langsam zu vollziehende Öffnung gegenüber dem

Partner und der Umwelt. Die Bereitschaft, eigene Wünsche, Bedürfnisse und Ängste zu artikulieren und denen des anderen verständnisvoll gegenüberzutreten, kann die gemeinsame Basis nach und nach verbreitern. Dies erlaubt, einen konstruktiveren Zugang zu der eigenen *Leidenschaftlichkeit* und *Hingabefähigkeit* zu finden. Damit wird es möglich, sich und der gesamten Umwelt auf einer neuen, lebendigeren Ebene zu begegnen. Jedes Erlebnis, auf das er sich wirklich einläßt, bedeutet für den Stieraszendenten eine Erfahrung und damit auch eine Bereicherung. Selbst wenn er das zu diesem Zeitpunkt noch nicht erkennen kann, führt die Einsicht in die Notwendigkeit von Schmerz, Veränderung und Trennung als Voraussetzung für weiteres Wachstum zu einer Erweiterung des Horizontes. Dann wird es den Geborenen möglich, ihr oft blockiertes Bedürfnis nach neugieriger Erforschung und gegebenenfalls Inbesitznahme der nächsten Umgebung zu realisieren und den eigenen Orientierungsrahmen zu erweitern.

Herkunft

Die Ehe der Eltern kann als überwiegend harmonisch beschrieben werden. In der Regel sind die Aufgaben klar und zur beiderseitigen Zufriedenheit aufgeteilt. Der Mann arbeitet, um die Familie zu ernähren, während die Frau als Mutter und Hausfrau fungiert. Dem entspricht eine meist besonders von der Mutter repräsentierte konservative Grundeinstellung, die häufig mit einem Eingebundensein in kirchlich (katholisch) geprägte Wertmaßstäbe einhergeht.

Durch ihre ständige Präsenz hatte die Mutter auf die Stieraszendenten den weitaus stärkeren Einfluß. Ihre Erziehung kann als streng, aber dennoch liebevoll gelten. Im besten Falle vermittelte sie den Geborenen das Gefühl, angenommen und geborgen zu sein, ohne sie allerdings dabei mit Samthandschuhen anzufassen. Jedes Familienmitglied hatte seinen Platz, seine Rechte und Pflichten im Rahmen der kleinen häuslichen Welt. Gelegentlich führte die Überbetonung von Sitte und Anstand aber zu formeller Erstarrung, die spontane Gefühlsäußerungen eher behinderte, als ihnen eine Form zu geben. Zum Vater bestand meist ein weniger intensiver Kontakt. Obgleich ihm seine Kinder sehr am Herzen lagen, hinderte ihn die traditionelle Rollenaufteilung meist an einem stärkeren und greifbareren Engagement.

Stieraszendenten bleiben in der Mehrzahl ihr Leben lang eng mit Herkunft, Familie und den dort geltenden Wertmaßstäben verbunden. Die Kindheit wird von vielen im nachhinein naiv idealisiert oder dämonisiert, ohne daß man eine räumliche oder seelische Distanz zu ihr gewinnt. Die *Identifizierung mit den eigenen Ursprüngen* verbindet sich vielfach auch gerade mit den seit der Kindheit vertrauten Landschaften und Personen. Daher besteht häufig eine intensive Beziehung zu Geschwistern und anderen Verwandten. Dieser Orientierung auf die allerunmittelbarste Umgebung entspricht auch das von den Eltern geförderte Desinteresse an Fragen, Personen und zeitbedingten Entwicklungen, die über den familiären Horizont hinausgehen und die Idylle in Frage stellen könnten. So erweist sich manchmal gerade die geborgene Kindheit als Ursache für das bequeme Festhalten an überkommenen Strukturen, auch wenn damit eigene Entwicklungen verzögert oder verhindert werden. Man ist es einfach von Haus aus nicht gewohnt, irgend etwas in Frage zu stellen, sondern hat gelernt, es sich unter gegebenen Umständen so *gemütlich* wie möglich einzurichten.

So verfügt der Stieraszendent häufig über ein *reiches seeli-sches Potential*, das tief in seiner räumlichen und emotiona-len Herkunft wurzelt und von dort gespeist wird. Die Wahr-nehmung konzentriert sich stark auf innere Welten und sub-jektiv-emotionale Eindrücke. Damit ist oft eine *sensible künstlerisch-gestalterische Begabung* verbunden. Vielfach zeigt sich aber, daß die besehende träumerische Rückwärts-orientierung *Bequemlichkeit* und *Trägheit* fördert und so dazu beiträgt, vorhandene Talente verkümmern zu lassen. Möglicherweise entsteht mit der Zeit eine unbestimmte Angst vor der Zukunft, die Unzufriedenheit, Selbstmitleid, verdeckte Destruktivität gegenüber anderen oder gar selbst-zerstörerische Aggressionen zur Folge haben kann. Diese Tendenz besteht besonders häufig bei Nachtgeburten und führt gegebenenfalls zu einem mehr oder weniger ausge-prägten passiven »Versumpfen« sowie zu depressiven Ver-stimmungen.

So ist es für die Geborenen besonders wichtig, ihre Gefühle nicht nur in sich aufzustauen und zu sammeln, sie sollen vielmehr ausgedrückt und in konkrete Handlung umgesetzt werden. Erst damit kann ihr ganzer Reichtum für sie selbst greifbar und erfahrbar werden. Stieraszendenten, die bereit sind, ihre Empfindungen aktiv einzubringen, schaffen da-mit auch gleichzeitig die Voraussetzung für die Überwin-dung ihres Gefangenseins in der Vergangenheit. Selbst-bestimmtes Handeln erlaubt, über die Tradition hinauszu-wachsen, innerhalb gewohnter Zusammenhänge die eigene Rolle neu zu definieren. Wer sich dagegen immer nur wort-los abwendet (keine Gefühle ausdrückt), wenn ihm etwas ge-gen den Strich geht, der wartet doch darauf, sich wieder ins gemachte Nest legen zu können, ohne selbst aktiv werden zu müssen.

Die Auseinandersetzung mit anstehenden Problemen ist der erste Schritt. Der Mut, sich auch den Schattenseiten zu stellen, läßt eigene Unzufriedenheit noch deutlicher hervortreten. Mit steigendem Leid wächst aber auch die Bereitschaft, sich tatsächlich in Bewegung zu setzen und selbst etwas zu unternehmen, um die notwendigen Veränderungen herbeizuführen. Stieraszendenten können dann in einem Ausmaß Energie und Kreativität entwickeln, das sie selbst vermutlich am meisten überrascht. Die *Beständigkeit* und *Beharrlichkeit*, mit der sie ihre Ziele verfolgen, führt neben Erfolgen in vielerlei Hinsicht vor allem zu wachsendem Selbstvertrauen. Die Ängste weichen, je mehr man sich ihnen in der konkreten Herausforderung gewachsen zeigt. Produktive Tat vermittelt ein tieferes und beständigeres Sicherheitsgefühl als alle vorher gesammelten Güter. Auf dieser Basis wird es auch möglich, aus dem vollen zu schöpfen, anstatt sich mit ängstlichen Befürchtungen von vornherein alles zu vermiesen.

Stieraszendenten sind also herausgefordert, das, was sie sich einverleibten, wieder loszulassen und in Aktivität und Handlung umzusetzen. Diese Art von Selbstausdruck bedeutet für den Stieraszendenten ein großes Opfer, da er damit schließlich das Wertvollste hergibt, was er besitzt. Doch so können die Schranken zwischen ihm und den anderen Menschen überwunden werden. Wer seinen inneren Reichtum und seine Gefühle nahestehenden Menschen gegenüber offen äußert, der schafft die Voraussetzung dafür, daß auch andere daran teilhaben können. So wird die Überwindung der selbstgewählten Isolation möglich. Die Bereitschaft, die Interessen geliebter Personen ebenso wie die eigenen zu berücksichtigen, bedeutet daher, den Boden zu düngen, in dem man selbst wurzelt.

In beruflicher Hinsicht können sich die Stiergeborenen vielfach ihren *Realismus* und *Wirklichkeitssinn* zunutze machen. Es bestehen vielfältige, auch künstlerische Begabungen, die jedoch aufgrund mangelnder Eigeninitiative oftmals nicht genügend entwickelt werden. Trotz reicher Talente begnügt sich mancher daher mit einem nicht allzu anstrengenden, aber gutbezahlten Job.

Auf die Dauer fällt es Stieraszendenten jedoch eher schwer, sich unterzuordnen. So kommt es gerade in der Jugend eventuell zu häufig wechselnden Tätigkeiten. Gelingt es aber, vorhandene Potentiale selbstbestimmt umzusetzen, dann können sie fast in jeder Sparte Außergewöhnliches hervorbringen.

Schlüsselbegriffe

Formwerdung und Verwurzelung im Materiellen, Realist, lustbetont, Beschaulichkeit, schwerfällig, Einverleiben von Substanz, Beharren auf Bewährtem, Abgrenzung des Bereichs, sammeln, Genußorientierung, kritisch, mißtrauisch, eigenbrötlerisch, tiefschürfende Beobachter, zurückhaltend, distanziert, verantwortungsbewußt, Bindungsvermeidungsverhalten, Negativität im Denken, eifersüchtig, Leidenschaftlichkeit und Hingabefähigkeit, Identifizierung mit den eigenen Ursprüngen, gemütlich, reiches seelisches Potential, Bequemlichkeit, Trägheit.

Beispiel: Wilhelm Busch

Kurzbiographie Wilhelm Busch:

15. 4. 1832   Heinrich Christian Wilhelm Busch in Wiedensahl als Sohn des Kaufmanns Johann Friedrich und seiner Ehefrau Charlotte geboren.

1841   Busch wird von seinen Eltern zum Schwager nach Göttingen zur besseren Ausbildung geschickt.

1847   Besuch der Polytechnischen Schule in Hannover, die er aber bereits 1851 ohne Abschluß wieder verläßt, um Maler zu werden.

1858   Nach Rückschlägen und fruchtlosen Studien an Kunstakademien in Düsseldorf, Antwerpen und München erstes Engagement als Zeichner und Karikaturist für die Schriften *Fliegende Blätter* und *Münchner Bilderbogen.*

1865   *Max und Moritz* als Buch erschienen. Seitdem erscheinen bis zu seinem Tode unzählige witzige, aber auch nachdenklich stimmende Bildergeschichten, darunter u. a.: *Herr und Frau Knopp* (1876); *Fipps der Affe* (1879); *Balduin Bählamm* (1883); *Maler Klecksel* (1884).

1868   Tod des Vaters.

1870   Tod der Mutter.

1878   Busch zieht zu seiner verwitweten Schwester, die in seinem Geburtsort Wiedensahl wohnt.

9. 1. 1908   Busch stirbt.

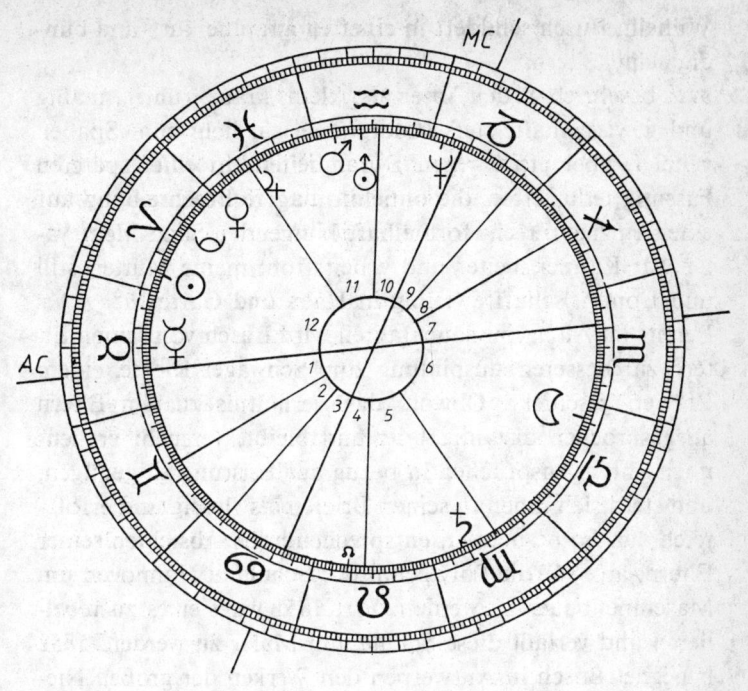

15. 4. 1832 06.00.00 LMT

Geburtsort: Wiedensahl
009° 07' 00" 52° 23' 00" N

Häuser: Placidus

1 20° 38' ♉   **10** 21° 38' ♑
2 16° 33' ♓   **11** 13° 10' ≈
3 04° 22' ♋   **12** 18° 29' ♓

⊙ 25° 14' ♈
☽ 25° 40' ♎ P
☿ 14° 52' ♉
♀ 28° 02' ♓
♂ 23° 39' ≈
♃ 16° 48' ♓
♄ 08° 45' ♍ R
♅ 17° 57' ≈
♆ 27° 08' ♑
♇ 10° 28' ♈
☊ 08° 48' ♌

Abb. 7: Horoskop Wilhelm Busch

61

Wilhelm Busch schildert in einer Biographie kurz und bündig seine Eltern:

».. . beschrieb er den Vater als: klein, kraus, rührig, mäßig und gewissenhaft; stets besorgt, nie zärtlich; zum Spaßen geneigt, aber ernst gegen Dummheiten. In einer späteren Fassung reduziert er die ohnehin magere Beschreibung auf einen einzigen, recht formelhaft klingenden Satz: Mein Vater war Krämer, heiter und arbeitsfroh; meine Mutter, still und fromm, schaffte fleißig in Haus und Garten.«[9]

Bereits im Alter von neun Jahren wird Busch von seinen Eltern zur besseren Ausbildung zum Schwager Kleine, einem Pfarrer, geschickt. Obwohl das Verhältnis zu den Eltern ausgesprochen distanziert ist und bleibt, versucht er dennoch, ihren Ansprüchen in bezug auf Leistung zu genügen, und stellt sich ihnen in seinen Briefen als fleißig und erfolgreich dar. So besucht er, entsprechend den Absichten seiner Eltern, ab 1847 die Polytechnische Schule in Hannover, um Maschinenbauer zu werden. Erst 1851 wagt er es zu rebellieren und verläßt diese Schule, um Maler zu werden. 1852 begegnet Busch in Antwerpen den Werken der großen Niederländer. Sie machen zwar einen bleibenden Eindruck auf ihn, verstärken aber vorhandene Zweifel bezüglich seiner eigenen Begabung für dieses Metier.

»In Antwerpen sah ich zum erstenmal im Leben die Werke alter Meister: Rubens, Brouwer, Teniers; später Frans Hals. Ihre göttliche Leichtigkeit der Darstellung, die nicht patzt und kratzt und schabt, diese Unbefangenheit eines guten Gewissens, welches nicht zu vertuschen braucht, dabei der stoffliche Reiz eines schimmernden Juwels, haben für immer meine Liebe und Bewunderung gewonnen; und gern

---

[9] Zitiert nach Josef Kraus, *Wilhelm Busch*, Reinbek 1979, S. 9.

Abbildung 8: Wilhelm Busch

verzeih' ich's ihnen, daß sie mich zu sehr geduckt haben, als daß ich's je recht gewagt hätte, mein Brot mit Malen zu verdienen, wie manch anderer auch.«[10]

Doch so leicht war es nicht, als freier Maler zu überleben. Von Antwerpen kam Busch nach München, begann dort, privat Karikaturen zu zeichnen, blieb aber weiterhin finanziell von seinen Eltern abhängig. Diese Tatsache verursachte ihm einiges Unbehagen, obwohl er sich andererseits häufig für Monate oder Jahre wieder in ihren ländlichen Dunstkreis flüchtete. Eine Wende brachten erst 1858/59 die Arbeiten für den Münchner Verleger Caspar Braun, der ihn als Karikaturist für seine Zeitschriften bald zu schätzen begann.

Etwa Mitte der sechziger Jahre des 19. Jahrhunderts verlegte Busch seinen Wohnsitz aber bereits wieder zurück ins Dörfchen Wiedensahl, sein Geburtsort sowie Wohnort seiner Eltern in Niedersachsen. Seine für Stieraszendenten typische Heimatverbundenheit wird durch das Halbquadrat Mond/Saturn (der beiden Herrscher der MC-IC-Achse) verstärkt. Zur Verwurzelung in heimischem Boden tritt eine Ungeborgenheitsproblematik. Obwohl das Verhältnis zu den Eltern schwierig war, konnte er sich nie recht von zu Hause lösen. Später wohnte er bei seinem Bruder Adolf. Als auch mit diesem die problematischen Seiten des Verhältnisses immer mehr in den Vordergrund (Vaterersatz!) traten, zog er zu seiner Schwester Fanny und ihrem Ehemann. Bei ihr und später bei einem ihrer Söhne, Otto Nöldecke, sollte Busch nun seinen Wohnsitz behalten. Hier, im Kreise seiner Familie, lag offensichtlich sein Zuhause. In dieser vertrauten Umgebung fühlte er sich

10   Ebenda, S. 30.

wohl und konnte seine kreativen Kräfte folglich auch am besten entfalten.

Buschs bekannteste Werke sind seine ironisch-satirischen Bildergeschichten. Wenn Humor tatsächlich »die Überwindung der Gegensätze zwischen dem Verspotteten und dem Spötter«[11] bedeutet, so war Busch — nach astrologischem Ermessen — nahezu prädestiniert, mit Satiren ans Licht der Öffentlichkeit zu treten. In seinem elften Haus findet sich eine Mars/Uranus-Konjunktion, die auf die Notwendigkeit und die Fähigkeit hinweist, die eigenen Aggressionen und Selbstbehauptungswünsche auf der gesellschaftlichen Ebene sublimiert — z. B. in Form von bissigen zeitkritischen Karikaturen — umzusetzen.

Mit der Liebe tat sich Busch ausgesprochen schwer. Er blieb das ganze Leben hindurch unverheiratet. Die für Stieraszendenten so bezeichnende Machtproblematik in Partnerschaften erfuhr er also nicht am eigenen Leib. Bei ihm steht Pluto, der Herrscher des siebten für Partnerschaften zuständigen Hauses, im zwölften Haus, was ein Ausgeliefertsein an die Macht der anderen (hier der Frauen) bedeuten kann. Sich dem auszusetzen, wagte er wohl zeitlebens nicht. Die Ängste Buschs wurden aber in seinen Bildergeschichten lebendig. Schließt man von den dort drastisch dargestellten Eheschicksalen auf sein Frauen- und Männerbild, so kann man seine vorsichtige Zurückhaltung nur allzugut verstehen:

»Mit besonderem Vergnügen verlachte er solche Ehemänner, die ... ihren Frauen das Regiment im Hause überlassen. In der frühen Bilderepisode ›Wie man um einen Hausschlüssel bitten lernt‹ muß der gewalttätige Haustyrann

11 Ebenda, S. 65.

dann doch kleinlaut um die Erlaubnis bitten, mit dem Hausschlüssel versehen ausgehen zu dürfen. In der ›Brille‹ kommt es gar zu gewalttätigen Auseinandersetzungen zwischen den Eheleuten. Doch auch hier gewinnt die Frau den Kampf, obwohl der Mann zuerst das Mobiliar zusammenschlägt. Am Ende bittet der ›demutsvoll und flehentlich‹ um seine Brille, die er dann ›mit Freud und Dankbarkeit‹ annimmt. Seiner in Herrscherpose dastehende Gemahlin küßt er devot die Hand. Buschs Sarkasmus ist in dieser Bilderepisode so unverhüllt scharf, daß man als Leser kaum noch lachen kann.«[12]

»Unter diesem Gesichtspunkt versteht man auch, warum der Junggeselle[13] Busch in dem Gedicht ›Der Einsame‹ erleichtert feststellt:

> Er kennt kein weibliches Verbot
> Drum raucht und dampft er wie ein Schlot.«[14]

[12] Ebenda, S. 52.
[13] Und leidenschaftliche Pfeifenraucher!
[14] Kraus, S. 53.

Aszendent Zwillinge

Bekannte Zwillingesaszendenten

Armstrong, Neil (Astronaut)
Beckenbauer, Franz (Nationaltrainer)
Belafonte, Harry (Musiker)
Belmondo, Jean-Paul (Schauspieler)
Braun, Wernher von (Physiker)
Brüning, Heinrich (Politiker)
Canaris, Wilhelm (Geheimdienstchef im Dritten Reich)
Davis, Miles (Musiker)
Dukakis, Mike (US-Politiker)
Erzberger, Matthias (Politiker)
Fonda, Peter (Schauspieler)
Friedrich II. (König von Preußen)
Funès, Louis de (Schauspieler, Komiker)
Garbo, Greta (Schauspielerin)
Heisenberg, Werner (Atomphysiker)
Hepburn, Audrey (Schauspielerin)
Hoffmann, E. T. A. (Schriftsteller)
Horváth, Ödön (Schriftsteller)
Kepler, Johannes (Astronom)
Kipling, Rudyard (Schriftsteller)
Kissinger, Henry (Politiker)
Klose, Ulrich (Politiker)
Le Corbusier (Architekt)
London, Jack (Schriftsteller)
Meyrink, Gustav (Schriftsteller)

Morgenstern, Christian (Poet)
Peck, Gregory (Schauspieler)
Quayle, Dan (Vizepräsident der USA)
Rajneesh, Bhagwan Shree (Sektenführer)
Ringelnatz, Joachim (Schriftsteller)
Schneider, Romy (Schauspielerin)
Scholz, Gustav (Boxer)
Shaw, George Bernard (Schriftsteller)
Teilhard de Chardin, Pierre (Jesuit; Anthropologe, Philosoph)
Verdi, Giuseppe (Komponist)
Verne, Jules (Schriftsteller)
Welles, Orson (Schauspieler)

Zwillingeaszendenten

Zwillingeaszendenten verkörpern die *Erkenntnis* und *Erforschung der Umwelt* mit Hilfe des *Intellekts*. Wissensdurst und *Kommunikationsdrang* treiben sie an. Die Geborenen wollen die Erscheinungen materieller Formen *erforschen, erfassen* und *benennen*. Ihr Augenmerk richtet sich dabei unwillkürlich auf das Detail, das mit Vorliebe von seinem Zusammenhang isoliert betrachtet wird. Dies macht Unterscheidungen möglich. Grundsätzlich sammelt man immer neue Einzelinformationen, steht fast allem *verstandesmäßig aufgeschlossen* gegenüber. Man sieht die Welt »so, wie sie ist«, versucht, sie kennenzulernen und das erworbene Wissen weiterzugeben. Um dieser Aufgabe gerecht zu werden, bedarf es einer strikt *neutralen* und *unparteiischen Haltung*. Zwillingeaszendenten reagieren instinktiv *sachlich*, sie beziehen keine persönlich-wertende Position. Die nahezu wissenschaftliche Distanz gegenüber dem beobachteten Gegenstand erlaubt z. B. vorurteilsfreie Forschung und damit *Objektivität.*

Dieser Anlage entspricht eine *unruhige Bewegungsorientierung.* Der *Wissens-* und *Erlebnisdurst* der Zwillingeaszendenten ist nahezu unstillbar. Besonders in der Jugend, vielfach auch noch im Alter, betrachten diese Menschen die Welt mit einem nicht enden wollenden Staunen über die unermeßliche Vielfalt der Formen, die sie am liebsten alle genauer untersuchen würden. Viele reisen leidenschaftlich gern, um neue Menschen, Länder und Kulturen kennenzulernen. Alles in dieser bunten Welt ist bedeutsam genug, um es zur Kenntnis zu nehmen. Bei dem ausgeprägten Instinkt der Geborenen für die Fülle der Erkenntnismöglichkeiten fehlt allerdings oft genug die Zeit, sich mit einer Angelegenheit gründlicher auseinanderzusetzen, da bereits das nächste Objekt lockt. Die Gefahr, sich zu ver»zetteln«, liegt nahe. Der Vorwurf der Oberflächlichkeit, der in diesem Zusammenhang gelegentlich erhoben wird, ist allerdings ungerecht. Die instinktiven Fähigkeiten dieser Menschen liegen nun einmal mehr im Umgang mit der formalen Seite der Erscheinungen. Sie reagieren wie Reporter. Realität muß nicht hinterfragt und problematisiert werden, es reicht aus, sie zweifelsfrei festzustellen, um sie mitteilbar zu machen.

Zwillingeaszendenten sind in der Regel *flexibel, anpassungsfähig* und außerordentlich *vielseitig interessiert.* Sie unterhalten meist zahlreiche Kontakte zu den unterschiedlichsten Personen. Erstaunlicherweise finden sie fast immer eine Ebene, auf der sich Informationen austauschen lassen. So fachsimpelt man mit dem Jockey genauso ungezwungen über Pferderennen, wie man beim Bäcker von nebenan den Lehrlingsmangel beklagt.

Besonderes Interesse besteht bei vielen an Fragen moderner Technik, deren Segnungen allerdings manchmal naiv überschätzt werden. Die geistige Aufnahmefähigkeit der Geborenen ist vielfach beeindruckend. In Windeseile kann man sich in bislang völlig fremde Wissensgebiete einarbeiten.

Im persönlichen Umgang geben sich die Geborenen *aufgeschlossen, freundlich* und *kommunikativ*. Viele hören sich gerne reden, haben eine große Freude am *Formulieren, Fabulieren* und *Diskutieren*. Schwerer fällt es schon, sich über eine längere Zeitspanne hinweg auf ein Thema zu konzentrieren, ohne abzuschweifen.

So *mitteilsam* diese Menschen sonst auch sind, Persönliches wird man von ihnen nur in seltenen Ausnahmesituationen erfahren. Das liegt zum einen sicherlich daran, daß die spannende Außenwelt im Zentrum ihres Interesses steht. Zum anderen hieße es aber auch, den vertrauten Boden der *Objektivität* und *Neutralität* zu verlassen, wollten sie ihre subjektiven Stimmungen und Gefühle ebenso ernst nehmen wie die Welt der unbestreitbaren Tatsachen. Nur das, was sich begründen und beweisen läßt, ist für sie real. Seelische Distanz zu den vielfältigen Eindrücken verschaffen sich Zwillingeaszendenten bewußt oder unbewußt vor allem durch die Schnelligkeit des Szenenwechsels. Es bleibt oft keine Zeit mehr, den eigenen Standort gegenüber dem »Außen« zu bestimmen oder sich gar mit einem Objekt zu identifizieren.

Da die Geborenen von ihrer Anlage her mit Wissenserwerb und -weitergabe beschäftigt sind, werden sie im Laufe ihres Lebens ganz automatisch mit der Frage nach Sinn und Verwendung ihrer Einzelerkenntnisse konfrontiert. Manche Zwillingeaszendenten sind in Gefahr, die Lösung solcher Probleme den anderen zu überlassen. Es kann leicht passieren, daß sie den Überblick verlieren, weil die Summe der ungeordneten Details ihnen die Sicht verstellt. Viele Geborene entdecken aber ihr *Interesse an geistigen Werten*, suchen den großen Zusammenhang zu verstehen und ihren Horizont zu erweitern. Mancher gelangt tatsächlich durch die Kenntnis der Summe der Einzelteile zur Erkenntnis des Ganzen. Gründliche Einzeluntersuchungen schaffen eine Basis für die Entwicklung eines übergreifenden Verständnisses. Einige Geborene sind sogar so gefesselt von der Auseinandersetzung mit abstrakten Theorien, daß sie die Welt der alltäglichen Realitäten zu sehr aus dem Auge verlieren. Manche Zwillingeaszendenten verbinden jedoch beide Fähigkeiten in erstaunlichem Maße miteinander. So sind sie z. B. in der Lage, durch die anschauliche und spannende Schilderung eines einzelnen Vorganges umfassende dahinterliegende Zusammenhänge sichtbar zu machen.

Zwillingeaszendenten wirken, egal, welchen Alters sie sind, auf ihre Mitmenschen häufig ausgesprochen *jugendlich*. Ihre *unbekümmert aufnahmebereite* Haltung hat etwas — im positivsten Sinne — Schülerhaftes. Weder ihrer selbst noch der Welt, die sie umgibt, sind sie sich wirklich sicher. Der *Erkenntnisdrang* der Geborenen folgt daher in der Regel dem Ziel, Orientierung und damit Sicherheit in ihrer Umwelt zu gewinnen. Aus der Vielzahl der Informationen möchten sie »die Realität« herauskristallisieren, um sich ihr gegenüber jederzeit angemessen verhalten zu können. Der eigene Standpunkt — so scheint es wenigstens — läßt sich erst dann zweifelsfrei bestimmen, wenn man sich ein vollständiges Bild von der Welt gemacht hat. Es beruhigt die Geborenen außerordentlich, über alles genug zu wissen, um sich vernünftig verhalten zu können. Für manche steht die Realität unerschütterlich fest und folgt logischen Gesetzen, die sich auch morgen nicht verändern. Die Welt der harten Fakten gibt ihnen unumstößliche Verhaltensregeln vor, auf deren Basis sie immer *neutral* und *überpersönlich* reagieren wollen. Die bequeme Seite daran ist, daß man sich nicht laufend damit auseinandersetzen muß, wie man selbst zu einer Sache steht.

Doch diese Art von *mentalem Sicherheitsstreben* erweist sich vielfach auf die Dauer als Hemmnis und Beschränkung. Die Distanz zu sich selbst wächst, während man das Leben nur noch mit der Pinzette des Intellekts anfaßt. Erklärung der Realität als einziges Mittel der Gegenwartsbewältigung führt zu einer Zementierung des Status quo. Die objektiven Verhältnisse werden bedrückend, wenn man allzuschnell bereit ist, sich ihren vermeintlichen Zwängen unterzuordnen. Aufgrund der Bereitschaft, sich alles zu erklären, anstatt es zu hinterfragen, werden Veränderungsmöglichkeiten gedanklich weniger in Betracht gezogen. Daraus resultiert bei einigen eine nahezu fatalistische Haltung gegenüber dem eigenen Schicksal.

Der Vorliebe der Zwillingeaszendenten für alles Unwandelbare, Dauernde und Verläßliche steht die *Furcht vor dem Zufälligen* und Willkürlich-Vergänglichen gegenüber. Darin äußert sich eine *reduzierte Erdverbundenheit*, die möglicherweise Unsicherheits- und Bedrohungsgefühle zur Folge haben kann. Diese zeigen sich vor allem in psychischen Belastungssituationen als Existenzängste auf wirtschaftlicher Ebene sowie einer eventuell übertriebenen Angst vor Krankheiten. Manche versuchen, durch das Anhäufen von immer mehr Sicherheiten und Erkenntnissen die vorhandenen oder befürchteten Unwägbarkeiten zu minimieren. Andere finden in konservativen Weltanschauungen oder religiösen Bindungen Halt. Für unangenehme Zufälle soll kein Raum mehr bleiben. Doch Wandel und Unbeständigkeit, Werden und Vergehen sind nun einmal Bestandteile unserer Welt. Die allzu einseitige Suche nach Sicherheit und Halt im materiellen Außen kann daher zu schweren Enttäuschungen führen, wenn tatsächlich ein unvorhergesehener Wandel alle Pläne über den Haufen wirft. Je mehr man sich an die äußeren Verhältnisse klammert, desto abhängiger wird man logischerweise von ihrem Fortbestand.

Deshalb ist es von großer Bedeutung für die Geborenen, ihrem Drang nach außen manchmal Zügel anzulegen, um die Aufmerksamkeit stärker auf sich richten zu können. Man sollte ein deutliches Gefühl für den eigenen Standort gewinnen. Dazu ist es aber nötig innezuhalten, was den meisten Zwillingeaszendenten außerordentlich schwerfällt. Sie haben sich zu sehr daran gewöhnt, sich mit ständig neuen, einander überlagernden Eindrücken abzulenken. Die nahezu unerschöpfliche *intellektuelle Aufnahmebereitschaft* wird erst durch die gleichzeitige seelische Abschottung gegenüber der Vielzahl anbrandender Bilder ermöglicht. Quantität wird manchmal mit Intensität verwechselt.

Innezuhalten bedeutet also, sich tatsächlich direkt berühren und beeindrucken zu lassen, ohne sofort alles zu erklären, zu begründen oder auszusprechen. Die je nach Anlaß unterschiedlichsten Gefühle können, hat man erst einmal gelernt, sie wahr- und ernst zu nehmen, dem eigenen Handeln eine Richtschnur und damit mehr Sicherheit geben. Dann ist man mehr als bisher in der Lage, bewußt auszuwählen, was man an sich heranlassen will. Die deutlichere Wahrnehmung der eigenen Abgrenzungsbedürfnisse befähigt manche dazu, ihr Leben aktiver in die Hand zu nehmen, indem sie ihren Eigenwillen gegenüber den angeblichen Zwängen der objektiven Realität geltend machen. So müssen Veränderungen nicht mehr bedrohlich und beängstigend sein, sondern können im Gegenteil Fortschritt durch Befreiung aus alten Mustern bedeuten.

Andere Menschen geben Zwillingeaszendenten besonders in der Jugend gerne großen Vertrauensvorschuß. Ihr weitreichender *Optimismus in bezug auf ihre Bekannten* führt allerdings zu mancher Enttäuschung. Trotz ihres sonst so *unruhig-flexiblen Wesens* und ihrer *zahlreichen Kontakte* suchen Zwillingeaszendenten enge und verbindliche Beziehungen zu einigen wenigen Menschen. Es scheint, als bräuchten sie als Gegengewicht zu ihrem unbeständigen Naturell in ihrer Umwelt einen verläßlichen Ruhepol. Haben sie sich einmal wirklich auf eine Partnerschaft eingelassen, dann gibt es für sie so schnell kein Zurück mehr. Man fühlt sich dem anderen gegenüber verpflichtet und ist bereit, ihm und der Beziehung große Opfer zu bringen. Vom Partner wiederum erwartet man — vielfach unausgesprochen — dasselbe. So besteht in aller Regel eine sehr intensive *Bindung an die Familie,* für die sich die Zwillingeaszendenten rückhaltlos einsetzen.

Die Gefahr liegt allerdings darin, sich ein derart feststehendes Bild von einer Beziehung zu machen, daß Veränderungen und Entwicklungen nur noch als Bedrohung erlebt werden können. Die Fähigkeit der Geborenen, sich (fast) alles zu erklären, kann hier zum Problem werden. Äußert der Partner z. B. Unzufriedenheit über das Zusammenleben, so findet man tausend Gründe, um diese Schwierigkeiten als ganz verständlich und normal einzuordnen. Der Verstand erweist sich somit als ein hervorragendes Mittel, sich zu beruhigen, die eigene Betroffenheit wegzurationalisieren.

Aber je mehr man sich bemüht, den Status quo aufrechtzuerhalten — selbst wenn sich die Voraussetzungen einer Beziehung mittlerweile grundlegend geändert haben —, desto unlebendiger und beschränkender wird die gemeinsame Realität. Dies ist insbesondere dann der Fall, wenn man versucht, den Partner durch immer größere Opfer an sich zu binden. Das extreme Festhalten an den eigenen Vorstellungen erweist sich auf die Dauer nur als möglich, wenn man alle Anzeichen von Unstimmigkeiten weitgehend ignoriert. Da ja mit der übernommenen Verantwortung auch erhebliche Zwänge für einen selbst verbunden sind, wächst damit aber unmerklich die eigene Unzufriedenheit. Manche erweisen sich als »Meisterverdränger«. Man findet immer wieder einleuchtende Gründe, die zwar alles zu erklären scheinen, die notwendigen Veränderungen aber blockieren.

Da sie aus *Sicherheitsbedürfnis* einerseits und *Verantwortungsgefühl dem Partner gegenüber* andererseits nur selten in der Lage sind, aus bestehenden Unstimmigkeiten Konsequenzen zu ziehen, würden manche Zwillingeaszendenten wohl noch lange in solch verfahrenen Beziehungen ausharren, würden sie nicht von den »äußeren Umständen« zu Veränderungen gezwungen. Der eventuell notwendig gewordene Bruch wird dann eben vom Partner vollzogen. Das wiederum führt manchmal dazu, diesem den Schwarzen Peter zuzuschieben. Im Extrem sieht man sich als unschuldiges Opfer einer unberechenbaren und daher bösen Außenwelt. Bei manchen Zwillingeaszendenten besteht die Gefahr, mit wachsendem Alter immer mißtrauischer und verschlossener zu werden. Man glaubt, sich um jeden Preis vor Verletzungen schützen zu müssen, und hält sich daher in sicherer seelischer Distanz zu den Mitmenschen. Andere versuchen, emotionaler Beteiligung auszuweichen, indem sie Leichtigkeit und Unabhängigkeit demonstrieren. Sie betonen die Vorteile des »Singlelebens« und halten feste Partnerschaften für erdrückend und beschränkend.

Aber solche Vermeidungsstrategien machen es vielfach nur noch schlimmer. Sie führen in Einzelfällen zu steigender Verbitterung. Mancher kann nur noch zynisch reagieren, wenn es um Gefühle geht.

Es bedarf offensichtlich bei manchen einer Extremsituation, um die eigene Lage nicht nur analysieren, sondern auch direkt und unmittelbar erleben zu können. Eine Enttäuschung oder der Verlust geliebter Menschen bewirkt zwangsläufig eine Veränderung. Solche Schicksalsschläge, die kaum einem Menschen erspart bleiben, stürzen Zwillingeaszendenten deswegen so leicht in Existenzkrisen, weil hier das Hauptinstrument der Lebensbewältigung, der Intellekt, kläglich versagt. Es ist, als würde einem der Boden unter den Füßen weggezogen. Die Geborenen müssen erfahren, daß sich eben doch nicht alles erklären läßt und daß nicht alles machbar ist.

Auch wenn die dabei ausgelösten Empfindungen schmerzlicher Natur sind, so beginnt damit dennoch die Geburt in die eigene Realität ohne die schützende und zugleich trennende Hilfe des Verstandes. Damit wird eine Orientierung aus sich und der eigenen Situation eingeleitet. Die emotionale Verarbeitung solcher Eindrücke bedeutet Erfahrung, Weiterentwicklung und persönliches Wachstum. In Partnerschaften geht es daher für Zwillingeaszendenten vor allem darum zu lernen, daß zwischenmenschliche Beziehungen und die mit ihnen verbundenen Gefühle einer ständigen Entwicklung unterworfen sind. Die Augen zu öffnen, um diese Veränderungen und ihre Bedeutung für das eigene Wohlergehen besser wahrzunehmen, schafft die wesentlichste Voraussetzung dafür, alle Herausforderungen erfolgreich zu meistern.

Entwickelte Zwillingeaszendenten lassen ihr feines Gespür für die Situation nicht mehr unbewußt brachliegen. Verstand und Gefühl unterstützen sich gegenseitig und ermöglichen in Partnerschaften — aber auch darüber hinaus — eine tiefe Einsicht in die wahre Natur begegnender Menschen und Ereignisse. Sie riechen förmlich, wenn irgendwo etwas nicht stimmt, können es klar analysieren und wagen es, das Problem offen auf den Tisch zu legen. Damit können Gewohnheiten und sonstige überholte Strukturen, die sich ja nur allzuleicht in Partnerschaften einschleichen, schon frühzeitig als Belastung erkannt werden. Gemeinsam mit dem Partner wird es dann möglich, die Form der Beziehung den sich auf beiden Seiten ändernden Bedürfnissen anzupassen, weil man sich mehr und mehr von der Angst befreit, mit Veränderungen gleich alles aufs Spiel zu setzen.

Familienhintergrund

Kennzeichnend für die häusliche Situation der Zwillingeaszendenten sind häufige Umbrüche und Veränderungen, die die Geborenen zwingen, sich gegenüber ständig wechselnden objektiven Verhältnissen immer wieder neu zu behaupten. Konkreter Auslöser kann die Geburt weiterer Geschwister, ein Umzug oder ein sonstiger Milieuwechsel gewesen sein. Zudem war die Ehe der Eltern eventuell problematisch. Selten kam es allerdings zu einer faktischen Trennung. Sie lebten trotz offensichtlicher Unvereinbarkeit meist weiter unter einem Dach zusammen. Auseinandersetzungen wurden vielfach von der Mutter provoziert, weswegen sich die Geborenen eher mit dem Vater identifizierten.
Häufig fehlte den Zwillingeaszendenten somit ein emotionaler Rückhalt durch die Familie. Eventuell versuchten sie, aufzufallen und Aufmerksamkeit durch Clownereien oder Laus-

bubenstreiche auf sich zu ziehen. Die fehlende Nestwärme führte gegebenenfalls aber auch zu einem besonderen Streben nach Ausbruch und Unabhängigkeit. Der Wunsch nach Selbständigkeit äußerte sich in der Jugend bei einigen als trotzige Oppositionshaltung, gegen welche die Eltern aber nur selten entschieden einschritten.

Vor allem die Mutter hatte nicht immer die glücklichste Hand im Umgang mit ihren Kindern. Nur in seltenen Fällen gelang es ihr, seelische Nähe aufzubauen. Meist war sie stark auf sich und ihre Bedürfnisse konzentriert und erlebte die Mutterpflichten wohl eher als lästig. Mehr auf Ruhe und Abstand für sich selbst bedacht, übergab sie die Erziehung eventuell auch Kindermädchen oder Erziehern, um sich zu entlasten. Eine engere Bindung ergab sich dagegen zum Vater. Dieser stand meist mehr auf dem Boden der Realität und wirkte daher oftmals beruhigend und ausgleichend auf den eher unruhigen Charakter der Mutter. Er wurde zumeist als gutmütig, fürsorglich und tolerant erlebt. Sensibilität, mystisch-religiöse Interessen wie auch künstlerische Begabungen waren für ihn besonders kennzeichnend. Diese Eigenschaften machen sich manche Zwillingeaszendenten zum Vorbild. In einigen Fällen war er aber auch zu weich, um sich gegenüber der Mutter behaupten zu können. Schwäche und große Empfindsamkeit führten in seltenen Einzelfällen zur Flucht in den Alkohol.

Die Distanz zur Mutter bildet bei den Geborenen vielfach den Hintergrund für das Gefühl, allein auf sich gestellt zu sein, eine für Kinder möglicherweise äußerst bedrohliche Situation. Es entsteht die Notwendigkeit, für sich zu sorgen, allein eventuelle Gefahren zu überwinden. Handlung und unmittelbare Reaktion ermöglichen es, seelisch aus der Angstsituation herauszuspringen und gleichzeitig aktiv etwas zu unternehmen. So waren manche Zwillingeaszendenten gezwungen, früher erwachsen und selbständig zu werden als andere Aszendentenzeichen. Gegebenenfalls entwickelte sich ein ausgeprägter Individualismus. Schwäche konnten sich die Geborenen nur selten erlauben, weil ja keiner da war, um sie aufzufangen. Man konnte es sich nicht leisten, Kind zu sein, war vielmehr ununterbrochen innerlich auf dem Sprung, die nächste Herausforderung zu meistern.

Der Zwang, stets neue Bedrohungen zu überwinden, kann allerdings dazu führen, daß manche Zwillingeaszendenten sich das Gesetz des Handelns mehr und mehr von außen aufzwingen lassen. Im Extrem rennt man nur noch den äußeren Verhältnissen hinterher, ohne dabei zur Besinnung zu kommen. Das, was man selbst für Aktivität und Eigenständigkeit hält, erweist sich in manchen Fällen als ein hilfloses Reagieren ohne eigentliches Ziel. Selbst wenn es einmal nichts zu tun gibt, braucht man häufig irgendeine Art von ablenkender Beschäftigung, um nur nicht zur Ruhe zu kommen. Das würde unter Umständen bedeuten, sich mit alten Ängsten auseinandersetzen zu müssen. Statt dessen springt mancher *hektisch* hin und her, unfähig, einmal Begonnenes auch gegen Widerstände durchzuziehen. Gegebenenfalls ist auch das Berufsleben von Brüchen und plötzlichen Umschwüngen gekennzeichnet. Man will sich sowenig wie möglich festnageln lassen, um die innere Anspannung nicht zum Überlaufen zu bringen.

Für die Geborenen ist es daher wichtig, unabhängig von äußeren Zwängen herauszufinden, was sie eigentlich wollen. Manche beginnen damit, sich zunächst ihre eigenen Aktivitäten genauer anzuschauen. Ein wenig selbstkritische Distanz kann oft bewußtmachen, wie sehr man sich eigentlich verzettelt und mit seinen Energien Raubbau betreibt. Dies kann wichtige Voraussetzung einer beginnenden seelischen Zentrierung auf sich sein. Mit dem Abbau der inneren Anspannung wird es möglich, vorher ungerichtet verpulverte Energien zu sammeln, um sie dann bewußt und gezielt einzusetzen.

Zwillingeaszendenten besitzen ein überdurchschnittlich großes kreatives Potential, welches in der Regel auch beruflich genutzt werden kann. Die bekannte *Vielseitigkeit* der Geborenen führt zu den unterschiedlichsten Beschäftigungen. Besondere Fähigkeiten bestehen auf *sprachlichem* und *darstellend-künstlerischem* Gebiet. Diese Begabungen führen zu Tätigkeiten im Bereich des Pressewesens, der Literatur und des internationalen Handels. Daneben ist an Schauspiel, Forschung und Wissenschaft zu denken. Auch finden sich gelegentlich zeichnerische und musische Talente. Gleichgültig, auf welchem Gebiet die Geborenen tätig sind, sie werden geschätzt wegen der hohen Originalität und Eigenständigkeit, die sie in ihrer Arbeit entwickeln können.

Schlüsselbegriffe

Erforschung der (Um)welt, Wissensdurst und Kommunikationsdrang, aufgeschlossen, neutral, sachlich, Objektivität, unruhig, flexibel, anpassungsfähig, vielseitig interessiert, freundlich, kommunikativ, mitteilsam, Interesse an geistigen Werten, aufnahmebereite Haltung, überpersönlich, mentales Sicherheitsstreben, reduzierte Erdverbundenheit, Optimismus in bezug auf Bekannte, zahlreiche Kontakte, Sicherheitsbedürfnis, Verantwortungsbewußtsein, hektisch, sprachliche und darstellend-künstlerische Fähigkeiten.

Beispiel: Jules Verne

Kurzbiographie Jules Verne:

8. 2. 1828 Jules Verne in Nantes als Sohn von Pierre und Sophie Verne geboren.

1846—1848 Jurastudium in Nantes, erste, nicht aufgeführte Theaterstücke.

1850 Erste Uraufführung eines Stückes: *Les pailles rompues*.

Ab 1856 Arbeitet als Börsenmakler, ohne seine literarische Tätigkeit aufzugeben.

10. 1. 1857 Heiratet Honorine Morel, eine Witwe mit zwei Töchtern.

31. 1. 1863 Veröffentlichung des ersten Romans, *Fünf Wochen im Ballon*.

1864 *Reise zum Mittelpunkt der Erde*.

Ab 1864 Aufgabe der Tätigkeit an der Börse.

1867 Amerikareise (März/April). Bau des Segelbootes »St-Michel«, mit welchem er in der Folge viele Reisen unternimmt.

1871 Tod des Vaters.

1872 Großer Erfolg der *Reise um die Erde in 80 Tagen*.

1875 *Die geheimnisvolle Insel*.

1876 *Michael Strogof (Der Kurier des Zaren)*.

1885 *Mathias Sandorf*.

1886 Attentat auf Verne durch seinen geistesgestörten Neffen Gaston.

1887 Tod der Mutter.

1892 Offizier der Ehrenlegion; *Das Karpatenschloß*.

1895 Gesundheitliche Probleme; *Die Propellerinsel*.

1900 Erkrankung am grauen Star; Magenprobleme.
1904 Erster schwerer Diabetesanfall.
1905 Tod nach einem weiteren Diabetesanfall am
24. März.

Relativ wenig ist über die frühe Jugend Vernes bekannt.
Während die Gestalt der Mutter völlig im dunkeln bleibt, exi-
stieren aber einige Informationen über den Vater Pierre:
»Verne senior, als Vertreter eines konservativen und katholischen Bürgertums, ist im höchsten Maße religiös und neigt
mit fortschrittlichem Alter immer mystischeren Auffassungen zu.«[15]
»Wohl herrschte Pierre Verne in seiner Familie mit patriarchalischer Strenge, aber wie sich noch erweisen wird, ist er zu
außerordentlicher Toleranz gegenüber dem Werdegang seiner Kinder fähig.«[16]
Wie interessanterweise die meisten Zwillingeaszendenten
hat sich Verne selbst kaum und ungern über seine Jugend geäußert, wohl weil er der Ansicht war, es gäbe nicht wirklich
Mitteilenswertes zu berichten:
»Ich habe nicht vor, die Geschichte meines Lebens zu schreiben, das nichts sehr Interessantes aufzuweisen hätte, eben-
sowenig wie den Bericht meiner Reisen zu verfassen, die
auch nicht interessanter wären.«[17]
Schon früh zeigte sich bei Verne der Wunsch zu reisen. Angeregt durch den Hafen der Stadt Nantes und die dort liegen-
den Segelschiffe, spielte er mit seinem Bruder Paul Fahrten
über See:

[15] Volker Dehs, *Jules Verne*, Reinbek 1986, S. 11.
[16] Ebenda, S. 15.
[17] Ebenda, S. 12 f.

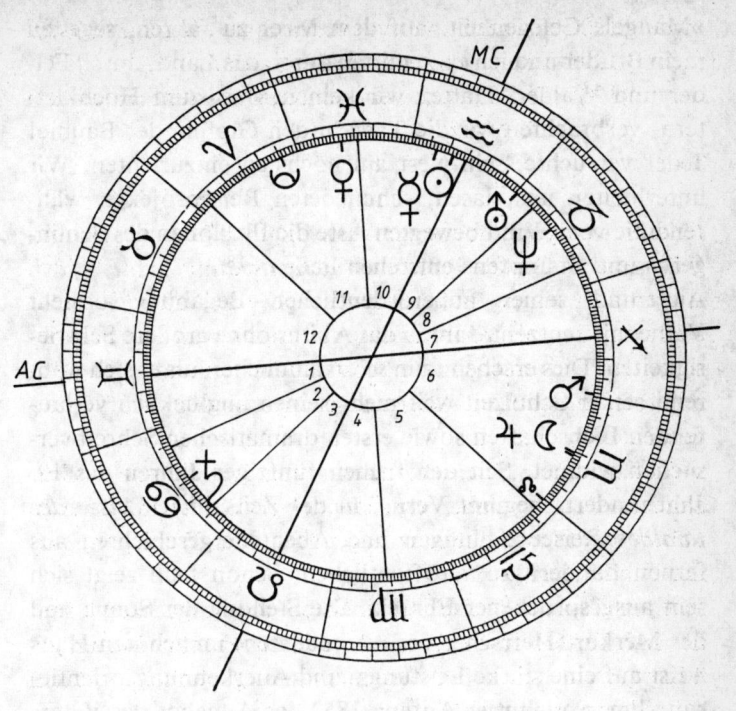

8. 2. 1828   12.00.00 LMT

Geburtsort: Nantes
001° 34' 00" W   47° 13' 00" N

Häuser: Placidus

1 15° 40' ♓		**10** 15° 07' ≈	
2 05° 37' ♋		**11** 14° 03' ♓	
3 24° 01' ♋		**12** 27° 15' ♈	

☉ 18° 46' ≈
☽ 14° 35' ♏
☿ 22° 44' ≈
♃ 18° 21' ♓
♂ 00° 33' ♐
♃ 13° 45' ♏
♄ 14° 27' ♋
♅ 29° 26' ♑
♆ 17° 04' ♑
♇ 04° 48' ♈
☊ 29° 42' ♎

Abbildung 9: Horoskop Jules Vernes

83

»Mangels Gelegenheit, auf dem Meer zu fahren, segelten mein Bruder und ich eben mitten durch das Land, durch Felder und Wälder. Hatten wir keinen Mast zum Hochklettern, verbrachten wir die Tage in den Gipfeln der Bäume! Jeder versuchte, sein Nest am höchsten einzurichten. Wir unterhielten uns, lasen, schmiedeten Reiseprojekte, während die vom Wind bewegten Äste die Illusionen des Schlingerns und Stampfens entstehen ließen.«[18]

Aufgrund seiner außerordentlichen Begabung besteht Verne mit achtzehn Jahren das Abitur ohne größere Schwierigkeiten. Dies erscheint um so erstaunlicher, als er sich während seiner Schulzeit weit mehr seinen unglücklich verlaufenden Liebschaften sowie ersten dramatischen Schreibversuchen widmet. Seit den frühen fünfziger Jahren des 19. Jahrhunderts beginnt Verne, in der Zeitschrift *Musée des familles* Reiseerzählungen und Abenteuergeschichten aus fernen Ländern zu veröffentlichen. Schon früh zeigt sich sein ausgesprochener Ehrgeiz. Die Stellung der Sonne und des Merkur (Herrscher des Aszendenten) im zehnten Haus weist auf eine starke Leistungs- und Anerkennungsorientierung hin. So lehnt er Anfang 1852 das Angebot des Vaters Pierre ab, dessen Nachfolger zu werden, weil er gerade eine Stellung als Sekretär des Theaterdirektors Seveste in Aussicht hat. Er hofft, daß ihn diese Arbeit »zwangsläufig mit allen Direktoren, Journalisten und Autoren in Verbindung bringen muß«[19], und nimmt dafür gern ein relativ geringes Gehalt in Kauf.

Schon die ersten Geschichten machen seine zwillingshafte Begeisterung für Technik und Wissenschaft klar. Dieser

---

[18]   Ebenda, S. 15.
[19]   Ebenda, S. 33.

Abbildung 10: Jules Verne

Faszination stellen sich aber stets auch religiöse und ethische Bedenken oder Fragen (Schütze im siebten Haus) entgegen. So finden sich z. B. in einem kleineren Artikel über die Erfindung einer Pflugmaschine u. a. auch kritische Sätze über die damit weiter zunehmende Massenarbeitslosigkeit unter der Bevölkerung.

Schwer zu schaffen macht ihm mit der Zeit sein offensichtlicher Mißerfolg bei Frauen (Jupiter als Herrscher des Partnerschaftshauses in Spannung zum MC). So schreibt er 1854 an die Eltern:

»Ich meine immer, daß man meine unschuldigsten Handlungen auf verfänglichste Art mißdeutet... alle jungen Mädchen, die ich mit meiner Freundschaft beglücke, verheiraten sich allesamt ausnahmslos kurze Zeit darauf.«[20]

Doch Anfang 1857 ist es endlich soweit; Verne heiratet die Witwe Honorine Morel, die zwei Töchter mit in die Ehe bringt.

Beruflich bahnt sich eine entscheidende Wende an, als er mit dem Verleger Hetzel zusammentrifft, bei dem 1863 *Fünf Wochen im Ballon* erscheint. Hetzel wurde von Napoleon III. wegen revolutionärer Umtriebe zur Emigration gezwungen und kehrte erst 1861 nach Paris zurück:

»Statt der früheren Agitation vertraut Hetzel jetzt auf langfristige Änderungsmöglichkeiten durch Literatur und setzt auf Aufklärung, um eine Demokratisierung breiter Bevölkerungsschichten... zu verwirklichen. Unter diesem Leitgedanken bemüht sich sein neues Verlagsprogramm in seinem Schwerpunkt um allgemeinverständlich geschriebene Wissenschaftsliteratur, die sich bewußt von den Vormachtansprüchen der Kirche absetzt... Die Verwirklichung des

---

[20]   Ebenda, S. 38 f.

edlen Bildungsideals verspricht also auch unternehmerische Rentabilität.«[21]

Hetzel erkennt, daß er mit Verne eine Marktlücke füllen kann, und nimmt ihn in sein Programm auf. So findet sich überraschenderweise für den selbst eher konservativen Verne ausgerechnet in einem sozialreformerisch orientierten Verlag der geeignete berufliche Rahmen (MC Wassermann, Sonne in zehn in Wassermann). Seit Ende 1865 wird Verne von Hetzel dauerhaft unter Vertrag genommen. Von nun an produziert er eine große Anzahl von Romanen, von welchen insbesondere *Reise um die Erde in 80 Tagen* (1872) seinen Weltruhm begründete. Seinen Erfolg verdankte er vor allem der Verquickung von technisch-wissenschaftlichen Fragen seiner Zeit mit unterhaltsamen Reise- und Abenteuererzählungen. Die Position des Uranus (Herrscher des MC) in neun weist darauf hin, daß seine Bedeutung vor allem darin bestand, den sich rasant vollziehenden Wandel des beginnenden technischen Zeitalters der Gesellschaft zugänglich und verständlich zu machen.

[21] Ebenda, S. 50.

Aszendent Krebs

Bekannte Krebsaszendenten

Biolek, Alfred (Showmaster)
Caruso, Enrico (Sänger)
Cassidy, David (Sänger)
Däniken, Erich von (Schriftsteller)
De Niro, Robert (Schauspieler)
Döbereiner, Wolfgang (Astrologe)
Einstein, Albert (Physiker)
Gogh, Vincent van (Maler)
Heß, Rudolf (Hitlerstellvertreter)
Knuth, Gustav (Schauspieler)
Ludendorff, Erich (Oberquartiermeister im Ersten Welt-
    krieg)
Ludwig II. (König von Bayern)
Maria Theresia (Königin von Österreich)
Marie Antoinette (Königin von Frankreich)
Messner, Reinhold (Bergsteiger)
Ring, Thomas (Astrologe)
Roscher, Michael (Astrologe)
Schubert, Franz (Komponist)
Schwarzenegger, Arnold (Schauspieler)
Sellers, Peter (Schauspieler)
Söhnker, Hans (Schauspieler)
Speer, Albert (NS-Politiker)
Strauss, Richard (Komponist)
Tolstoi, Leo N. (Schriftsteller)
Travolta, John (Schauspieler)

Ustinov, Peter (Schauspieler)
Voltaire, François-Marie (Philosoph)
Walesa, Lech (polnischer Gewerkschaftsführer)
Wilhelm II. (Kaiser von Deutschland)

Krebsaszendenten

Krebsaszendenten verkörpern *instinktive Emotionalität*.
Sie konfrontieren sich seelisch mit der Umwelt und reagieren emotional. Die gefühlsmäßige Wahrnehmungsfähigkeit
der Krebsgeborenen ermöglicht, sich in der Umwelt nach
dem Lust-Unlust-Prinzip zu orientieren. Sie sind in der Regel sensible und gute Beobachter. Die (Um)welt interessiert,
weil sie als Empfindung beeindruckt und somit zum Ausdruck des dabei Erlebten anregt. *Empfindungsfähigkeit*
schließt weiter auch *Empfindlichkeit* und potentielle *Verletzbarkeit* sowie einen Hang zu *Stimmungsabhängigkeit*
mit ein.
Krebsaszendenten können *warm* und *emphathisch* reagieren und verhalten sich *fürsorglich* gegenüber Menschen, denen sie sich seelisch geöffnet haben und die ihnen wichtig
sind. Ihr gefühlvolles und mitleidiges Wesen verbergen sie
aber vielfach unter einer harten Schale. Die meisten halten
sich zunächst zurück, wirken sogar *schüchtern*, sind aber
dennoch *selbstbewußt*. Sie verhalten sich gelegentlich so
nüchtern und distanziert, daß sie anderen unter Umständen
sogar arrogant erscheinen. Dabei geht es ihnen meist lediglich darum, sich zu schützen und ihren *weichen Kern* nicht
völlig bloßzulegen. Man lasse sich also durch ihre anfängliche Zurückhaltung nicht täuschen.
Die meisten Krebsaszendenten haben eine außerordentlich

stark ausgeprägte *Phantasie*, sie quellen über von Ideen und Gedanken. Normalerweise verfügen sie über eine *gute Auffassungsgabe*, sind intuitiv in der Lage, komplexe Zusammenhänge sofort zu begreifen. Beeindruckend ist oft ihre Fähigkeit, diese emotional-bildhaften Inhalte sprachlich ausdrücken.

Fast alle Krebsaszendenten geraten immer wieder in Konflikt mit der lästigen Realität, die viele nur soweit wie unbedingt nötig in ihr Leben integrieren. So lehnen sie es instinktiv ab, sich von außen auferlegten Zwängen unterzuordnen, und rebellieren automatisch gegen lebensfeindliche Ordnungen. Sie reagieren ohne jeden bösen Willen meist so individuell, daß sie einfach nicht in vorgefertigte Ordnungen, gleich, welcher Art, hineinpassen. In Systemen, in denen vor allem Anpassung, Unterordnung und Konformität zählen, werden Krebsaszendenten daher schnell zum Außenseiter oder Sündenbock abgestempelt. Diese ständig neu erlebte Vereinzelung aufgrund der gesellschaftlichen Ordnungen konfrontiert sie immer wieder mit der Einsamkeit und läßt einige zu mürrischen und menschenscheuen Eigenbrötlern werden.

Ein Krebsaszendent kann z. B. zu besonders festlichen Anlässen völlig unpassend gekleidet erscheinen und so — durchaus unbeabsichtigt — verstärkt Aufmerksamkeit, eventuell auch Ablehnung auf sich ziehen. Selbst wenn äußerlich alles stimmt, ist er meist derjenige, der beim Essen als erster etwas verschüttet oder aus der Reihe tanzt. Seine ungeschickte, unpraktische, ja manchmal fast hilflose Art läßt bei anderen Menschen schnell den Eindruck entstehen, der Krebsaszendent brauche jemanden, der ihn versorgt. Tatsächlich trifft man unter diesen Menschen eine Reihe wirklicher *Pechvögel*. Selten gelingt ihnen der Start eines

Unternehmens ohne die Bewältigung von Widerständen. Sosehr man sich auch bemüht, irgend etwas geht fast immer schief.

Seine ausgesprochene *Sensibilität* wie Reagibilität macht den Krebsaszendenten leicht *störanfällig*. Ereignisse, die andere Menschen übergehen, können Krebsaszendenten erheblich irritieren. Es fällt ihnen schwer, sich innerlich vom Geschehen zu distanzieren. Eher liefern sie sich einer Situation direkt aus — in angenehmer wie in unangenehmer Hinsicht. Außenstehende glauben daher manchmal, bei diesen Menschen handle es sich um labile, vom Strom des Lebens hilflos getriebene Individuen. Einige ergehen sich tatsächlich in fruchtlosem Selbstmitleid, geben sich ihren *wechselnden Stimmungen* hin und lassen ihre nähere Umgebung unter Umständen völlig verwahrlosen. Man jammert gern und will von seinen Mitmenschen bedauert werden. Einige kultivieren ihre Empfindlichkeiten und Launen und leben sie (zunächst) ungestraft auf Kosten anderer aus, indem sie außer den eigenen Bedürfnissen nichts mehr gelten lassen. Dieser kindhaften Ich-Bezogenheit des Krebsaszendenten fehlt eine Form, vergleichbar etwa mit Wasser, das aus einer Schale besser zu trinken ist als aus der hohlen Hand. Wer sich der Form zu entziehen versucht, kommt ins Ungleichgewicht. Er empfindet zwar, nimmt aber alles nur noch oberflächlich und flüchtig wahr. Manche verlieren sich auf diese Art, laufen von einer Ablenkung zur nächsten, ohne dabei Befriedigung zu finden.

Normalerweise verliert der Krebsaszendent trotz zeitweiliger antriebsloser Phasen seine Ziele keineswegs aus den Augen und kann seine Prinzipien sogar ausgesprochen hartnäckig vertreten.

Die meisten Krebsaszendenten haben einen gewissen Hang

zur Eitelkeit und lieben es, im Vordergrund zu stehen. Damit setzen sie sich auch Situationen aus, die ihr sensibles und reizbares Wesen nur schwer verkraften kann. Wer sich gern exponiert, muß damit rechnen, auch abgelehnt und kritisiert zu werden. Darauf reagieren sie jedoch *schnell verletzt* und beleidigt, eventuell sogar mit einem Wutausbruch. Der Krebsaszendent ist offen und beeindruckbar und sieht sich daher ständig mit einer Flut neuer Ereignisse und der durch sie ausgelösten Empfindungen konfrontiert. Nach anfänglicher Zurückhaltung hat er meist das Bedürfnis, sich dem lebendigen Fluß des Geschehens hinzugeben. So läßt er sich durch die Vielzahl der Eindrücke schnell von den Dingen, die ihm wesentlich sind, ablenken. Nach Phasen ausgesprochener Aktivität benötigt er daher viel Zeit, um die verschiedenen Eindrücke zu verdauen.

Manchen Krebsaszendenten gelingt es, in sich eine Form zu finden, indem sie ein stark *strukturierendes, präzises Denken* entwickeln. Geistige Brillanz und Klarheit können dabei durchaus in augenfälligem Kontrast zu ihrem unkonventionellen oder gar schlampigen Auftreten stehen. Sie haben *klare Prinzipien*, an denen sie sich orientieren, mit deren Hilfe sie sich disziplinieren können, wenn das hausgemachte Chaos überhandzunehmen droht. So gesehen, kann man sie als konservativ bezeichnen. Dieser Typ ist zielstrebig und ehrgeizig, wenn er sich gedanklich entsprechend motiviert; doch besteht die Gefahr, daß mit Hilfe des Denkens das eigene Erleben abgeschnitten oder gar zerregelt wird. Manche Krebsaszendenten ängstigen sich z. B. wegen ihres möglicherweise ausschweifenden und nur schwer kontrollierbaren Trieblebens, ihrer Launenhaftigkeit und Unordnung und glauben, sich nur mit Hilfe rigider, selbstauferlegter Zwänge vor dem völligen Absturz bewahren zu können. Da sie aber — fast zwangsläufig — immer wieder gegen diese guten Vorsätze verstoßen, kommt es bei manchen zu erbitterten Selbstanklagen und -vorwürfen. Eventuell zwingt man sich, ehrgeizige Pläne zu erfüllen, denen man eigentlich gar nicht gerecht werden kann oder die der eigenen Begabung nicht entsprechen. Es ist zwar wichtig, sich in eine Form zu geben, jedoch nicht auf eine gegen sich selbst gerichtete Art. Voraussetzung für ein liebevolleres Umgehen mit sich ist das Erkennen und Akzeptieren der eigenen *instinktiv-emotionalen* Eigenart. Wer sich seine Bedürfnisse eingesteht und ihnen den notwendigen Raum läßt, kommt in Kontakt mit seiner ureigensten Energieform. Ein Krebsaszendent, der sich seiner Gefühle, seiner Verletzbarkeit und seiner Stimmungsabhängigkeit nicht mehr schämt und sie nicht mehr als Schwäche verbirgt und bekämpft, ist sich zweifellos ein Stück nähergekommen. Dann fällt es ihm auch nicht mehr schwer, das vorher so befürchtete »Auf und Ab« in selbstgewählte und ruhigere Bahnen zu lenken.

Gegenüber den Mitmenschen legen manche Krebsaszendenten einiges *Mißtrauen* an den Tag. Das kann die Folge davon sein, daß ihre Aufgeschlossenheit und *Gutmütigkeit* von anderen ausgenutzt wurde. Dennoch ist es wichtig, sich nicht hinter einem Wall aus Schutzmechanismen zu verbergen, will man sich den Zugang zum eigenen Leben offenhalten. Krebsaszendenten haben den Wunsch nach verläßlichen Partnern und prüfen deshalb sehr genau, auf wen sie sich einlassen wollen. Wenn sie ihre anfängliche Reserve erst einmal überwunden haben, können sie sich ihrem Partner öffnen und hingeben.

Manche Krebsaszendenten suchen jedoch weniger ein gleichberechtigtes Gegenüber, als jemanden, der ihnen die Verantwortung abnimmt. Sie weisen es ängstlich zurück, erwachsen zu werden, und ziehen sich weitgehend auf eine Kindrolle zurück, während sie die Verantwortung an ihren Partner oder an andere Personen des persönlichen Umfelds delegieren. Diese übernehmen dann die Rolle des gegengeschlechtlichen Elternteils. Während sich der Krebsaszendent wie ein trotziges Kind verhält, greift der Partner regelnd ein. Liebe und Geborgenheit verbinden sich mit Abhängigkeit und Strafe. Manche bleiben unselbständig und trauen sich nicht alleine in die Welt hinaus. Sie verharren lieber in bedrückender, aber bequemer Sicherheit, als sich auf eigene Füße zu stellen. Tragfähige emotionale Bindungen können sich jedoch nur auf einer Basis der Gleichberechtigung entwickeln.

Es besteht bei Krebsaszendenten eine gewisse Affinität zu älteren oder erfahreneren Partnern. Das ist im Idealfall eine sehr gute Ergänzung, da sich in ihr die Spontaneität und Sensibilität des Krebsaszendenten zwanglos mit Lebenserfahrung, Umsicht und Ruhe des Gegenübers verbindet. Dies setzt aber auf beiden Seiten ein gewisses Maß an Entwicklung und Einsicht voraus.

Einige Krebsaszendenten haben auch aufgrund ihre Egozentrik Kontaktschwierigkeiten. Die affektive Fixierung auf die eigenen Bedürfnisse führt manchmal dazu, nur noch ihr Ego zu sehen. Man konkurriert instinktiv mit anderen und glaubt, sich um jeden Preis selbst behaupten zu müssen. Daher fühlt man sich schnell übervorteilt und erwartet von außen nur Negatives. Je mehr das Ego im Vordergrund steht, desto einseitiger wird die Sicht der Welt und der Personen, auf die man trifft.

Die Bereitschaft, im anderen einen Partner, mit welchem die eigenen Gefühle geteilt werden können, und keinen Konkurrenten zu sehen, schafft die Voraussetzung für ein gleichberechtigtes Miteinander. Dann können Krebsaszendenten ein hohes Maß an *Verantwortungsbewußtsein* entwickeln. Sie gewinnen einen tiefen Zugang zum Wesen des anderen und bauen gegebenenfalls solides Vertrauen auf, welches eine tragfähige Basis für die Partnerschaft darstellt. Über diese allgemeine Struktur hinaus zeigen sich bei Krebsaszendenten bezüglich des Partnerschaftsverhaltens zwei Untertypen: der Anhängliche (ca. 0 bis 15 Grad Krebs) und der Unabhängige (ca. 16 bis 29 Grad Krebs).

Der Anhängliche

Diese Menschen sind die sensibleren und verletzbareren Krebsaszendenten. Sie mißtrauen anderen anfänglich sehr und neigen zu großer Vorsicht, vor allem wenn sie schlechte Erfahrungen hinter sich haben. Sie stehen gelegentlich auf eher schwankendem Boden, da ihr Sicherheitsgefühl eng an ihre wechselnden Stimmungslagen gekoppelt ist. In psychischen Krisen haben sie meist mit massiven Existenzängsten zu kämpfen, genau wie auch materielle Probleme leicht auf die Stimmung durchschlagen. Daraus resultiert bei einigen ein Grundgefühl des Ausgeliefertseins und der Bedrohung. Dem entspricht häufig eine körperlich labile Konstitution. Sie neigen besonders dazu, mangelndes inneres Sicherheitsgefühl über das Außen zu kompensieren. Sowohl im Gedanklich-Ideologischen als auch in menschlichen Bindungen suchen sie möglicherweise einen festen Halt. Deswegen verharren sie selbst dann noch aus Sicherheitsgründen in einer Partnerschaft, wenn sie sich in Wirklichkeit schon längst nicht mehr darin wohl fühlen. Vielfach bestehen Ablösungsprobleme. Für diese Gruppe ist es besonders fundamental, eine Sicherheit aus sich zu entwickeln, anstatt diese außen zu suchen.

Hat sich dieser Typ einmal überwunden, sein Mißtrauen aufzugeben, und zu einer Beziehung entschlossen, dann will er sich auch hundertprozentig darauf verlassen können. Es ist daher keineswegs selten, daß man im Laufe seines Lebens kaum oder erst sehr spät enge Freundschaften eingeht, weil man sich nicht sicher genug ist. Oft dauert es lange, bis man zu potentiellen Freunden ein solides Vertrauen aufgebaut hat. Diesem ausgesprochen mütterlichen Typ ist es ein Bedürfnis, die Menschen, die er liebt, zu versorgen und zu verwöhnen. Um sich ohne Vorbehalt hingeben zu können, braucht er aber bodenständige und zuverlässige Partner.

Der Unabhängige

Dieser Typ ist im Unterschied zum vorhergehenden robuster und widerstandsfähiger. Er benötigt viel Platz in Partnerschaften und kann seine Bedürfnisse gut gegenüber anderen durchsetzen. In seinem Sicherheitsgefühl ist er daher weit weniger labil. Er handelt instinktiv im ureigensten Interesse, verhält sich allerdings anderen gegenüber manchmal recht unzuverlässig oder sogar rücksichtslos.

Oft werden die eigenen Interessen zu stark in den Vordergrund gestellt. Manche zeigen sich z. B. unfähig, Kompromisse — gleich, welcher Art — einzugehen. Bevor sie einen Nachteil in Kauf nehmen, brechen sie lieber aus. So finden sich unter ihnen überzeugte Einzelgänger, die ihren Interessen lieber allein nachgehen, als sich von anderen dabei stören zu lassen.

Für diese Gruppe ist es sehr wichtig, ihre Wünsche nach

Freiheit im Einvernehmen mit dem Partner und nicht gegen oder ohne ihn zu realisieren. Wer seine Interessen auf Kosten derer durchsetzt, mit denen er eigentlich zusammenarbeiten könnte, betreibt einen enormen Energieverschleiß.

Unter den Krebsaszendenten dieses Typs finden sich aber auch einige, die bereit sind, sich ganz in eine Beziehung einzubringen. Leichter fällt es ihnen, wenn kein Zwang dazu besteht. Dann aber können sie die hinderlichen Schranken des Egos gemeinsam mit ihrem Partner überwinden und Zugang zu einer befreienden Gemeinschaft finden.

Familienhintergrund

Die Erfahrungen der Kindheit veranlassen beide oben beschriebenen Typen in der Regel, ihre Empfindungen kognitiv zu kontrollieren. Dieser Entwicklung liegen im Einzelfall durchaus vielfältige »Ursachen« zugrunde.

In einer kinderreichen Familie z. B. liegt es nahe, daß die Mutter ihre Zeit nach praktischen Gesichtspunkten planen muß, um ihren Verpflichtungen nachzukommen. Dann erscheint sie möglicherweise weniger fürsorglich. Nun ist es sicherlich auch nicht leicht, einem so anlehnungsbedürftigen, gleichzeitig aber motorisch-unruhigen und eigenwilligen Kind jederzeit das Gefühl völliger Geborgenheit zu vermitteln. Ein kleiner Krebsaszendent fühlt sich schnell zurückgesetzt und abgelehnt. Manche glauben, in ihrer Kindheit zuwenig bekommen zu haben, selbst wenn dies »objektiv« nicht der Fall war.

In einigen Fällen war die Mutter eine religiöse und empfindsame Frau, die versuchte, in ihrem Leben hohe Ideale zu verwirklichen, und die ihren Kindern sehr viel Platz in ihrem Leben einräumte. Hier entwickelte sich oftmals eine enge, vertrauensvolle Beziehung.

Bei anderen kam allerdings die seelische Geborgenheit tatsächlich zu kurz, da die Alltagsbewältigung ihre ganze Energie in Anspruch nahm. Möglicherweise konnte sie ihre Zuneigung schlecht durch Zärtlichkeit und körperliche Bestätigung ausdrücken und wirkte daher kühler, als sie war.

Eventuell war die Mutter aber auch labil, egozentrisch oder in der frühen Kindheit der Geborenen sehr mit sich selbst beschäftigt. Dann blieben die Krebsaszendenten weitgehend sich selbst überlassen. Die Mutter gab weder seelische Zuwendung noch einen klaren Orientierungsrahmen. Eventuell bevorzugte sie einen antiautoritären Erziehungsstil oder machte ihre pädagogischen Maßnahmen von ihren wechselnden Stimmungen abhängig. Was heute erlaubt war, konnte schon morgen verboten sein. Eine mögliche Reaktion auf dieses Verhalten bestand darin, Empfindungen rational zu steuern und in den Griff zu bekommen, um eine innerliche Anpassung an wechselnde Bedingungen zu ermöglichen. Die Wahrnehmung der eigenen Wünsche und Empfindungen wurde nur zugelassen, wenn dies in der Situation vernünftig erschien. Damit verschleierte man allerdings die eigene Identität.

Andere lernten, daß sie nur dann bemerkt wurden, wenn sie sich aggressiv Gehör verschafften. Weil keine klare Ordnung existierte, versuchten sie, ihre subjektiven Freiheiten immer weiter auszuweiten und sich allein durchzuboxen.

Eventuell prägten Ortsveränderungen durch Umzüge die Kindheit der Geborenen. Manchmal ereignete sich nach einer idyllischen Kindheit ein folgenschwerer Bruch. Manche kamen z. B. wegen Schulschwierigkeiten in ein Internat oder eine Klosterschule. Sie wurden in ein strenges, meist hierarchisch strukturiertes Umfeld versetzt, in welchem starker Anpassungsdruck bestand. Da sich Krebsaszendenten einerseits gern in den Vordergrund spielen, andererseits jedoch zu sensibel sind, um etwas »wegstecken« zu können, geraten sie schnell in die Rolle des Außenseiters, wenn sie nicht lernen, sich anzupassen.

Da selbst bei schwierigem Mutterbezug die instinktive Identifizierung mit den weiblich-mütterlichen Anteilen groß ist, kann ein schwieriges Verhältnis zu ihr besonders belastend sein. Dies war insbesondere dann der Fall, wenn die Mutter bereits früh ablehnend reagierte oder sich durch die Geburt überfordert fühlte. Das Kind spürte diese Zurückweisung und versuchte, sich Liebe durch Verdrängen der eigenen Identität zu erkaufen. Vielfach wird unbewußt bis ins Erwachsenenalter hinein eine enorme Wut auf die Mutter empfunden, weil sie keine Zuwendung gab. In manchen Fällen kann man sogar von einer regelrechten Haßliebe sprechen. Im Erwachsenenalter kann diese Abhängigkeit von der Mutter, von der man nichts bekommt, gelegentlich übergangslos von einer symbiotischen Liebesbeziehung abgelöst werden.

Den Vater erlebten viele Krebsaszendenten positiver. Er erschien ihnen als ein freundlicher und kommunikativer Mann, der allerdings zu Hause seine Anliegen nicht immer konsequent durchsetzte. Dennoch konnte er seine Zuneigung zu den Geborenen meist besser ausdrücken als die Mutter.

Während er besonders in der frühen Kindheit mehr im Hintergrund stand, wird der Bezug zu ihm für viele Krebsaszendenten später immer wichtiger. Schon in der Jugend finden sie in ihm häufig eine Person, die bereit ist, sie als gleichwertiges Gegenüber zu akzeptieren. Aufgrund seiner Verständnisbereitschaft und Toleranz förderte er Entwicklungen der Krebsaszendenten eventuell auch dann, wenn er persönlich anderer Auffassung war.

In all diesen Fällen mußte der Geborene lernen, seine Erlebnisse rational zu kontrollieren, um nicht unterzugehen. Das hat sicherlich einen positiven Aspekt. Krebsaszendenten tut es gut, ihren seelischen Reichtum ein wenig zu ordnen und ihn auf diese Art leichter zu nutzen. Einige führen ein Tagebuch, um nicht im Wirrwarr der Gefühle orientierungslos zu werden. Die eine oder andere Methode seelischer »Verdauung« ist sicherlich sinnvoll für die Geborenen. Sie sollten aber dennoch nicht glauben, sie könnten ihre Empfindungen dadurch zeitweise ersetzen oder gar völlig überflüssig machen. Krebsaszendenten sollten sich jederzeit bewußt sein, daß diese innere Quelle ihren größten Reichtum darstellt. Sie können sich finden, wenn sie sich ihren Gefühlen weder ausliefern noch sie unterdrücken.

Diejenigen, die sich dieser Aufgabe stellen, schaffen mit seelischer Hygiene im oben angesprochenen Sinne eine der wesentlichsten Voraussetzungen für ihr individuelles Wachstum. Manche finden einen Zugang zu ihrer *Intuition* und ihrer *schöpferischen Kreativität*. Um ein deutlicheres Gefühl für diese inneren Werte zu bekommen, müssen Krebsaszendenten aber ihren Reichtum auch tatsächlich ausdrücken. Wer sich ängstlich zurückhält, weil er befürchtet, unvernünftig zu erscheinen, tut weder sich noch anderen einen Gefallen.

Wer dagegen das, was er als richtig empfunden und erkannt hat, zielstrebig umsetzt, spürt bald Boden unter den Füßen. Die zunehmende Bewußtwerdung der eigenen Fähigkeiten und des damit verbundenen objektiven Stellenwertes, den man einnimmt, befähigt dazu, den Mitmenschen auf einer neuen Ebene zu begegnen. Anstatt die eigenen Absichten zu verschleiern oder sich anzupassen, kann man seinen Standpunkt angstfreier einnehmen. Diese Sicherheit erlaubt, die *instinktive Egozentrierung* und *Konfliktorientierung* zu überwinden und andere in das eigene Handeln mit einzubeziehen. Wenn die Geborenen mit anderen zusammenarbeiten und das eigene Potential (mit)teilen, kann ihre Selbstverwirklichung Gemeinschaft anstatt Vereinzelung nach sich ziehen.

Die Talente der Krebsaszendenten sind so zahlreich, daß es schwerfällt, sie aufzuzählen. Häufig finden sich musische und künstlerische Begabungen, aber auch große intellektuelle und sprachliche Fähigkeiten sind keine Seltenheit. Viele haben ein gewisses dramatisches Talent. Sie sind in dem, was sie tun, originell und beschreiten gern neue Wege. Krebsaszendenten sollten im Berufsleben am besten eine selbständige Position anstreben, da sie sich meist nur schlecht ein- oder unterordnen können.

Wer zu konsequentem Arbeiten an sich und seinen Fähigkeiten bereit ist, wird nach anfänglichen Schwierigkeiten sicherlich einen Weg finden, seinen seelischen Reichtum beruflich wie finanziell befriedigend umzusetzen.

Schlüsselbegriffe

Instinktive Emotionalität, Empfindungsfähigkeit, Empfindlichkeit, Verletzbarkeit, fürsorglich, warm, selbstbewußt, zurückhaltend, Phantasie, Auffassungsgabe, individuell, Pechvogel, Sensibilität, störanfällig, wechselnde Stimmungen, Eitelkeit, präzise Denker, klare Prinzipien, Verantwortungsbewußtsein, mißtrauisch, Intuition, schöpferische Kreativität.

Beispiel: Franz Schubert

Kurzbiographie Franz Schubert:

31. 1. 1797   Schubert in Lichtental (Wien) als Sohn des Lehrers Franz Schubert und seiner Frau Elisabeth (geb. Vietz) geboren.

1808   Schubert wird Schüler des Stadtkonvikts und Chorsänger in der Wiener Hofburg.

1810   Erste uns bekannte Komposition: *Fantasie in G-Dur für Klavier zu vier Händen.*

1812   Tod der Mutter. Erstes Streichquartett.

1812—1817   Unterricht bei Antonio Salieri.

1813   Verläßt das Konvikt und besucht ein Jahr lang ein Lehrerseminar. Erste Sinfonie.

1814   Hilfslehrer bei seinem Vater.

1815   Bewirbt sich erfolglos um einen Lehrerposten.

1818   Erster Aufenthalt in Ungarn auf Einladung der Gräfin Esterházy.

1823   Schwere Krankheit.

1824   Zweiter Aufenthalt in Ungarn.

1826   Vierzehntes Streichquartett: *Der Tod und das Mädchen.*

1827   *Die Winterreise.*

19. 11. 1828   Tod Schuberts an einer Typhusinfektion, die der von Syphilis (seit 1823) Gezeichnete nicht übersteht.

Über die Kindheit Schuberts ist nur Positives bekannt. In seinem autobiographischen Fragment *Mein Traum* aus dem Jahre 1822 schreibt er:

»Unser Vater und unsere Mutter waren gut. Ich war allen mit tiefster Liebe zugetan.«[22]

Mit fast zwölf Jahren verändert sich jedoch einiges im Leben des jungen Schubert. Der Eintritt in das »Konvikt«, eine Art Konservatorium, bedeutet einerseits eine enorme Möglichkeit, sein musikalisches Talent weiterzubilden, war aber psychisch eine mittlere Katastrophe für das sensible Kind:

»... wurde es Schuberts Gefängnis in den Jahren 1808 bis 1813, also von seinem zwölften bis zu seinem siebzehnten Lebensjahr. Sein Gefängnis — denn das Gemäuer war kalt, feucht und abstoßend, die Zucht äußerst streng, und das Kind dachte mit Sehnsucht an das elterliche Heim ... Franz wurde ernst und verschlossen.«[23]

Der Tod seiner Mutter 1812 stürzte Schubert in tiefe Verzweiflung. Die Trennung von ihr entspricht der Stellung des Mondes, Herrscher des Aszendenten, in Haus zehn in Fische in Quadrat zu Saturn. Diese Konstellation zeigt ebenfalls an, daß sein gesamtes Verhältnis zur Umwelt nach den schweren Erlebnissen der Jugendjahre von Mißtrauen und Schicksalsschlägen geprägt war.

Seine beiden Lieben verliefen unglücklich und unerfüllt; und seine Freunde, die »Schubertianer«, verstanden seine tiefsten Gefühle kaum, nahmen den allzu Gutmütigen zum Teil regelrecht aus.

»Sie kannten ihren liebenswürdigen Franz nicht wieder, den guten Gefährten der Schubertiaden, den ungezwungenen

22 Zitiert nach Marcel Schneider, *Schubert*, Hamburg 1958, S. 9.
23 Ebenda, S. 34.

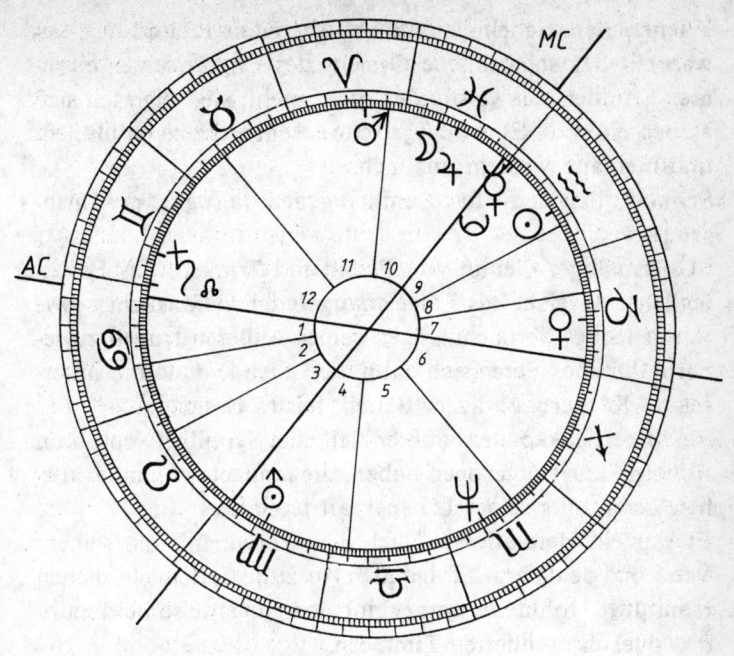

31. 01. 1797   13.30.00 LMT

Geburtsort: Wien

016° 22' 54" O   48° 12' 36" N

Häuser: Placidus

1 02° 29' ♋	10 01° 41' ♓
2 19° 57' ♋	11 04° 48' ♈
3 08° 27' ♌	12 20° 11' ♉

☉ 12° 13' ♒
☽ 20° 28' ♓
☿ 29° 50' ♒
♀ 12° 55' ♑
♂ 10° 15' ♈
♃ 15° 41' ♓
♄ 21° 18' ♓ R
♅ 11° 53' ♍ R
♆ 10° 41' ♏
☊ 28° 13' ♒
♋ 29° 37' ♓

Abbildung 11: Horoskop Franz Schubert

105

Wiener, den lächelnden und hilfsbereiten Freund. Sie gewahrten das schreckliche Gesicht des Engels seiner einsamen Stunden. Sie verstanden nicht mehr, sie weigerten sich zu begreifen . . . Es genügt ja schon, sein Herz zu entblößen, und niemand versteht uns mehr.«[24]

Schubert ließ sich selbst ziemlich gehen, ja sogar verwahrlosen:

»Übermäßiger Genuß von Essen und Trinken, das Fehlen jeglicher Hygiene als Folge mangelnder Gefallsucht sowie weitgehendes Vernachlässigen seines Äußeren trugen zu jener Allüre bei, deren sich dann die Legende annahm: untersetzter Körperbau, dicker Bauch, feistes Gesicht . . .«[25]

Bei seinen Eskapaden muß er sich eine Syphilis (Neptun im fünften Haus) zugezogen haben, die maßgeblich an der frühen Zerrüttung seiner Lebenskraft teilhatte.

Er war ein Heimatloser. Nach dem Zerwürfnis mit seinem Vater und dem darauf folgenden Auszug aus dem elterlichen Haus 1818 wohnte er immer nur übergangsweise bei Freunden oder in möblierten Zimmern.

In einem Punkt war Schubert jedoch konsequent, oder sollte man besser sagen: besessen? Das Komponieren hielt er für seine einzige Pflicht und arbeitete bis zur absoluten Erschöpfung. Er soll sogar einmal geäußert haben, er sei für nichts anderes als für das Komponieren auf die Welt gekommen. Hier zeigt sich eine weitere Entsprechung für Neptun, Herrscher des MC im fünften Haus. Schuberts Bedeutung lag tatsächlich in seinem musisch-kreativen Ausdruckspotential. Bei all seiner Unbeständigkeit hatte er also eine ausgesprochen hohe Auffassung von Kunst, Schöpfertum und innerer Berufung:

[24] Ebenda, S. 84.
[25] Ebenda, S. 20.

Abbildung 12: Franz Schubert

»Er arbeitete mit einer bewunderungswürdigen Regelmäßigkeit jeden Morgen sechs bis sieben Stunden bis zum Mittag oder bis um ein Uhr. Hatte er eine Komposition beendet, begann er sogleich eine neue.«[26]

Seine Musik speiste sich aus dem inneren Reichtum, den er komponierend ordnete und verarbeitete:

»In den Symphonien Schuberts aber gibt es weder Kampf noch Entwicklung im strengen Sinne — da ist nichts als das Umherirren des Menschen auf dieser Erde, das unruhevolle Schlagen seines Herzens — der immerwährende Wanderer selbst, auf der Suche nach einer Heimat.

Die dynamische Musik schöpft einzig aus dem ununterbrochenen Fluß unseres tiefinneren Lebens, aus den Leidenschaften, die uns bewegen, aus der Unrast, dem Begehren, der Reue, der Freude und der Trauer, die uns überwältigen auf der Suche nach einem verlorenen Schatz, einem verborgenen Schatz, einer glücklichen Insel, einem Hafen der Wonne und des Friedens. Dies ist es, worin uns Schuberts Musik den Himmel so nahe rückt. Sie ist nichts als ein in Töne verwandeltes, unendliches Sehnen nach dem Jenseits.«[27]

[26] Ebenda, S. 26.
[27] Ebenda, S. 18.

Aszendent Löwe

Bekannte Löweaszendenten

Alpert, Herb (Musiker)
Balzac, Honoré de (Schriftsteller)
Begin, Menachem (Politiker)
Bismarck, Otto von (Politiker)
Burton, Richard (Schauspieler)
Prinz Charles (englischer Thronfolger)
Crowley, Aleister (Magier)
Debussy, Claude (Komponist)
Dürer, Albrecht (Maler)
Emerson, Keith (Musiker)
Engels, Friedrich (Philosoph, Politiker)
Fischer, Bobby (Schachmeister)
Gauguin, Paul (Maler)
Goebbels, Paul (NS-Propagandaminister)
Ickx, Jackie (Rennfahrer)
Jagger, Mick (Musiker)
Jaspers, Karl (Philosoph)
John, Elton (Musiker)
Kafka, Franz (Schriftsteller)
Kleist, Heinrich von (Schriftsteller)
Leo, Alain (Astrologe)
Liszt, Franz (Komponist)
Löhlein, Herbert (Astrologe)
Loren, Sophia (Schauspielerin)
Manet, Edouard (Maler)

Matisse, Henri (Maler)
Monroe, Marilyn (Schauspieler)
Muhammad Ali (Boxchampion)
Satie, Eric (Komponist)
Spitz, Mark (Schwimmweltmeister)
Zamfir, Gheorghe (Musiker)

Löweaszendenten

Die Geborenen besitzen in hohem Maße die Fähigkeit, sich auszudrücken und sich der Umwelt gegenüber zu behaupten. Sie vertreten ihren Standpunkt mit einigem *Selbstbewußtsein*, sind von ihrem Anspruch überzeugt und betrachten seine Durchsetzung als das Natürlichste der Welt. Eine ihrer Stärken liegt in der *Unmittelbarkeit* und *Echtheit* ihres Handeln. Viele haben etwas von einem guten Charakterdarsteller. Sie können sehr *herzlich, warm* und optimistisch sein. Manche wirken durch ihre unbekümmerte Direktheit und ihr ausgesprochenes Temperament bis ins hohe Alter erfrischend jung. Die meisten kontrollieren ihre Impulse nicht übermäßig und neigen zu *spontanen Reaktionen*.

Die meisten Löweaszendenten lieben es, im Mittelpunkt zu stehen. Das gelingt ihnen auch schnell durch ihr *selbstbewußtes Auftreten*, dem sich so leicht keiner entziehen kann. Diesen Menschen wird von der Umwelt häufiger spontan eine Art *natürlicher Autorität* eingeräumt, in welcher sie sich mit Vorliebe zu sonnen pflegen. Gerne nehmen sie eine *Führungsposition* ein. Die damit verbundenen Anforderungen verkraften sie in der Regel spielend und wachsen an ihren Aufgaben. In Belastungssituationen, die sie entschlossen und tatkräftig meistern können, rechtfertigen sie zumeist das in sie gesetzte Vertrauen.

In Gesellschaft anderer bestechen sie mit ihrem *originellen Denken*. Ein Löweaszendent ist meist witzig und unterhaltsam. Er verblüfft seine Mitmenschen immer wieder mit unkonventionellen Ideen und Lösungsvorschlägen, bei deren Realisierung er sich nicht scheut, notfalls völlig neuartige Wege zu gehen. Manchmal reagiert der Löweaszendent auch wie ein trotziges Kind, wenn ihm diese Art von Zuwendung und Anerkennung einmal versagt bleibt.

Der Löwegeborene gibt gerne seinen momentanen Impulsen nach und schiebt dabei mögliche Folgen einfach beiseite. So kann er sich einfach auf die faule Haut legen und den Tag genießen, obwohl er Verpflichtungen wahrnehmen müßte. Das lassen sich nur die wenigsten der in diesem Zeichen Geborenen abgewöhnen, selbst wenn sie dabei gelegentlich sehr in die Klemme kommen.

Manchmal kann es aber auch in eine andere Richtung gehen. *Überschäumende Affekte* wie Wut oder Stolz können bei einigen zu Handlungen führen, die später unter Umständen sehr bereut werden. Glücklicherweise fällt es Löweaszendenten leicht, wieder einzulenken. Manchmal gestehen sie eigene Fehler offen, aber charmant ein, so daß ihnen auf Dauer keiner böse sein kann. Wirkliche Demütigungen verkraften sie aber außerordentlich schwer. Dann kommt gelegentlich sogar eine jähzornige Ader zum Vorschein. Gerade der Löweaszendent sollte daher in solchen Situationen strikt darauf achten, einen klaren Kopf zu behalten, wenigstens etwas vom eigenen Standpunkt absehen zu können, damit er auch hinterher noch zu seinen Aktionen stehen kann. Im tiefsten Innern seines Wesens ist er nämlich keineswegs tyrannisch, sondern im Gegenteil ausgesprochen *gutmütig;*

und er muß sogar aufpassen, daß er von seinen Mitmenschen nicht ausgenutzt wird.

Fängt der Löweaszendent erst einmal Feuer, dann verfolgt er seine (Herzens)angelegenheiten ausgesprochen beharrlich. Wenn der Jagdinstinkt geweckt ist, gibt es schon bald kein Halten mehr. Er mobilisiert unter solchen Umständen spielerisch enorme Energien. Ruhe tritt erst wieder nach Erreichen des Ziels, dem »Erlegen der Beute«, ein.

Eine nicht zu unterschätzende Schwierigkeit liegt für ihn aber darin, mit seinem *Enthusiasmus* richtig umzugehen. So passiert es manchen, daß sie sich auf Projekte versteifen, die bei näherer Betrachtung schwer realisierbar erscheinen. Um vor sich selbst und anderen keine Niederlage einzugestehen, vertritt der Löweaszendent gelegentlich Standpunkte, denen er innerlich eigentlich nicht zustimmt. Andere stürzen sich begeistert von einer Aufgabe auf die nächste, ohne jemals auch nur eine davon zu Ende zu führen.

Meist verfügen die Geborenen über einen *großen Freundes-* und *Bewundererkreis* und schließen leicht neue Bekanntschaften. Löweaszendenten flirten gern und erfreuen sich der ungeteilten Bewunderung des anderen Geschlechts. Meist besteht ein deutlicher Hang zu unkonventionellen Partnern.

So verlieben sich einige in Menschen, die nach sozialer Herkunft, Religion oder Nationalität aus einem völlig anderen Milieu stammen. Andere gehen im Urlaub oder auf einer Geschäftsreise spontan Beziehungen ein. Das bietet die Chance, sich mit Außergewöhnlichem und Neuem auseinanderzusetzen. Die meisten Löweaszendenten *lieben Abwechslung* durch neue und originelle Erlebnisse.

Die anfänglich faszinierenden Gegensätze und Unvereinbarkeiten offenbaren aber, wenn die erste Begeisterung vorbei ist, auch ihre problematischen Seiten. Dann zeigt sich, ob die Bereitschaft, aufeinander zuzugehen, Kompromisse zu schließen und Vertrauen zu entwickeln, dazu ausreicht, die vorhandenen Gräben zu überbrücken, oder ob es sich nur um eine Urlaubsaffäre handelte, für die man keine Energie investieren möchte. Und vielleicht lockt auch schon das nächste (amouröse) Abenteuer?

Die Bereitschaft, sich auf den anderen einzulassen, fordert von beiden Partnern großen Energieeinsatz sowie die Fähigkeit, eigene Interessen, Wünsche und Bedürfnisse bewußt zurückzustellen. Sie erreichen damit im besten Falle einen Ausgleich, ein Miteinander zwischen völlig verschiedenen Welten.

Eine weitere oft zu beobachtende Entsprechung zeigt sich in einer Affinität zu bedingt bindungsfähigen Personen. So kann die/der Geliebte bereits einer anderen Beziehung verpflichtet oder gar verheiratet sein. Es ergeben sich Verhältnisse, deren Faszination darin liegt, daß keiner dem anderen zu nahe kommt. Nähe läßt man an gemeinsamen Wochenenden — also bei zeitlicher und inhaltlicher Begrenzung der Beziehung — eher zu, während seelische Öffnung im konkreten Alltagsleben nahezu völlig ausfällt. Häufig wird das spätere Scheitern durch ungeeignete Partnerwahl programmiert. Dahinter steckt meistens eine unbewußte Angst, genau in dem Moment, in dem man sich dem anderen zu öffnen beginnt, verlassen zu werden.

Gelegentlich kommt erschwerend die bereits oben erwähnte *Ich-Betonung* dieser Menschen hinzu. Sie zeigt sich besonders bei Nachtgeburten. Die Mitmenschen bekommen manchmal den Eindruck, daß Löweaszendenten keine Rücksicht nehmen, sich unzuverlässig zeigen und nur eigenen Interessen nachgehen. Es fällt den Geborenen in der Tat oft schwer, zuverlässig zu sein, nicht aus bösem Willen, sondern weil ihnen etwas Faszinierendes dazwischenkam. Deswegen legen sie sich gegenüber anderen normalerweise ungern fest, gehen in besonderen Fällen sogar jeglicher Verpflichtung zielstrebig aus dem Weg.

Für den Löweaszendenten besteht eine wesentliche Aufgabe darin, eigene Kraft und Selbstbewußtsein ständig so weiterzuentwickeln und zu stärken, daß er sie schließlich teilen kann, ohne dabei etwas zu verlieren. Für ihn ist es eine echte Herausforderung, zusammen mit geliebten Menschen die engen Grenzen des Egos zu sprengen, indem er seine Energie für gemeinsame Ziele verausgabt. Man könnte auch sagen, auf den Teamgeist kommt es an. Auch der zugegebenermaßen beste Mittelstürmer kommt erst aufbauend auf den ideenreichen Spielzügen der Mitspieler richtig zum Zug. Rücksichtslose Alleingänge im Stadion werden dagegen selten gern gesehen und führen nur in außergewöhnlichen Situationen zum Erfolg.

Betrachtet man die Prägung durch das Elternhaus, so lassen sich bei diesem Aszendentenzeichen zwei Grundtypen unterscheiden: der Ausbrecher (ca. 0 bis 12 Grad Löwe) und der Unverbindliche (ca. 13 bis 29 Grad Löwe).

Der Ausbrecher

Hier herrschte im Elternhaus gewöhnlich eine gastfreie Atmosphäre. Besuch und offene Kommunikation auch mit den Kindern waren üblich. So lernten diese Löweaszendenten früh, offen gegenüber Fremden zu sein und sich zu behaupten. Zum Vater bestand häufig ein intensiver und spontaner Kontakt, während die Mutter eine eher problematische Rolle für die Entwicklung des Kindes spielte.

Bei einigen ging diese Öffnung des Heimes sehr weit. Im Extremfall wäre hier an ein Elternhaus mit »Bahnhofsatmosphäre« zu denken. Ein ständiges Kommen und Gehen von Besuch drängte die Kinder in den Hintergrund, ließ sie emotional zu kurz kommen. Eventuell war die Mutter häufig außer Haus und von vielfältigsten Aktivitäten in Anspruch genommen und konnte daher den Bedürfnissen der jungen Löweaszendenten nicht in vollem Umfang nachkommen. Sie war für die Kinder nicht greifbar, entzog sich ihnen seelisch. Es besteht auch die Möglichkeit, daß sie mehr die »jugendliche Geliebte« betonte, während sie ihre Rolle als Mutter, Hausfrau und Ehefrau eher unattraktiv und beschränkend erlebte.

Beide Geschlechter identifizieren sich in der Regel stark mit dem Vater. Selbst wenn seine Rolle innerhalb der Familie eher problematisch ist, besteht zu ihm ein direkter gefühlsmäßiger Kontakt. Zwischen ihm und den männlichen Geborenen kam es leicht zu Konkurrenzsituationen. Der Vater neigte dazu, sich für die Familie — beispielsweise im Beruf — »aufzuopfern«. Möglicherweise arbeitete er von morgens bis abends hart. Er gönnte sich keine Ruhepause, um seinem Nachwuchs eine entsprechende Ausbildung oder seiner Familie (insbesondere der Frau) einen adäquaten Lebensstandard bieten zu können. Das führte dazu, daß er für die Kinder nur noch wenig Zeit fand, obwohl er glaubte, alles für sie zu geben.

Zeigten sich die Eltern wiederholt unzuverlässig, wenn das Kind auf sie angewiesen war, lernte es, sich auf die eigene Stärke zu verlassen. Je mehr sich dieser Eindruck verstärkte, desto unsinniger erschien es, sich weiterhin unterzuordnen. Der Jugendliche reagiert später auf Beschränkungen zunehmend aggressiv, geht in der Folge mehr und mehr eigene Wege. Oft führt dies zum abrupten Ausbruch der Geborenen aus ihrem Familienzusammenhang, sobald Volljährigkeit oder ausreichendes Einkommen dies zulassen.

Je weniger Zuwendung die Löweaszendenten von ihren Eltern bekamen, desto mehr lernten sie, sich zu behaupten und die Aufmerksamkeit Erwachsener — auch gegen deren Willen — auf sich zu lenken. Manche Kinder drängten sich z. B. vor Gästen betont in den Vordergrund, um die Erwachsenen zu zwingen, Interesse zu zeigen. In seltenen Fällen, besonders wenn der Vater als Bezugsperson aufgrund starken beruflichen Engagements nur bedingt zur Verfügung stand, entwickelte sich auch ein aggressiv-destruktives Verhalten. Strafe wird allmählich zur einzigen Form der Zuwendung, die man erträgt. Eine Entwicklung zum Dauerrevoluzzer, der sich in keine Gemeinschaft einfügen kann, erscheint dann nicht mehr ausgeschlossen.

Die Geborenen können nahezu unglaubliche Kräfte mobilisieren. Sie behaupten in der Gesellschaft gegebenenfalls auch mit den Ellenbogen ihren Platz. Löweaszendenten dieser Gruppe richten sich im allgemeinen stark materiell aus. Ihr eigenes physisches Wohlergehen liegt ihnen sehr am Herzen. Sie brauchen außerordentlich viel Platz für sich und gehen sofort auf die Barrikaden, wenn ihnen jemand zu nahe tritt oder wenn eigene Interessen bzw. das subjektive Wohlergehen auf dem Spiel stehen. In finanziellen Angelegenheiten hört für einige die Freundschaft auf. Solange er sich aber nicht ausgenutzt vorkommt, zeigt sich dieser Typus ausgesprochen großzügig, ist gern zum spontanen Teilen bereit.

Der *Drang nach Unabhängigkeit und Freiheit* ist besonders stark ausgeprägt. Lebt man dieses Bedürfnis aber ungehemmt aus, vermeidet Verpflichtungen, nur um nicht teilen zu müssen, so gerät man leicht in eine Sackgasse und kann zum rüden *Egozentriker* werden. Starke Identifikation mit sich auf instinktiver und materieller Ebene benötigt als Gegenpol die Bereitschaft, seinen Reichtum anderen zur Verfügung zu stellen und ihn so in Beziehungen einzubringen.

Dieser erste, vitalere Typus verfügt normalerweise über enorme Kraftreserven. Da er viel Energie auf materielle Ziele richtet, stellt sich im allgemeinen auch beruflicher Erfolg ein. Ihr Perfektionsdrang kann zusammen mit einem allerdings seltener vorkommenden Ehrgeiz zur Falle werden, wenn die Betreffenden sich für berufliche Ziele zu sehr verausgaben und im Extremfall sogar ihre Gesundheit ruinieren. Diese Menschen sollten sich darüber im klaren sein, daß ihr körperlicher Zustand eng mit ihrer psychischen Verfassung zusammenhängt. Dieser verlangt genaue Beobachtung und Aufmerksamkeit und sollte nicht vernachlässigt werden. Sportliche Betätigung schafft für vielerlei Belastungen einen Ausgleich und ist gerade diesen Menschen dringend zu empfehlen, wenn sie nicht aus dem Gleichgewicht geraten wollen.

Der Unverbindliche

In vielen Fällen spielte eine Weltanschauung oder Religion eine wichtige Rolle in der Familie. Wie sich diese Ideologie auf die seelische Entwicklung der Kinder auswirkte, hängt von der jeweiligen Situation im Elternhaus ab. Meist lernten die Geborenen, sich bereits in jungen Jahren mit einer übergeordneten Idee zu identifizieren.

Bei einigen wurden Elternhaus, Ehe und Familie von den Eltern ideologisch überhöht und verklärt. Die Ehe erschien nicht als eine beliebige Form menschlichen Zusammenlebens, sondern z. B. als »Keimzelle des Staates«: die Familie also nicht als lockerer Personenverband, sondern als Aufgabe und hervorragender Lebensinhalt, weitgehend unabhängig vom konkreten Wohlergehen des einzelnen Mitglieds.

In manchen Fällen litt ein Elternteil unter traumatischen, nur unzureichend verarbeiteten Erlebnissen (z. B. Kriegserinnerungen). Weit zurückliegende, bedrohliche Ereignisse und daraus resultierende Ängste prägten auf subtile Art die gesamte Atmosphäre zu Hause und bedrohten die Geborenen unterschwellig.

Die Mutter fühlte sich in besonderer Weise dazu verpflichtet, alles für die Familie zu geben. In manchen Fällen opferte sie sich regelrecht auf, weil sie glaubte, kein Recht auf eigene Selbstverwirklichung zu haben. Möglicherweise übte sie durch ihre Selbstaufgabe indirekt Macht über die Löwegeborenen aus. Manchmal beherrschte ein Elternteil seinen Partner völlig, schrieb allen Familienmitgliedern unter Umständen bis ins Detail Verhaltensweisen vor, die er für richtig erachtete.

Den Vater erlebten die meisten als wesentlich offener und toleranter. In jedem Falle beanspruchte er aber innerhalb der Familie viel Platz und drängte möglicherweise sogar die Mutter in den Hintergrund. Die Opferhaltung der Frau förderte oftmals die Ausbildung patriarchalischer Strukturen, was bei den Geborenen eine Überbetonung des männlichen Prinzips zur Folge haben konnte.

Andere Geborene sammelten die Erfahrung, daß Empfindungen, sofern sie nicht mit dem *elterlichen Dogma* übereinstimmen, nicht geduldet, sondern im Gegenteil sogar bestraft wurden. Eine spätere Konsequenz aus dieser häuslichen Konstellation zeigt sich darin, daß Männer mit diesem Aszendenten Frauen leicht für schwach und unterlegen halten, während Frauen das männlich-aktive Prinzip überbetonen, schon um sich von der Mutter zu unterscheiden. Beide Geschlechter also unterdrücken tendenziell das Weiblich-Seelische in sich, um sich dadurch als nicht verwundbar, schwach, ohnmächtig und bedroht zu erleben.

In der Folge entwickeln einige die Fähigkeit, sich zu entziehen, um direkte Konfrontationen mit der Außenwelt zu vermeiden. Je verschwommener man die eigenen Gefühle und Bedürfnisse wahrnimmt, desto leichter läßt sich innere Abwesenheit mit der Façon unverbindlicher Freundlichkeit tarnen. Unter ihrem Schutz kann man sich weitgehend frei von Bedrohung und Beschränkung erleben. Manchen gelingt es auf diese Art, soviel wie irgend möglich für sich herauszuholen, ohne daß dies den anderen unangenehm auffiele.

Während dieses Verhalten in der Kindheit und Jugend noch einen angemessenen Schutz gegenüber dem familiären Druck bedeutete, verhindert es — wenn unverändert beibehalten — auf die Dauer jeden engeren Kontakt zur Umwelt. Diese Menschen sind herausgefordert, sich selbst ein Recht auf Identität zuzugestehen, und können lernen, sich aus dem eigenen Empfinden zu orientieren. Erst dies ermöglicht ihnen, besagtes Tarnverhalten aufzugeben, um wie ein Schmetterling die beengende Larve abzustreifen.

In vielen Fällen identifiziert man sich jedoch weitgehend mit den väterlichen bzw. elterlichen Dogmen. Manche verinnerlichten diese so weit, daß sie das eigene Erleben überlagern können. Diese Menschen agieren dann unter Umständen in ihrer Bezugsgruppe den inneren Zwang aus, sich für die anderen, den Fortbestand der Familie oder auch für ein berufliches Ziel aufzuopfern. Sie haben gelernt, daß sie nicht um ihrer selbst willen liebenswert sind und sich deshalb Zuwendung ständig neu verdienen müssen. Symptomatisch ist allerdings, daß die Energie mit Vorliebe derart verausgabt wird, daß weniger zurückkommt, als man investierte. Manche glauben, ihrer Existenz so einen Sinn geben zu können, und merken nicht, daß sie statt dessen Leben und spontanen Fluß verhindern.

Dieser Typus muß lernen, in die seelischen Abgründe, vor denen er die ganze Zeit zurückschreckte, vorzudringen. Dort findet er mit etwas Mut möglicherweise eine besondere *Offenheit für tiefste kollektive Bewußtseinsschichten*, verbunden mit einer intensiven Empfindungsfähigkeit. Ist dieses nahezu unerschöpfliche Potential entdeckt und akzeptiert, kann es bei entsprechender Ausdauer auch gesellschaftlich verwendet werden. Viele dieser Menschen setzen dann ihre beachtlichen, oft musisch-künstlerischen, aber auch handwerklichen Fähigkeiten beruflich ein und machen damit ihren direkten Zugang zum Kollektiven gestaltend der Allgemeinheit zugänglich. So finden sich in dieser Gruppe bedeutende Maler, Musiker und Wissenschaftler.

Beide Typen haben die Disposition zu mangelndem seelischen Kontakt seitens der Mutter. Neben den oben beschriebenen häuslichen Konstellationen kann es vorkommen, daß eine psychisch labile Mutter eher selbst Halt suchte, als daß sie ihren Kindern einen solchen bieten konnte. Im Extremfall kam es zu einer Trennung durch längere Aufenthalte der Mutter im Krankenhaus oder deren frühen Tod.

Viele betonen bei sich in der Folge das männlich-aktive Prinzip und stellen das Handeln zu sehr in den Vordergrund. Daraus kann sich ein undifferenzierter *Aktionismus* — fast um jeden Preis — entwickeln, der nur in den seltensten Fällen zu wirklicher Befriedigung führt. Oft besteht eine unterdrückte Tendenz zu Träumerei, Passivität und Beeindruckbarkeit, die nur selten zugelassen wird. Sinnvolles Agieren setzt aber die Beteiligung der ganzen Person voraus. So kann der Löweaszendent seine ganze Kraft erst dann richtig entfalten, wenn er lernt, die weibliche Seite in sich nicht mehr zu unterdrücken. Dann können *Sensibilität, Phantasie* und *mystisch-spirituelle Aufnahmebereitschaft* seinem Handeln einen tiefen Sinn geben.

Praktische Lebensbewältigung korrespondiert beim Löweaszendenten auf direkte Art mit gefühlsmäßiger Nähe zu sich selbst. Je mehr es ihm gelingt, Orientierung aus sich zu finden, um so leichter wird es ihm fallen, Bedürfnisse nach *Individualität* und *Ungebundenheit* so zu leben, daß sie im Rahmen bestehender Realitäten ihren Platz finden können. Dieses Paradox erklärt sich leicht, bedenkt man, daß Löweaszendenten nicht nur enorm sensibel gegenüber ihren Mitmenschen sind (sie zeigen es nur selten), sondern sogar häufig dazu neigen, sich seelisch von anderen kaum abzugrenzen. Eine der Ursachen für die gelegentlich übertriebene Rücksichtslosigkeit und Egozentrik im Handeln liegt sicherlich in der dem eigenen Ich-Ideal nicht entsprechenden Verletzbarkeit. Ein (Schutz)verhalten ermöglicht es auf Umwegen, sich trotz ausgesprochener Sensibilität als unbeeinflußt handelnder einzelner zu erleben. Verstöße gegen die guten Sitten, Konventionen und Gewohnheiten der Mitmenschen erleben manche als bestätigend für ihr Ego. Es kann sogar so weit kommen, daß man versucht, den eigenen Freiraum den anderen aufzuzwingen, um sich so eine Barriere gegen ihre befürchteten Übergriffe zu schaffen.

Bei überzogener Abgrenzung und gleichzeitiger maximaler Inanspruchnahme der eigenen Rechte und Freiheiten ergibt sich schnell ein umgekehrtes Bild. Dann kann es manchem Löweaszendenten so erscheinen, als werde er von anderen

immer wieder ungerechterweise reglementiert und einge-
schränkt. Im Gegenzug beharrt er eventuell noch rücksichtsloser auf seinen Ansprüchen, bis schließlich ein Zusammen-
sein allen Beteiligten unerträglich erscheint.

Die Aufgabe des Löweaszendenten liegt nun darin, die eigene *Sensibilität* und Offenheit auch für andere deutlich zu
machen und die Angst vor der Ohnmacht zu überwinden.
Dann wird er merken, daß die anderen seine Gefühle nicht
als Schwäche empfinden und auch keinerlei Anstalten machen, sofort über ihn herzufallen. Ganz im Gegenteil kann
sich sogar ein tiefes gegenseitiges Vertrauen entwickeln, das
verkrampftes Festhalten an eigenen Freiräumen auf die
Dauer überflüssig macht. Löweaszendenten verfügen über
die Fähigkeit, zwischen sich und anderen eine enorme Nähe
zu erleben. Das bedeutet aber immer auch die Verpflichtung, dieses vorhandene Potential zu leben, selbst wenn das
einige Überwindung fordert. Das gefühlsmäßige Verschmel-
zen, dieses intuitive »Wissen« um den anderen, befähigt sie
dazu — persönliche Entwicklung vorausgesetzt —, ihr *großes kreatives Potential*, ihre *Vitalität* und *Spontaneität* zusammen mit anderen, und damit erst richtig, zu genießen.

Schlüsselbegriffe

Selbstbewußtsein, Unmittelbarkeit, Echtheit, herzlich, direkt, spontane Reaktionen, selbstbewußtes Auftreten, Führungsposition, Autorität, originelles Denken, überschäumende Affekte, gutmütig, Abwechslung liebend, Ich-Betonung, Drang nach Unabhängigkeit und Freiheit, Egozentriker, elterliches Dogma, Aktionismus, Sensibilität, Phantasie
und mystisch-spirituelle Aufnahmebereitschaft, Kreativität.

Beispiel: Sophia Loren

Kurzbiographie Sophia Loren:

20. 9. 1934   Geboren in Neapel als Sofia Scicolone, Tochter von Ricardo Scicolone und Romilia Villani.

1949   Filmdebüt als Statistin in dem amerikanischen Monumentalfilm *Quo Vadis*.

1952   In dem italienischen Film *La Favorita* erscheint Sophia zum erstenmal unter dem Namen Loren. Erste Hauptrolle in dem italienischen Spielfilm *Weiße Frau in Afrika*.

1957   Heirat mit dem Filmregisseur Carlo Ponti. Die Ehe wird jedoch 1962 wieder annulliert.

1958   Für *The Black Orchid* (USA 1958) erhält sie beim Filmfestival von Venedig den Preis als beste Darstellerin.

1957—1959   Aufenthalt in Hollywood, wo sie Filme mit berühmten Hollywoodstars wie Cary Grant, Frank Sinatra, John Wayne und Anthony Quinn dreht.

1960   Rückkehr nach Rom.

1961   Oscar für ihre Leistung in *Und dennoch leben sie* (Frankreich/Italien 1960).

9. 4. 1966   Erneute Heirat mit Carlo Ponti in Paris.

1969   Geburt des lang ersehnten ersten Sohnes.

1973   Zweiter Sohn geboren.

1984   In dem Film *Qualcosa di biondo* spielt sie zusammen mit ihrem Sohn Carlo Ponti jr.

Sophia Loren wurde unehelich geboren. Obwohl der Vater sich nie um sie kümmerte, weist sie ihm für ihr Leben eine entscheidende Bedeutung zu:

»Wie selten ich ihn gesehen habe, wie oft er sich geweigert hat, zu helfen, wenn es bei mir ums Überleben ging ... Wenn ich nun zurückblicke, wird mir klar, daß die Geschichte meines Lebens mit meinem Vater beginnen und enden muß. Ich bin stets auf der Suche nach ihm gewesen. Ihn habe ich geheiratet. Mit ihm machte ich meine besten Filme. Um seine Gunst buhlte ich.«[28]

Die Mutter opferte sich dagegen völlig für ihre älteste Tochter auf. Dennoch war wohl in ihrer Kindheit die Geborgenheit seitens der geliebten Großmutter intensiver und wichtiger für Sophia Loren.

Betrachten wir das Horoskop von Sophia Loren, so zeigt der Löweaszendent in Verbindung mit der Sonne an der Spitze des dritten Hauses auf den ersten Blick ihre schauspielerische Begabung an. Der Produzent Basilio Franchina urteilt über sie:

»Von Natur aus ist Sophia nicht ehrgeizig. Aber sobald Sophia einmal etwas in Angriff genommen hat, ist sie paradoxerweise voll und ganz bei der Sache, strebt nach Perfektion, arbeitet so lange und so hart, wie sie nur kann. Was immer sie tut, tut sie mit völliger Hingabe, mit Fleiß und Konzentration, und diese Charaktereigenschaften hätten sie in jedem Beruf an die Spitze gebracht.«[29]

Natürlich kann der vehemente Drang eines Löwenaszendenten, im Vordergrund zu stehen, gelegentlich auch zu Pro-

---

28 Zitiert nach A. E. Hotchner, *Sophia Loren: Ihre Filme, ihr Leben,* Wien/Zürich/Innsbruck 1979, S. 7 f.
29 Ebenda, S. 102.

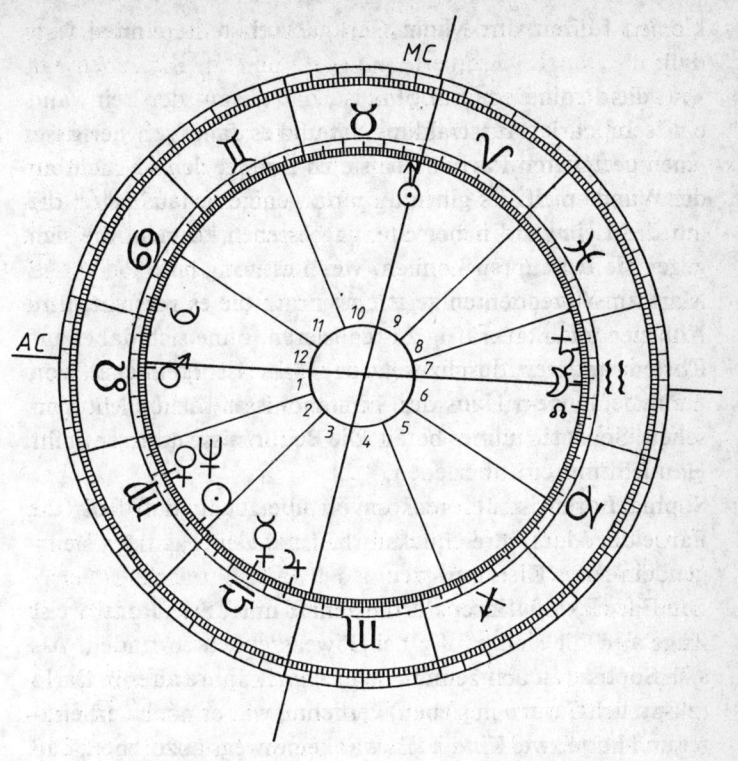

20. 9. 1934   01.05.00 GMT

Geburtsort: Neapel
014° 08' 30" O   40° 51' 45" N

Häuser: Placidus

1 11° 46' ♌	**10** 00° 45' ♉
2 02° 49' ♍	**11** 07° 06' ♓
3 28° 41' ♍	**12** 11° 54' ♋

☉ 26° 23' ♍
☽ 13° 21' ♒
☿ 15° 09' ♎
♀ 11° 00' ♍
♂ 12° 54' ♌
♃ 25° 34' ♎
♄ 22° 35' ♒ R
♅ 00° 43' ♉ R
♆ 12° 40' ♍
♇ 25° 47' ♋
☊ 07° 42' ♒

Abbildung 13: Horoskop Sophia Loren

125

blemen führen. Ihr Mann Carlo Ponti stellte einmal fest, daß:

»... das Problem mit Sophia ist, daß sie auf der Leinwand eine sehr starke Ausstrahlung hat und es daher schwierig ist, einen geeigneten Partner für sie zu finden, den sie nicht an die Wand spielt. Es gibt nur ganz wenige Schauspieler, die auf der Leinwand neben Sophia bestehen können, die sich gegen sie behaupten können, wenn es nötig ist.«[30]

Mars am Aszendenten zeigt eine Frau, die es versteht, ihre Anliegen auch tatkräftig zu realisieren, ohne sich dabei auf Kosten anderer durchzusetzen. Mars ist Herrscher von Haus neun, dem Haus des Verständnisses für die Mitmenschen. So ist sie immer bereit, die Bedürfnisse anderer in ihr Handeln mit einzubeziehen.

Sophia Loren ist übrigens davon überzeugt, daß Rot (die Farbe des Mars) ihre Glücksfarbe ist. Jeden Tag trägt sie irgendein rotes Kleidungsstück.

Die Entwicklung ihrer Partnerschaft mit Carlo Ponti weist Züge auf, die sich häufig bei Löweaszendenten finden. Als sich Sophia mit achtzehn in den zwanzig Jahre älteren Carlo (zusätzlich Saturn in sieben) verliebte, war er noch verheiratet und hatte zwei Kinder. Es war keineswegs abzusehen, daß er sich wegen ihr scheiden lassen würde. Im katholischen Italien der fünfziger Jahre war es zudem für ein junges Mädchen aus der Provinz nicht nur ungewöhnlich, sich mit einem verheirateten Mann einzulassen. Dieses Verhalten stellte vielmehr einen eklatanten Bruch mit den bestehenden sittlichen und religiösen Normen ihres sozialen Umfeldes dar:

»Mit meinen achtzehn Jahren war ich immer noch das Dorfmädchen aus Pozzuoli. Die moralischen Lehren mei-

---

[30] Ebenda, S. 135.

126

Abbildung 14: Sophia Loren

ner Großmutter ... lenkten mein ganzes Tun. Eine Affäre mit einem verheirateten Mann war für ein Mädchen aus Pozzuoli einfach undenkbar. ›Du sollst nicht ehebrechen‹ war für uns ein ehernes Gesetz.«[31]

Erst als sich Sophia 1957 in den Schauspieler Cary Grant verliebte und Carlo Ponti befürchten mußte, sie zu verlieren, ließ er sich 1957 von seiner Frau scheiden, um die (später jedoch wieder annullierte) Ehe mit Sophia Loren einzugehen. In Italien intervenierte jedoch die Kirche, da die katholische Ehe als unauflöslich galt. Ponti wurde der Bigamie beschuldigt, und beide mußten eine Zeitlang Italien meiden, um keine Verhaftung zu riskieren. Erst fünf Jahre später gelang es, in Paris eine legale Ehe zu schließen. Diese Verbindung erwies sich als außerordentlich tragfähig, wohl nicht zuletzt deswegen, weil beide ihr eigenes Leben führen, viel beschäftigt sind und so notwendigerweise eine nach bürgerlichen Maßstäben ungewöhnlichen Beziehung leben:

»Carlo muß viel reisen und ist öfter von den Kindern und mir getrennt, als mir lieb sein kann, aber das liegt an seinem Beruf und war nie anders, seit wir uns kennen. Anfangs, als ich noch sehr jung war, fehlte er mir schrecklich, aber als ich meine Karriere immer stärker aufbaute, mußte auch ich über längere Zeiträume hinweg an anderen Orten arbeiten, und wir begannen unsere häufigen Trennungen als Teil unseres Lebens und unseres Berufs zu akzeptieren. Und darüber hinaus habe ich die Erfahrung gemacht, wie wichtig es ist, alleine zu sein ... Ich brauche die Einsamkeit, genau wie ich Essen und Trinken und das Lachen meiner Kinder brauche.«[32]

[31] Ebenda, S. 91 f.
[32] Ebenda, S. 260 f.

128

Aszendent Jungfrau

Bekannte Jungfrauaszendenten

Albrecht, Ernst (Politiker)
Bachmaier, Marianne (Mörderin)
Baudelaire, Charles (Schriftsteller)
Böhm, Karlheinz (Schauspieler)
Bush, George (Präsident der USA)
Cage, John (Musiker)
Camus, Albert (Autor)
Chopin, Frédéric (Musiker, Komponist)
Christie, Agatha (Schriftstellerin)
Christine von Schweden (Königin)
Ciccone, Madonna (Musikerin)
Dietrich, Marlene (Schauspielerin)
Disney, Walt (Zeichner, Filmproduzent)
Franco, Francesco (Politiker)
Gable, Clark (Schauspieler)
Guthrie, Arlo (Musiker)
Heissler, Rolf (Terrorist)
Hemingway, Ernest (Autor)
Hudson, Rock (Schauspieler)
Hughes, Howard (Millionär)
Johannes Paul II. (Papst)
Kerouac, Jack (Autor)
Koch, Walter (Astrologe)
Kollwitz, Käthe (Künstlerin)
Kopernikus, Nikolaus (Wissenschaftler)

Krafft, Ernst (Astrologe)
Kubin, Alfred (Künstler)
Kühr, Erich Carl (Astrologe)
Küng, Hans (Theologieprofessor)
Mann, Thomas (Schriftsteller)
Mozart, Wolfgang Amadeus (Musiker, Komponist)
Nixon, Richard (Politiker)
Pulver, Liselotte (Schauspielerin)
Rebroff, Ivan (Sänger, Schauspieler)
Rilke, Rainer Maria (Lyriker)
Rindt, Jochen (Rennfahrer)
Röhm, Ernst (Chef der SA)
Rubin, Jerry (Autor)
Saint-Exupéry, Antoine de (Schriftsteller)
Schmidt, Helmut (Politiker)
Schopenhauer, Arthur (Philosoph)
Stauffenberg, Claus von (Offizier; Widerstand im Dritten
    Reich)
Wilde, Oscar (Schriftsteller)
Wohl, Louis de (Astrologe)

Jungfrauaszendenten

Jungfrauaszendenten verkörpern die optimale *Ausnutzung individueller Möglichkeiten* gegenüber den in der Außenwelt vorgefundenen Bedingungen. Der Mensch sucht nach Wegen, sich gegenüber der Natur und den realen Bedingungen so gut wie möglich zu behaupten.
Dieser instinktiven Eigenart entspricht eine gute *Beobachtungsgabe*. Die Geborenen verhalten sich auf unbekanntem Terrain *vorsichtig* und versuchen, die vorgefundene Welt ge-

nauestens zu erfassen. Erst deren detaillierte Kenntnis ermöglicht es, allen äußeren Bedingungen Rechnung zu tragen. Damit eng verbunden ist bei den meisten große *Sensibilität* und *Aufnahmebereitschaft* gegenüber der Umwelt. Manche können sich regelrecht in andere hineinfühlen und sind entsprechend verletzlich, auch wenn man es ihnen selten anmerkt.

Das, was ihnen wichtig erscheint, versuchen die Geborenen unwillkürlich unter *Ausnutzung objektiver Gegebenheiten* zu erreichen. Selten wird ein Jungfrauaszendent samstags erst dann in die Bäckerei kommen, wenn das Vollkornbrot schon ausverkauft ist. Obwohl auch er gerne ausschläft, ist er viel zu *vernünftig*, um sich diesem Bedürfnis hemmungslos hinzugeben. Er weiß ja schließlich, daß im Laufe des Wochenendes weitere Wünsche auftauchen werden, und da muß er *vorsorgen*. Also wird er bereits am Freitagabend kurz *durchkalkulieren*, was er alles zu erledigen hat, bevor die Läden schließen. Dann wird er seinen Wecker stellen: so spät wie möglich und so früh wie nötig.

Bevor man sich Hals über Kopf auf eine Dschungelexpedition begibt, will man sich mindestens eine passende Ausrüstung besorgen. Allerdings besteht die Gefahr, sich zu verzetteln, je mehr man sich gegen alle denkbaren Eventualitäten abzusichern versucht. Manche beschaffen zwar nach Monaten endlich die benötigten Signalraketen, doch derweil hat vielleicht bereits die Regenzeit begonnen und macht alle bisherigen Pläne zunichte.

Ihre *Beobachtungsgabe* befähigt Jungfrauaszendenten dazu, aus den jeweiligen Lebensumständen das Beste herauszuholen. So können sie ein hohes Maß relativer Freiheit erreichen, ohne sich größeren Konflikten oder Risiken auszusetzen. Umgekehrt liegt darin auch eine Abhängigkeit von der

Umwelt und deren Beobachtung, da ohne ihren Einbezug keine eigene Reaktion denkbar ist. So sind die Geborenen oft *unruhig* und *nervös*, ständig damit beschäftigt, zu beobachten, alle gesammelten Informationen zu bewältigen und zu verarbeiten. Übersteigt die Fülle der zu berücksichtigenden Fakten die Aufnahmekapazität, so ist das berühmte »Vor-lauter-Bäumen-den-Wald-nicht-mehr-Sehen« die Folge. An diesem Punkt gerät mancher leicht in Panik.

Jungfrauaszendenten wirken auf andere Menschen oftmals *reserviert*. Das liegt daran, daß sie ihre Reaktionen von der jeweiligen Situation abhängig machen. Deswegen wirken manche gehemmt und eventuell sogar bei aller Geschäftigkeit innerlich unbeteiligt. Dabei ist eher das Gegenteil der Fall. Äußeres Geschehen löst bei den meisten Geborenen eine Flut von Empfindungen aus, die allerdings eher ängstlich zurückgehalten werden, um keine Angriffsfläche zu bieten. Sie machen es damit selbst ihren Freunden nicht gerade leicht, auf ihre Wünsche und Bedürfnisse einzugehen. Wer sich stets bedeckt hält, offenen Konflikten aus dem Weg geht und klaren Stellungnahmen ausweicht, der weckt sehr schnell das Mißtrauen anderer. Vorwürfe über opportunistisches Verhalten sind daher keine Seltenheit. Die Mitmenschen distanzieren sich häufig von Jungfrauaszendenten, weil sie sich beobachtet fühlen und nicht wissen, woran sie mit ihnen eigentlich sind.

Manche Geborene verhindern durch ihre kühle Reserve ein wirkliches Zusammentreffen mit anderen Menschen. Sie haben Angst, Verbindlichkeiten im zwischenmenschlichen Bereich könnten sie unfähig zur Wahrung ihres Freiraums machen und zu viele Kompromisse erfordern. In extremen Fällen kann man sich Begegnungen mit anderen Menschen nur noch als unangenehme Störung eigener *Pläne* vorstellen.

Gegenüber der Umwelt steckt der Jungfrauaszendent daher in folgendem Dilemma. Als *Beobachter* steht er notwendigerweise selbst außen, ist damit von der beobachteten Welt getrennt und eventuell auch einsam. Von diesem Standpunkt aus bedeutet jede Begegnung Risiko und Verlockung zugleich. Dem Wunsch nach menschlicher Nähe steht die Angst gegenüber, sich bloßzustellen und abgelehnt zu werden. Daraus folgert häufig *Zögern* und *langsames Verhalten*. Während man z. B. immer noch versucht, die richtigen Worte zu finden, ist die vielversprechende Situation bereits vorbei.

So wird verständlich, daß viele Jungfrauaszendenten Schwierigkeiten haben, den richtigen Partner zu finden. Obwohl sie sich Nähe wünschen, fühlen sie sich bedroht und gehen verbindlichen Beziehungen regelrecht aus dem Weg. Man sucht sich Partner, die weit entfernt wohnen oder bereits verheiratet sind und somit eine seelische oder räumliche Distanz sicherstellen. Zieht man die *Sensibilität* der Geborenen in Betracht, so erklärt sich die Angst vor Bedrohung durch die Umgebung. Wer ungewöhnlich viele — auch unterschwellige — Informationen wahrnimmt und in sein Verhalten einbezieht, der gerät gerade in engen Beziehungen leicht in Gefahr, seine Selbstverwirklichung zu sehr von den Bedürfnissen des Partners abhängig zu machen. Manche flüchten in versorgende Tätigkeiten, um sich den sonst fast zwangsläufigen Abgrenzungsproblemen zu entziehen. Umgekehrt bedeutet diese Feinfühligkeit aber auch die potentielle Fähigkeit, große Nähe mit dem Partner erleben zu können oder mit ihm sogar die Schranken des Egos zu überwinden.

In Gesellschaft nehmen sich Jungfrauaszendenten zurück und stellen sich auf die Anwesenden ein. Dieses Verhalten bedeutet mit der Zeit eine große Anstrengung, besonders wenn mehrere Menschen gleichzeitig zusammen sind. Sie ziehen es daher vor, sich nur auf eine Person zu konzentrieren, weil sie deren Verhalten leichter *einplanen* können.

So ist der Jungfrauaszendent, will er wirklich in Kontakt mit seinen Mitmenschen kommen, gezwungen, einen Schritt über seinen Beobachterstatus hinauszugehen. Die Bereitschaft, von Märchenprinz(essinn)en zu träumen, führt leicht zu einer wachsenden Kluft zwischen *ersehnter großer Nähe* und der gleichzeitigen *Reserviertheit* im realen Verhalten, die wesentlich dazu beiträgt, andere auf Distanz zu halten. Manche warten allerdings lieber ihr Leben lang auf die Erfüllung ihrer Träume, um hinterher über verpaßte Gelegenheiten zu lamentieren.

Der Jungfrauaszendent muß lernen, seine Mitmenschen nicht ausschließlich als unpersönliche, die eigenen *Pläne* störende Kulisse zu betrachten. Berührungsängste werden abnehmen, wenn sich der Geborene unabhängiger von anderen macht. Die Möglichkeit, sich abzugrenzen, ist die Voraussetzung für mehr Eigenständigkeit gegenüber dem Außen. Ausgeliefertsein und Bedrohung reduzieren sich, wenn es den Geborenen gelingt, zwischen ihren eigenen Interessen und denen ihrer Mitmenschen einen gerechten Ausgleich zu schaffen. Damit verliert seelische Nähe langsam ihre beängstigende Dimension, und man kann auch einmal Streit und Disharmonie mit dem Partner in Kauf nehmen, um eigene Wünsche durchzusetzen.

Der Jungfrauaszendent benötigt den direkten persönlichen Austausch. Am wohlsten fühlt er sich zu zweit, da er hier sein sonst an den Tag gelegtes *Mißtrauen* leichter als in großen Gruppen überwinden kann. Dabei zeigt sich, daß ihm enge Freundschaften Geborgenheit und Sicherheit geben. Er kann sich für andere öffnen, ohne dabei den Kontakt zu sich selbst zu verlieren.

134

Die meisten Jungfrauaszendenten neigen keineswegs dazu, andere zu übervorteilen. Es geht ihnen vielmehr um ein harmonisches Miteinander mit Menschen, die ihnen seelisch etwas bedeuten. Erst wenn Einigkeit auch unter der Oberfläche herrscht, fühlen sie sich wirklich sicher. Sie streben einen gerechten Ausgleich an und sind von sich aus bereit zu teilen. Gegebenenfalls kommen sie Forderungen Dritter entgegen, bevor diese ihre Wünsche überhaupt ausgesprochen haben, nur um *Disharmonie* zu *vermeiden.* Nur Jungfrauaszendenten, die sich selbst ernst nehmen, werden auch von anderen als gleichwertig akzeptiert. Es ist die Ironie des Schicksals, daß der, der die anderen zu stark berücksichtigt und zu kompromißbereit ist, dafür nur in den seltensten Fällen belohnt oder geachtet wird. Eher wird er überhaupt nicht mehr für voll genommen. Die sich dabei möglicherweise entwickelnden unterschwelligen Aggressionen können die Harmonie und damit auch das eigene Wohlbefinden empfindlich stören.

Wer nicht zu sich stehen kann, sieht sich leicht von rücksichtslosen Einzelkämpfern umgeben, welche die eigenen Interessen mit Füßen treten. Dann besteht die Versuchung, sich aus Mißtrauen und Angst vor Verletzung noch weiter in die Isolation zurückzuziehen. Manche haben auch schlechte Erfahrungen gemacht und sind verbittert, weil sie immer wieder ausgenutzt wurden. Im Gegenzug beginnen einige, ihre Wünsche, die sie offen nicht zu befriedigen wagten, verdeckt anzustreben. Man glaubt sich berechtigt, andere übers Ohr zu hauen, weil es einem selbst schon häufig so erging.

Diese Menschen sind sich oft nicht bewußt, daß ihre Sensibilität gleichzeitig auch eine Aufgabe bedeutet. Wer so feinfühlig auch kleinste Veränderungen in der Umgebung registriert, merkt z. B. schnell, wenn es seinem Partner schlechtgeht. Mitleid mit allem und jedem ohne faktische Konsequenzen steigert das Rückzugsbedürfnis und macht einsam. Bewußte Jungfrauaszendenten setzen daher ihre Energien gezielt für andere Menschen ein und schaffen damit eine Kontakt- und Reibungsfläche, die es ermöglicht, sich und den anderen intensiver zu erleben. Vielleicht entdeckt der eine oder andere so seine bisher verborgene Leidenschaftlichkeit.

Vor allem aber bedeutet jeder aktive Einsatz die Überwindung des reinen Beobachterstatus. Durch die Möglichkeit, gemeinsam mit anderen oder auch allein etwas zu verändern, verringert sich die Abhängigkeit vom Außen. Wer sein Engagement für andere in Relation mit den eigenen Bedürfnissen zu bringen vermag, arbeitet auf die Entwicklung gleichberechtigter Beziehungen hin. Erst Menschen, die nicht mehr aufeinander angewiesen sind, können die menschliche Nähe und Liebe, von der sie früher träumten, nach und nach verwirklichen.

Familienhintergrund

Die Mutter gab meist das Gefühl, geliebt zu werden. Die frühe Kindheit der Jungfrauaszendenten wurde weitgehend von ihr geprägt und meist als ausgesprochen glücklich erlebt. Die häusliche Atmosphäre vermittelte den Geborenen das Empfinden, angenommen, geborgen und akzeptiert zu sein. Die Mutter wendete sich den Kindern verständnisvoll zu, kümmerte sich um kindliche Ängste und Nöte. Sie räumte ihnen viel Platz in ihrem Leben ein und förderte sie nach Kräften. Dadurch konnte die Mehrzahl der Geborenen weitgehend unbeeinträchtigt ein *reiches Wahrnehmungs-* und *Empfindungspotential* entwickeln, das meist mit einer Sehnsucht nach Verbindung und Gemeinsamkeit mit anderen

Menschen verbunden ist. Andererseits kann diese ausufernde Emotionalität bestehende Anfälligkeit und Störbarkeit noch verstärken. Schon geringfügige äußere Anlässe können bei den Geborenen extreme Gefühlsreaktionen in positiver wie in negativer Hinsicht nach sich ziehen.

Eventuell war die Mutter aber auch eine eher egozentrische Frau, die ihren wechselnden Stimmungen ungehinderten Lauf ließ. Diesen emotionalen Wechselbädern versuchten sich viele zu entziehen, indem sie auf kritische Distanz zur Mutter gingen. In extremen Fällen zog man sich auf einen unbeteiligten Beobachterposten zurück. Während fremde und eigene Emotionen als bedrohlich und erdrückend abgewehrt wurden, legte man seinen Handlungen mehr und mehr intellektuelle Kriterien zugrunde.

Manchmal verband die Mutter auch ehrgeizige berufliche Pläne mit ihrem Nachwuchs. Häufig war sie eine gebildete Frau, huldigte einem »mittelschichtorientierten Bildungsideal« und hätte die Geborenen am liebsten als zukünftige Forscher und Wissenschaftler gesehen. Auf die Erziehung der Jungfrauaszendenten wirkte sich dies in der frühen Kindheit nur indirekt über das Klima aus. Einige wenige wurden aber dennoch schon früh von den Eltern auf *intellektuelle Leistungen* getrimmt.

Die Gefahr liegt in der Überbetonung entweder des logischen Verstandes oder der möglicherweise wild ins Kraut schießenden Emotionen. Weder ersetzt *analytische Fähigkeit* innere Anteilnahme, noch wird ein kühler Kopf durch Enthusiasmus überflüssig. Diese Menschen tragen beide Pole in sich und können erst ihre Mitte finden, wenn die Gegensätze sich nicht mehr ausschließen müssen. Kühle Analyse objektiver Gegebenheiten führt erst zusammen mit lebendiger Anteilnahme zu tiefem Verständnis.

Der Vater war — möglicherweise hinter den Kulissen — meist der dominante Elternteil. Er setzte den Freiheiten der Kinder (gegenüber der gutmütigen Mutter, gegebenenfalls aber auch seiner überschwenglichen Frau) den notwendigen Rahmen. Häufig nahm er seine väterlichen Pflichten sehr ernst, verband seine Liebe jedoch mit gleichzeitigen Leistungsanforderungen. Obwohl die Geborenen durch ihn eventuell hart mit den Realitäten konfrontiert wurden, verdanken sie ihm dadurch auch die Fähigkeit, ihr Leben überhaupt zu organisieren und sich fest in der Hand zu haben. Manchmal hatte er Schwierigkeiten, seine Zuneigung auszudrücken. Möglicherweise setzte er materielle Belohnungen an die Stelle aufmunternder Zuwendung, weswegen er kalt und unemotional erlebt werden konnte. Er war ein etwas zu ernster, aber zuverlässiger Mann mit hohen sittlichen Normen, deren Erfüllung er aber auch von den Geborenen sowie von der ganzen Familie erwartete.

Manchmal verhielt er sich hart und unnachsichtig und legte höchsten Wert auf *Pflichterfüllung* und *Realitätsbewältigung*. Der Zwang und die hohen Erwartungen des Vaters können zu einer destruktiven Verweigerungshaltung, umgekehrt aber auch zu einer Überidentifikation mit seinen engen Maßstäben führen. Dann besteht die Gefahr, daß selbst reiche kreative Anlagen verkümmern.

In einigen Fällen können auch Alter und Krankheit oder früher Tod der Grund für den Ausfall des Vaters als Identifikationsfigur gewesen sein. Starb er, so mußten die (Erst)geborenen *Verantwortung* für sich selbst, die Mutter oder jüngere Geschwister übernehmen und lernten so, ihre Empfindungen zu kontrollieren und objektiven Zwängen unterzuordnen.

In jedem Fall werden die *sensiblen* Jungfrauaszendenten

durch die Konfrontation mit der harten Realität stark betroffen und verändert. Der ursprüngliche Optimismus kann einer schwermütigen und ernsten Grundstimmung weichen. Oft tritt diese Wandlung mit dem Schulbeginn ein. Spätestens in dieser Phase beginnt auch die Mutter, Leistungen auf praktischer oder intellektueller Ebene zu fordern. Für die Geborenen kann diese »Vertreibung aus dem Paradies« der familiären Gemeinschaft in die Vereinzelung eines individuellen Leistungszwangs den Zusammenbruch der bisherigen Basis bedeuten. Diese Erlebnisse sind häufig vom Ausbruch massiver Ängste begleitet, die die Betreffenden zu überschwemmen drohen.

Manche befürchten, den Anforderungen nicht gewachsen zu sein und zu versagen. Sie versuchen möglicherweise durch äußerste Anstrengungen und Aktivitäten, dieser Bedrohung Herr zu werden. Andere ordnen sich den väterlichen Geboten aus Angst unter und versuchen, seinen Ansprüchen gerecht zu werden. Leicht gerät man unter Streß und erledigt hektisch eine Pflicht nach der anderen. Eventuell mißt man sich an extremen Anforderungen, die kaum erfüllbar sind und daher stets aufs neue die eigene Unfähigkeit unter Beweis stellen. Anstatt gute Leistungen für sich als Erfolg zu buchen, betont man (wie übrigens auch der Vater) die Unzulänglichkeiten des Resultats und wendet sich ohne Unterbrechung dem zu bewältigenden Alltag zu. Die Kontrolle auch nur für einen Moment zu verlieren, könnte alte Ängste wieder aufbrechen lassen. So meint man, selbst der Kontrollierende zu sein, merkt dabei aber nicht, daß man immer hilfloser der Realität hinterherläuft und aus dem Reagieren kaum mehr herauskommt.

Anderen fehlt das Selbstvertrauen, bestehende Möglichkeiten auszunutzen. Auch diese Menschen stellen häufig zu *ho-*

he Anforderungen an sich. Um das befürchtete Versagen zu verhindern, entziehen sie sich aber der Realisierung ihrer Projekte und weichen Anforderungen möglichst aus. Im gesteigerten Stadium flüchtet man in Tagträume, in denen sehnsüchtige Rückwärtsorientierung unverbunden neben illusorischen Vorhaben stehen kann. Je weniger davon verwirklicht wird, um so lieber informiert man seine Umgebung detailliert über die zukünftigen und selbstverständlich phantastischen Pläne, die nun endlich den großen Durchbruch bringen werden.

Die meisten Geborenen verbinden also *reiches schöpferisches Potential* mit der Schwierigkeit, diesen Reichtum an Empfindungen und Eindrücken auch aktiv zu nutzen und einzusetzen. So zeigen sich bei manchen die Reste früherer Kreativität und Weite lediglich noch im Privatbereich, z. B. in der Gestaltung der Wohnräume. Große Räume, am besten mit schöner Aussicht, werden bevorzugt. Häufig findet sich ein privates philosophisches Interesse.

Eine der wichtigsten Herausforderungen für Jungfrauaszendenten besteht darin, einen Weg zu finden, die eigenen Empfindungen, Ideen und Projekte wirklichkeitsnah in die Tat umzusetzen. Dazu muß man aber die eigenen Empfindungen ernst nehmen, ohne den *wechselnden Stimmungslagen* unkritisch gegenüberzustehen.

Es ist also wichtig, die beobachtete Welt nicht nur distanziert zu analysieren, sondern sich von ihr berühren zu lassen. Die Fähigkeit, der eigenen *emotionalen Reichhaltigkeit* geordnet Ausdruck zu verleihen, ist Voraussetzung dafür, nicht im hilflos-abhängigen *Reagieren* steckenzubleiben. Wird innere Teilnahme trotz aller Ängste und Befürchtungen ausgedrückt, so ist eine wichtige Hürde auf dem Weg zur Selbstverwirklichung genommen.

Einige wenige wollen ihre Teilnahme und emotionale Bewegung ausdrücken. Sie erkennen, daß »verkopfte« Wissensvermittlung ohne emotionale Beteiligung unbefriedigend bleibt. Hieraus können sich der Mut und die Energie entwickeln, nach eigenen Möglichkeiten und Wegen der Selbstverwirklichung zu suchen. Das subjektive Erleben des sensiblen Beobachters ist allerdings meist zu vielfältig, um ungefiltert in Handlung umgesetzt werden zu können. Trennt man aber Wesentliches von Unwesentlichem, so kann ein Ausdruck von seltener Intensität gelingen. Um ihn wird gegebenenfalls lange gerungen. Künstlerische Produktionen sind dann oft so eigenständig, daß sie alle bekannten Maßstäbe sprengen. Häufig finden diese Werke ein durchaus zwiespältiges Echo in der Öffentlichkeit. Manche Jungfrauaszendenten werden als Spinner belächelt und abgetan. Dennoch können diese Menschen durch ihre engagierte, empfindsame Sicht der Dinge sowie ihre persönliche Integrität und Klarheit außerordentlich beeindrucken.

Auf beruflicher Ebene können Jungfrauaszendenten ihre *Beobachtungsgabe* und das Verständnis von Zusammenhängen verwerten. Insbesondere finden sich Fähigkeiten zur Vermittlung von Wissen, *Sprachbegabungen* und kaufmännische Talente. Viele arbeiten als Vertreter, Kaufleute, Dolmetscher, Lehrer, Pädagogen, Professoren und Wissenschaftler. Häufig besteht eine Begabung für helfende und therapeutische Tätigkeiten, wobei die Gefahr, von den eigenen Problemen abzulenken, groß ist. So stürzt sich mancher auf andere, nur um sich nicht mit sich selbst auseinandersetzen zu müssen.

Schlüsselbegriffe

Ausnutzung individueller Möglichkeiten, Beobachtungsgabe, vorsichtig, Sensibilität und Aufnahmebereitschaft, Ausnutzung objektiver Gegebenheiten, vernünftig, vorsorgen, durchkalkulieren, unruhig und nervös, reserviert, Planungen, Zögern und langsames Verhalten, ersehnte Nähe, Mißtrauen, Disharmonie vermeiden, reiches Wahrnehmungs- und Empfindungspotential, intellektuelle Leistungen, analytische Fähigkeiten, Pflichterfüllung und Realitätsbewältigung, Verantwortung, hohe Anforderungen an sich, extreme Stimmungslagen, Sprachbegabung.

Beispiel: Käthe Kollwitz

Kurzbiographie Käthe Kollwitz:

8. 7. 1867   Käthe Kollwitz als Tochter des Baumeisters Carl Schmidt und seiner Frau Katharina in Königsberg geboren.

1885—1889   Malstudium in Berlin, Königsberg und München.

13. 6. 1891   Heirat des Arztes und alten Freundes Dr. Karl Kollwitz.

1892   Geburt des ersten Sohnes.

1893—1897   Beeindruckt von der Teilnahme an der Uraufführung der *Weber* von Gerhart Hauptmann, schafft sie den Bilderzyklus *Ein Weberaufstand*.

1896   Geburt des zweiten Sohnes.

1902—1908   Zyklus *Bauernkrieg*.

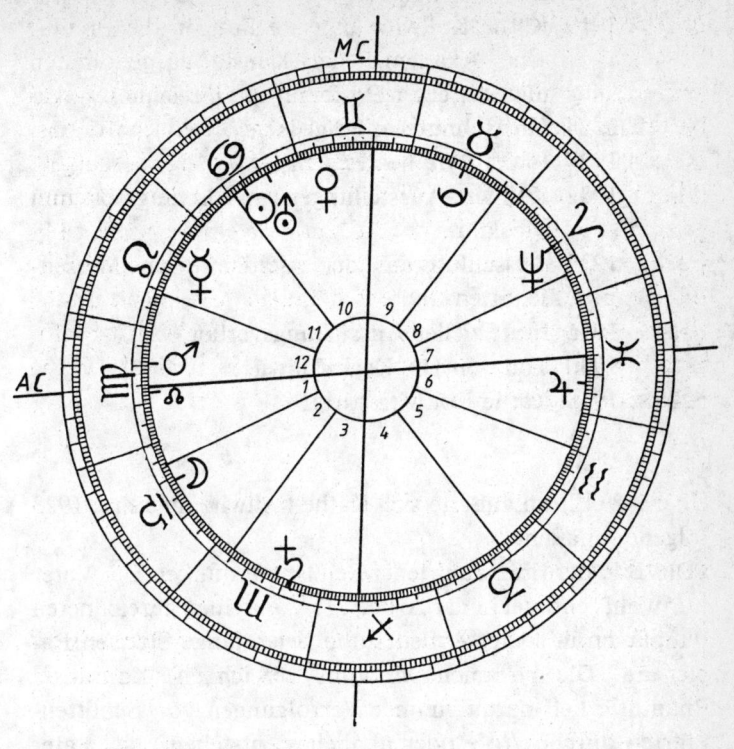

8. 7. 1867   08.09.00 GMT

Geburtsort: Königsberg
020° 31' 00" O   54° 43' 00" N

Häuser: Placidus

1 15° 33' ♍	10 10° 12' ♓
2 06° 38' ♎	11 18° 44' ♋
3 04° 29' ♏	12 20° 37' ♌

⊙ 15° 39' ♋
☽ 11° 01' ♎
☿ 11° 44' ♌
♀ 24° 22' ♓
♂ 09° 22' ♍
♃ 07° 20' ♓ R
♄ 17° 36' ♏ R
⚷ 09° 02' ♋
♅ 15° 03' ♈
♆ 15° 50' ♈
☊ 17° 26' ♍

Abbildung 15: Horoskop Käthe Kollwitz

143

1919	Käthe Kollwitz als erste Frau in die Preußische Akademie der Künste aufgenommen und mit einer Professur ausgezeichnet.
1922/23	Holzschnitte in Folge *Krieg*.
1924	Plakat *Nie wieder Krieg*.
1932	Kollwitz-Ausstellungen in Leningrad und Moskau.
1933	Ausschluß aus der Akademie der Wissenschaften.
1936	Inoffizielles Ausstellungsverbot.
1940	Tod von Dr. Karl Kollwitz.
22. 4. 1945	Käthe Kollwitz stirbt.

Über ihre Eltern äußerte sich Käthe Kollwitz im Jahre 1923 folgendermaßen:
»Das Bild der Eltern aus jener Zeit ist mir dunkel. Der Vater war wohl sehr viel in der Arbeit ... Von seinen gezeichneten Bauplänen in seiner Arbeitsstube fielen lange Streifen Papier ab. Die bekamen wir zum Bezeichnen. Konrads[33] Phantasie ließ darauf immer Verfolgungen von Schlittenfahrten durch Wölfe oder ähnliches entstehen. Der Vater ließ alles dies nicht unbemerkt. Er hob sich bald manche Streifen auf, die wir bekritzelt hatten. Auf die Mutter besinne ich mich aus jener Zeit gar nicht. Sie war da, und das war gut. In ihrer Luft wuchsen wir Kinder auf.«[34]
Die Eltern erkannten Käthes künstlerisches Talent bereits frühzeitig und förderten ihre Ausbildung mit Nachdruck.

[33] Der Bruder Käthes.
[34] Zitiert nach Catherine Krahmer, *Käthe Kollwitz*, Reinbek 1981, S. 20.

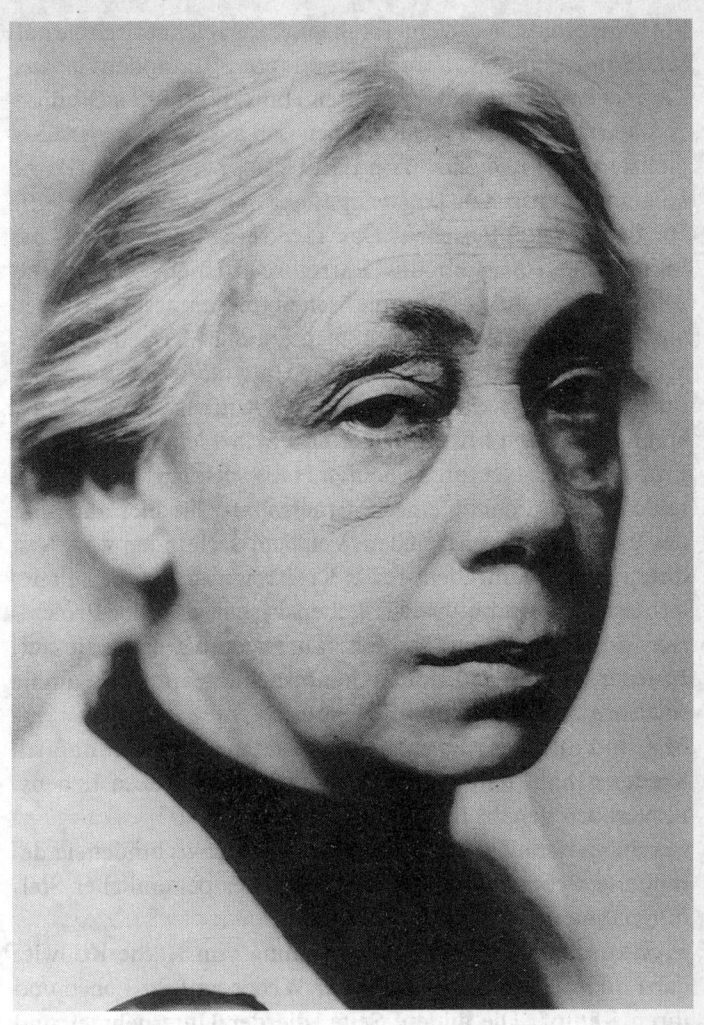

Abbildung 16: Käthe Kollwitz

Aus astrologischer Sicht erscheint ihre zeichnerisch-gestaltende Begabung als Erbteil des Vaters. Wir finden Saturn, Herrscher des fünften, im dritten Haus. Nach ihrer Studienzeit heiratete sie den idealistischen und aktiv engagierten Sozialisten Karl Kollwitz. Von Beruf war er Arzt und verband so seine politischen Überzeugungen mit praktischer Hilfe für bedürftige Menschen. Das Tierkreiszeichen Fische, das in diesem Horoskop das Partnerschaftshaus beherrscht, zeigt eine Neigung zu träumerischen und im besten Fall geistig hochstehenden Partnern. Neptun, der Herrscher der Fische, steht im achten Haus, dem Haus der seelischen Bindung. Dies zeigt klar, daß für Käthe Kollwitz die bei Jungfrauaszendenten oft distanzierten Partnerschaften kaum in Frage kamen. Neptun im achten Haus verlangt vielmehr die reale Verwirklichung einer Partnerschaft, die hier auch mit der Entwicklung einer neuen Weltsicht verbunden war. Erst durch ihren Mann, den sie bei Krankenbesuchen begleitete, lernte sie die erschütternden Lebensverhältnisse der Proletarier in Berlin kennen. Diese Erfahrungen bewegten sie tief. In jener Zeit begann sie sich hauptsächlich auf ihre Familie und ihre Arbeit zu konzentrieren:

»Es sind mir drei Dinge wichtig in meinem Leben: daß ich Kinder gehabt habe, daß ich einen solchen treuen Lebenskameraden gehabt habe und meine Arbeit.«[35]

Bereits in dem Zyklus *Ein Weberaufstand* verbindet sie detaillierte Beobachtung mit entschiedener persönlicher Stellungnahme:

»... konzentriert sich die Darstellung von Käthe Kollwitz ganz und gar auf die Existenz der Weber, auf ihr Leben und ihren Kampf. Die andere Seite, die der Unternehmer und

[35] Ebenda, S. 29.

146

Fabrikanten — das heißt jene der Unterdrücker —, wird bei ihr nicht gezeigt. Und doch wird man schwerlich bezweifeln können, daß hier der Klassenkampf dargestellt ist, selbst wenn die Konfrontation der Klassenfeinde nicht im Bild erscheint ... Bei Käthe Kollwitz haben wir keine gezeichnete Dialektik; ihre Wahrheit ist eindeutig und beruht auf Identifizierung: Sie steht ganz auf seiten der Weber, und die Art der Darstellung verlangt dasselbe vom Betrachter. Solidarität, Bruderschaft: dies ist das menschliche Bekenntnis des ›Weberaufstandes‹.«[36]

Diese Identifizierung mit dem Ausgedrückten ist ein wesentlicher Zug ihres ganzen Werkes. Damit verbunden war allerdings häufig ein langsames Arbeitstempo, ein buchstäbliches Ringen um die Gestalt. Saturn, der Herr des fünften Hauses, im Trigon zur Sonne zeigt, daß der Prozeß des künstlerischen Schaffens sie seelisch immer wieder an ihre Grenzen führte, um dann große Tiefe und Authentizität der Aussage zu erreichen. Aus dem Jahre 1927 stammt folgende Notiz von Käthe Kollwitz:

»Zu meiner Verwunderung und Genugtuung lese ich ... daß er auch mit diesen fürchterlichen Depressionen zu tun hatte. Er beschreibt es genau, wie es bei mir ist ... ›Ein Stück Selbstmord ist jeder Künstler.‹ Mir aus der Seele beschreibt er den verzweiflungsvollen Zustand, wenn man arbeitet und arbeitet und nichts wird. Fast ein Jahr arbeite ich jetzt an meinem Selbstbild, es ist nicht zu beschreiben, dieses ewige Hingehalten werden, dieses alle Tage besser werden und nie gut werden, diese unglaubliche und ungelohnte Zeitverschwendung mit dieser Sache, die schließlich ein x-beliebiger Plastiker besser macht als ich.«[37]

[36] Ebenda, S. 36 f.
[37] Ebenda, S. 115.

Doch dadurch gewann sie mit der Zeit eine unerschütterliche Sicherheit. So äußerte die Schriftstellerin Reicke, die Käthe Kollwitz in Berlin kennengelernt hatte:

»... immer wenn ich ihr begegnete... schien mir Käthe Kollwitz wie ein Felsenstein inmitten flüchtiger, schillernder, plaudernder Wellen: so bedingungslos, wahrhaftig, so unerschütterlich in sich selbst ruhend, so echt und so stark, so ganz gelassene Kraft.«[38]

[38] Ebenda, S. 150.

Aszendent Waage

Bekannte Waageaszendenten

Albrecht, Susanne (Terroristin)
Allman, Greg (Musiker)
Bebel, August (Politiker)
Bergen, Ingrid van (Schauspielerin)
Bowie, David (Musiker)
Carter, James E. (Politiker)
Chamberlain, Richard (Schauspieler)
Cooper, Alice (Musiker)
Cousteau, Jacques Yves (Meeresforscher)
Dean, James (Schauspieler)
Delon, Alain (Schauspieler)
Gaulle, Charles de (Politiker)
Gebühr, Otto (Schauspieler)
Geller, Uri (PSI-Künstler)
Giscard d'Estaing, Valéry (Politiker)
Hackethal, Julius (Arzt)
Hitler, Adolf (NS-Diktator)
Kennedy, John F. (Politiker)
Knappich, Wilhelm (Astrologe)
Mitterrand, François (Politiker)
Moro, Aldo (Politiker)
Nash, Graham (Musiker)
Newton, Isaac (Physiker)
Niemöller, Martin (Theologe)
Poitier, Sidney (Schauspieler)

Puccini, Giacomo (Komponist)
Rimbaud, Arthur (Schriftsteller)
Schacht, Hjalmar (Finanzpolitiker)
Schweitzer, Albert (Theologe, Arzt, Philosoph)
Sharif, Omar (Schauspieler)
Stevens, Cat (Musiker)
Taylor, Liz (Schauspielerin)
Valente, Caterina (Sängerin, Schauspielerin)
Waldheim, Kurt (Politiker)
Wiesenthal, Simon (Gründer und Leiter des jüdischen
    Dokumentationszentrums)
Witte, Alfred (Astrologe)

Waageaszendenten

Waageaszendenten verkörpern den *instinktiven Ausgleich*.
Sie sind *freundlich*, *diplomatisch*, *kompromißbereit* und *umgänglich*. Diese Eigenschaften zeigen, daß die Geborenen dieses Zeichens vor allem an *Begegnung* und *Ausgleich* mit ihrer persönlichen Umwelt interessiert sind. Diese Art von Öffnung bedeutet häufig auch einen natürlichen Respekt vor der Andersartigkeit der Mitmenschen. Sie sind *gesellig* und wollen *Gegensätze ausgleichen*, Verständigung und Miteinander ermöglichen. Wer allerdings Frieden stiften will, bleibt auf Auseinandersetzungen angewiesen. Möglicherweise läßt sich so auch die zu beobachtende theoretische Vorliebe mancher Waageaszendenten fürs Militär erklären. Am besten wären sie wohl bei der UN-Friedenstruppe aufgehoben ... Streit und Disharmonie im persönlichen Umfeld liefern ihnen oft die benötigten Handlungsimpulse. Es treibt sie immer wieder dorthin, wo etwas passiert und das Leben pulsiert.

Im Falle eines Konfliktes wollen diese Menschen *vermitteln* und die *Harmonie* wiederherstellen. Das liegt daran, daß die meisten auf Spannungen in ihrem Umfeld sehr sensibel reagieren, gelegentlich sogar ausgesprochen unter Streitigkeiten zu leiden haben. Waageaszendenten sind wie hochempfindliche Seismographen, die schon minimalste Erschütterungen anzeigen. Das bedeutet natürlich auch, daß sie in hohem Maße von der Sympathie/Antipathie ihres jeweiligen Gegenübers abhängig sind. Bei einigen verkommt das Harmoniestreben zum bloßen Schutzmechanismus, mit dem sie möglicher Ablehnung zuvorkommen wollen. Liebenswürdigkeit wird zu einem Schutzfilm. Dieser befähigt dazu, alles an sich abgleiten zu lassen und sich oberflächlich und innerlich unbeteiligt *durchzulavieren*.

Während ein Fischeaszendent seine Nachbarn ihre Streitigkeiten unter sich selbst austragen läßt, wird der Waageaszendent vermutlich »friedenstiftend« eingreifen. Nach Kenntnis der Fakten können die Geborenen Kompromißvorschläge unterbreiten, die die Standpunkte beider Parteien ausreichend berücksichtigen. Waageaszendenten haben oft einen ausgeprägten *Gerechtigkeitssinn* und sind darüber hinaus bestens in der Lage, ihre Ansichten — wenn auch gelegentlich etwas weitschweifig — verbal zu vertreten. Pathos und *Humor* stehen ihnen gleichermaßen zur Verfügung und verhelfen ihrem *Vermittlertalent* leicht zu allgemeiner Anerkennung.

Ihre *konfliktorientierte Umweltwahrnehmung* arbeitet gedanklich deutlich heraus, was im konkreten Verhalten verwischt wurde, und befähigt sie daher, Sachverhalte klar zu analysieren. Einige können den Kern eines Problems schnell erfassen. Mit ihren bohrenden Fragen nerven Waageaszendenten bereits als Kinder ihre Eltern. Viele *erspüren Un-*

stimmigkeiten sofort und räumen gelegentlich zum Entsetzen aller mit alten Klischees auf. Ihre unbefangene Kritik kann erbitterte Feindschaft nach sich ziehen. Einige erliegen der Faszination des Widerspruchs um des Widerspruchs willen. Es gibt unter den Waageaszendenten sogar regelrechte Streithammel.

In jedem Falle sind *Konfrontation* und *Ausgleich* mit der Umwelt Hauptthemen des Lebens. Es ist gerade für Waagegeborene von größter Wichtigkeit, beide Seiten dieser Polarität auch tatsächlich in ihr Leben zu integrieren. Wer auf Dauer eine Seite ablehnt, indem er seine Wut verleugnet und immer nur freundlich bleiben will, der bringt sich schnell aus dem Gleichgewicht. Dennoch gibt es manche, die kaum noch wagen, ihre Interessen offen durchzusetzen, um nur keinen Streit zu provozieren. Leicht kann unter solchen Umständen die *Freundlichkeit* zu einer Maske erstarren, hinter der man seine wahren Gefühle vor anderen verbirgt. Das verhindert zwar direkte Konflikte, zwingt aber zu Selbstverleugnung. Man windet sich und versucht, es allen recht zu machen. Solch ein Verhalten verschleiert vorhandene Widersprüche, ohne sie auflösen zu können. Ein Rest von Unbehagen bleibt. Unter Umständen werden Streitigkeiten, die man vorher unter den Teppich gekehrt hat, später im »Alleingang bewältigt«. Manche schimpfen über diejenigen, von denen sie so rücksichtslos übervorteilt wurden, und teilen jedem mit, wie schlecht und ungerecht die Welt ihrer Meinung nach ist. Manchmal kann solch eine Verschiebung sogar so weit gehen, daß bestimmte Personen oder sogar Bevölkerungsgruppen für das eigene Elend verantwortlich gemacht und zum Sündenbock gestempelt werden. In die Umwelt projizierte Wut ist ausgesprochen destruktiv.
Dieses Verhalten kann aber auch unvermittelt in das Gegen-

teil umschlagen. Lange unterdrückte Gefühle äußern sich in plötzlichen Wutausbrüchen. Absolute Kleinigkeiten reichen in Spannungssituationen bereits aus, um allen seit Monaten angestauten Ärger mit einemmal herauszulassen. Ein herumliegendes schmutziges Hemd kann unter solchen Umständen schon zum Anlaß für einen handfesten Ehekrach werden. Das mag ja beim langjährigen Partner noch angehen, Mitmenschen aber, die ein ausgeglichenes und freundliches Wesen gewohnt sind, stehen dann vor einem Rätsel. So verscherzt sich mancher wichtige Freundschaften. Sobald aber die erste Wut verraucht ist, tut es den meisten Waageaszendenten schon wieder leid. Sie entschuldigen sich, haben vielleicht sogar ein schlechtes Gewissen, weil sie so unbeherrscht waren. In solchen Stimmungen richten einige ihre Wut aber auch gedanklich gegen sich. Harte Selbstanklagen sind vielen nicht fremd. Sie springen im »inneren Dialog« rüde mit sich um, quälen sich mit aggressiven Schuldzuschreibungen und kämpfen wütend gegen eigene Schwächen.

Gerade für Waageaszendenten ist es von größter Wichtigkeit, dieses Energiepotential nicht — wie eben beschrieben — gegen sich oder andere zu richten. Sie sind vielmehr herausgefordert, diese Kraft in ihr Leben zu integrieren, um mentale Kräfte nicht ungenutzt verpuffen zu lassen. Es geht darum, gegenseitiges Geben und Nehmen möglich zu machen. Der Geborene muß allerdings den Mut aufbringen, in seinem täglichen Verhalten seine Bedürfnisse klar zu zeigen. Sonst tappen die anderen, getäuscht von seiner gleichbleibenden *Freundlichkeit*, völlig im dunkeln und treten über kurz oder lang ins Fettnäpfchen. Echte Begegnungen werden dann erschwert.

Für Waageaszendenten sind Partnerschaften und enge Bindungen häufig das Feld, auf dem sie am intensivsten mit Auseinandersetzungen konfrontiert werden. Manche projizieren auch hier ihre Selbstbehauptung in die Außenwelt. Sie suchen sich starke Partner, sind fasziniert von selbstbewußt auftretenden Personen. Besonders Frauen erwarten häufig von ihrem Gegenüber die Übernahme einer Beschützerrolle, um so die eigene, als bedrohlich erlebte *Durchsetzungsschwäche* zu kompensieren. In vielen Fällen erfüllen solche Partnerschaften ein Leben lang reibungslos ihre Funktion, vorausgesetzt, die klare Rollenverteilung wird unverändert beibehalten.

Eine mögliche Überkompensation besteht in der Verteufelung des männlich-aktiven Durchsetzungsprinzips, etwa in der Form eines extremen Feminismus.

Gelegentlich wird die Partnerschaft aber zum Kriegsschauplatz, und ein unlösbar erscheinender Dauerkonflikt, der sich mit zeitweiligen Phasen der Versöhnung abwechselt, beherrscht die Szene. Es gibt jedoch auch Fälle, in denen ein harmloses »Lamm« einem »bitterbösen« Partner auf Gedeih und Verderb ausgeliefert ist.

Waageaszendenten sollten lernen, sich selbst ernst zu nehmen, ohne dabei die Interessen anderer zu übergehen. Wer klar zeigt, worin seine Bedürfnisse bestehen, tut den ersten Schritt zur Begegnung zwischen zwei gleichberechtigten Individuen. Erst auf dieser Basis ergibt das *Streben nach Ausgleich, Verständigung und Harmonie* überhaupt einen Sinn. Viele tendieren dazu, die eigenen Interessen bei *Kompromissen* zu kurz kommen zu lassen. Sie fühlen sich verpflichtet, eigene Positionen — wenn es hart auf hart kommt — zu räumen und Übereinkünfte auf eigene Kosten zu schließen. Der Grund dieses Verhaltens liegt in der Angst, den anderen zu verlieren, wenn dessen Ansprüche nicht befriedigt werden.

Da sich der Waageaszendent nicht durchsetzen kann und daher Nachteile für sich in Kauf nehmen muß, weicht mancher in eine Überbetonung persönlicher Freiheit aus und erscheint anderen dann relativ unberechenbar. Es ist nicht ganz von der Hand zu weisen, daß Waageaszendenten einen manifesten Hang zu Affären und Liebschaften haben. Treu zu sein fällt vielen nicht leicht. Bevor sie sich im Hier und Jetzt behaupten müßten, brechen sie lieber aus.

Anstatt Konflikten auszuweichen, sollten Waageaszendenten ihre *Hingabefähigkeit* nutzen und sich den Menschen, die sie lieben, öffnen. Dann können sie Geborgenheit erleben, ohne dafür beschränkt und eingeengt zu werden. Sie sind im tiefsten Innern ihres Wesens bereit, ja sogar darauf angewiesen, sich dem geliebten Menschen vorbehaltlos und jenseits aller Kontrolle hinzugeben. Davor haben viele die größte Angst, da sie in ihrer Vergangenheit häufig abgelehnt und zurückgewiesen wurden. Manches erklärt sich aus der Familiengeschichte.

Familienhintergrund

Die häusliche Atmosphäre erlaubte eine seelische Eigenentwicklung meist nur in beschränktem Maße. Schon früh entstand die Notwendigkeit, kindliche Bedürfnisse nach Anerkennung, Zuwendung und Liebe übergeordneten Faktoren wie Erwartungen der Eltern, häuslicher Enge, ungenügender Zuwendung, strengen Erziehungsmethoden oder Schicksalsschlägen im engsten Familienkreis unterzuordnen. Dies führte bei manchen dazu, sich mehr an objektiven Erfordernissen als an eigenen Interessen zu orientieren. Der sich daraus ergebende »Lernprozeß«, die eigenen Bedürfnisse mehr und mehr zu übersehen, wurde von den Eltern noch unterstützt und belohnt, manchmal sogar erzwungen.

Eine enge Bindung bestand gemeinhin zur Mutter. Normalerweise wurde die häusliche Atmosphäre von ihr geprägt. Dies gilt in der Regel selbst dann, wenn sie nur das ausführende Organ des Mannes war. Dieser fungierte in manchen Fällen als Drahtzieher hinter den Kulissen. Häufig brachten beide Elternteile den Geborenen zuwenig Zuneigung und Aufmerksamkeit entgegen.

Gerade in räumlich beengten Verhältnissen, in denen das einzelne Familienmitglied keinen Platz für eine Privatsphäre beanspruchen konnte (z. B. Laden im Haus), wird ein dauerndes normenorientiertes Verhalten erforderlich. Wenn das ganze Familienleben in einem Raum stattfinden muß, kann man sich nicht mehr »einfach so gehenlassen«, ist vielmehr gezwungen, spontane Regungen zu kontrollieren, will man nicht laufend anecken.

Eventuell war die Mutter innerlich noch ein Kind und benötigte eher selbst Zuwendung, als daß sie fähig war, solche zu geben. Dann konnte sie ihrer Verantwortung als Frau und Mutter selbst beim besten Willen aus psychischen Gründen nur bedingt gerecht werden. Möglicherweise war sie auch durch äußere Lebensumstände zur Zeit der Geburt überfordert und fühlte sich von ihrem Mann im Stich gelassen. Manchmal war ihr die ganze Erziehung weitgehend allein überlassen, während sie zudem eine Berufstätigkeit ausübte. In seltenen Fällen führte dies dazu, daß sich die Waageaszendenten schon früh an der wirtschaftlichen Absicherung der Familie beteiligen mußten. Manche leisteten so bereits in ihrer Kindheit harte körperliche Arbeit, um das Überleben zu ermöglichen. Wenn diese Menschen in ihrem Leben zu Wohlstand kommen, so ist er meist hart erarbeitet.

Manche Geborene kamen früh in ein Internat oder in ein Heim. Hier wurden sie plötzlich mit der »ganzen Härte des Lebens« konfrontiert. Hackordnungen unter den Mitschülern sowie strenge Lern- und Erziehungsmethoden erzwangen eventuell bedingungslose Unterordnung. In extremen Fällen führte dieses Klima zu psychischen und körperlichen Zusammenbrüchen.

Viele Waageaszendenten wuchsen in einem Klima der seelischen Dürre und der Reglementierung auf und mußten sich bald selbst als andersartig, nicht liebenswert und wertlos empfinden. Daraus resultieren bei einigen Schuld- und Minderwertigkeitsgefühle sowie eine unterschwellige Angst, ausgeschlossen zu werden. Andere glaubten, ihren Eltern eine Last zu sein. Zuwendung konnte oft nur mit »gutem Benehmen« und reibungslosem Funktionieren erkauft werden.

»Liebe und Anerkennung muß man sich verdienen«, lautet vielfach die Lektion, die den Geborenen im familiären Rahmen vermittelt wurde. Viele Waageaszendenten sind daher später bereit, eigene Bedürfnisse dem unterzuordnen, was scheinbar oder real von ihnen erwartet wird. Schnell beginnen sie, sich mit äußeren Maßstäben zu identifizieren, und vertreten sie schließlich sich selbst gegenüber.

So vermieden einige ängstlich, den Unwillen der Mutter zu erregen, nur um keinen Liebesentzug zu riskieren. Häufig gelingt es erst spät, Distanz zu ihr zu gewinnen. Manche werden nie erwachsen und bleiben ihr Leben lang auf der Suche nach emotionaler Geborgenheit von außen. Muttersöhnchen sind vielleicht noch häufiger anzutreffen als die »ewigen Töchter«.

Der Vater vermag hierzu nur selten ein Gegengewicht zu bilden. Er scheint in der Familie häufig aber eine Sonderrolle einzunehmen. Manche Väter waren beruflich stark in Anspruch genommen und erschienen dem Nachwuchs mehr als Gast denn als reguläres Familienmitglied. Dadurch hatten sie häufig eine abgehobene Position, weit entfernt von banalen Erziehungsproblemen, was eine »Vergötterung« durch die Kinder zur Folge haben konnte. Zu dieser Sichtweise trägt gelegentlich die demütige Haltung der Mutter entscheidend bei. Wer sich nicht durch eigene Erziehungsmaßnahmen »die Hände schmutzig machen« muß, der hat es leicht, als »guter Vati« eine sympathische Figur zu machen.

In anderen Fällen war der Mann unwillens oder zu schwach, sich gegenüber der Frau, die zu Hause das Regiment führte, durchzusetzen. Statt dessen benutzte er jede sich bietende Gelegenheit, sich seinen familiären Verpflichtungen zu entziehen, ging möglicherweise auch fremd. In seltenen Fällen starb er früh, während sich die Mutter — eventuell unter ökonomischem Druck — bald wiederverheiratete.

Im späteren Leben zeigt sich bei Waageaszendenten häufig eine mangelnde Fähigkeit, selbstbestimmt zu handeln. Eine direkte Entsprechung findet sich in der familiären Rolle des Vaters. Er nämlich war derjenige, der aus dem mütterlichen Liebe-Leistungs-Spiel ausbrach, sei es als Sündenbock oder als idealisierter »Halbgott«. Gemeinsam haben alle Entsprechungen, daß der Vater aus dem einen oder anderen Grund nicht greifbar genug erlebt wurde. Dadurch stand er über den Dingen, konnte seine Freiheit wahren, während der Geborene weiter auf die bedrückende Abhängigkeit von der Mutter angewiesen blieb. So entwickelte sich die Einstellung, daß wahre Überlegenheit sich nicht darin beweist, klare Standpunkte zu vertreten, sondern vielmehr in der Fähigkeit, vor anstehenden Problemen in eine Scheinüberlegenheit zu flüchten. Wer nur träumt, der sündigt zwar nicht, kommt aber nie auf den Boden der eigenen Realität.

Dieser Familienhintergrund bringt manche Waageaszendenten in Gefahr, ihren kreativen Reichtum zu beschneiden, um scheinbaren äußeren wie inneren Zwängen gerecht zu werden. Da viele sich nicht trauen, ihre Identität durch eigenwilliges Handeln auszudrücken, bleibt ihnen nur der Weg, außen Lob und Zuwendung zu suchen. Der oft beschriebene Ehrgeiz zeigt sich als verzweifeltes Streben nach Anerkennung. Bestätigung soll den Mangel an eigener Selbstachtung wenigstens erträglich machen.

Verbindet sich der oben beschriebene Hang zu *Konfliktvermeidung* mit Überanpassung und Leistungsorientierung, so kann es zur Entwicklung farbloser Strebertypen kommen. Da sich aber der Eigenwille auf die Dauer schlecht unterdrücken läßt, steigt hier die Bereitschaft, seine Ziele mit unlauteren Methoden durchzusetzen. So gibt es Waageaszendenten, die aus Schwäche Zuflucht zur Intrige nehmen. Während sie ihre Wünsche und Interessen in der direkten Auseinandersetzung verschleiern, versuchen sie beispielsweise, Konkurrenten durch üble Nachrede aus dem Rennen zu werfen. Bei anderen Geborenen kann man erleben, daß diejenigen, mit denen sie Differenzen haben, davon als letzte — möglicherweise von dritter Seite — erfahren.

Für diese Menschen kommt es nun darauf an, solche Verhaltensweisen als das zu erkennen, was sie sind: ein ängstliches Verharren in frühkindlichen Mechanismen, die nur noch scheinbar Schutz und Sicherheit bieten, letztlich aber daran hindern, das eigene Leben zu leben. Sie sind wie Krücken, auf die man sich nur noch aus reiner Gewohnheit stützt, während man längst wieder ohne sie laufen könnte.

Entwicklungsorientierte Waageaszendenten, die sich diese schmerzliche Wahrheit bewußtmachen, können dadurch einen Anstoß bekommen, mehr nach innen zu hören. Wer das wagt, wird anfänglich gehäuft mit bedrohlichen Ablehnungssituationen konfrontiert. Aufsteigende Angst nicht gleich zu unterdrücken oder als schwach abzulehnen, sondern als wichtigen Teil seiner selbst zu akzeptieren, das heißt, sich mit sich selbst zu konfrontieren. Auf diesem Wege wird es möglich, Selbstvertrauen und Sicherheit zu stärken und die Abhängigkeit von äußerer Bestätigung zu lockern. Im Laufe dieser Entwicklung ändert sich zwangsläufig auch das persönliche Umfeld. Aus Eltern werden »Gleichgesinnte«, die nicht mehr strafend reagieren, wenn die Geborenen wagen, ihr eigenes Leben zu leben.

Andere gehen den vermeintlich bequemeren Weg. Ihnen fehlt der Mut, ihre Interessen konsequent zu vertreten, weswegen sie sich lieber wahllos ablenken. Nicht umsonst wird Waageaszendenten nachgesagt, sie seien vergnügungssüchtig, unberechenbar, genußsüchtig und eitel. Dies sind allerdings keine zwingenden Entsprechungen. Sie weisen nur auf die bestehende Gefahr hin, innere Unruhe und Störanfälligkeit durch ziellose Aktivitäten zu fördern. Bevor es einmal ernst werden könnte, die eigenen Fähigkeiten zuzulassen und damit die eigene Identität zu entdecken, findet man genügend Gründe, um auszuweichen. Je mehr man innerlich noch auf Sicherheit durch beengende mütterliche Maßstäbe angewiesen ist, um so weniger wagt man natürlich, gegen sie zu verstoßen. Dabei wäre genau das der erste Schritt in die Selbständigkeit. Oft begreift man erst langsam, daß gerade konsequente Eigenständigkeit im Handeln innerlich und äußerlich aus der Sackgasse herausführt, während Flucht in die Scheinüberlegenheit nur alte Muster zementiert. So verbauen sich viele den Zugang zum eigenen, meist reichlich vorhandenen kreativen Potential.

Waageaszendenten, die den Mut gefunden haben, eigene Wege zu gehen, zeichnen sich durch ein hohes Maß an *Individualität* und *Eigenständigkeit* aus. Dies ist die Folge der notwendig vorausgegangenen inneren Befreiung von alten Fesseln. Gerade Waageaszendenten können im Handeln ein Maß an Freiheit und *Originalität* verwirklichen wie kein anderes Tierkreiszeichen.

Einigen Waagegeborenen gelingt es, eine innerlich befriedigende Aufgabe zu finden und ihre vielfältigen Talente beruflich zu verwirklichen. Es ist interessant, mit welchem Einsatz von Gefühlen sich diese Menschen ihren Aufgaben widmen können. Sofern sie in ihrer Tätigkeit eine Aufgabe sehen, identifizieren sie sich in hohem Maße mit ihrem Beruf, sind mit Herz und Seele ganz bei der Sache. Hierin liegt auch der entscheidende Grund für Wirkung und Erfolg der Geborenen im gesellschaftlichen Leben. Die innere Überzeugung strahlt gleichermaßen ab und wirkt in hohem Maße glaubwürdig. In der Öffentlichkeit strahlen sie oft eine Wärme und Sensibilität aus, die bei anderen kaum außerhalb des privaten Rahmens denkbar wäre.

Die Geborenen haben eine ausgesprochene Vorliebe fürs *Reisen*. Das ist eine Beschäftigung ganz nach ihrem Geschmack. Zum einen bietet sich dabei immer wieder Abwechslung vom Alltagstrott. Andererseits kann ein großes Interesse an fremden Kontinenten und Kulturen bestehen. Für Abenteuerromane aus fernen Ländern begeisterten sich viele schon in der Jugend. Waageaszendenten sind im besten Falle weltoffen und verständnisbereit. Manche üben ihr Leben lang mehrere berufliche Tätigkeiten nebeneinander aus, selbst wenn sich die Gebiete kaum berühren. Andere begnügen sich damit, von Zeit zu Zeit etwas Neues zu beginnen, rechtzeitig bevor die alte Beschäftigung langweilig werden könnte. Teamarbeit liegt ihnen sehr. Wenn sie mit anderen an einem Projekt arbeiten, wird ihre Kreativität durch Anregungen aus der Gruppe stark stimuliert. Es ist allerdings eine Frage des persönlichen Entwicklungsniveaus, ob die Geborenen darüber hinaus in der Lage sind, die Früchte der gemeinsamen Arbeit mit ihren Kollegen zu teilen.

So zeigt sich die angeborene Begegnungsoffenheit der Waageaszendenten als Ausgangspunkt einer gegebenenfalls viel weitergehenden Entwicklung. Manche bleiben ihr Leben lang damit beschäftigt, Widersprüche zu vertuschen, anderen kann es gelingen, mit ihrer Umwelt immer wieder echte Harmonie herzustellen.

Hochentwickelte können darüber hinaus einen Beitrag zur tatsächlichen Aufhebung trennender Schranken zwischen den Menschen leisten. Bewußte Waageaszendenten engagieren sich für Arme und Unterdrückte in aller Welt, treten entschieden für Gerechtigkeit, Frieden und sozialen Ausgleich ein. Es scheint, als ob aus der Erfahrung selbst erlittenen Elends bei manchen der Wunsch entsteht, sich für die Benachteiligten dieser Welt einzusetzen. Gemeinsam ist solchen Menschen ein ausgeprägter Sinn für humanitäre Ideale, die, wenn es geboten erscheint, auch zielstrebig in die Tat umgesetzt werden können. Waageaszendenten haben innerhalb einer Gruppe oder eines Gemeinwesens die Aufgabe, bestehende Ungleichgewichte, Diskriminierungen und Streitigkeiten aufzuspüren und aufzuheben. Bleiben solche Konflikte innerhalb von Gesellschaften unbemerkt, so können sie mit der Zeit erheblichen Zündstoff darstellen und gegebenenfalls das gesamte Gemeinwesen zerstören. Diejenigen, die das nicht zulassen — auch wenn sie dafür nicht immer nur gelobt werden —, repräsentieren gesellschaftliche Vernunft und dienen damit der gesamten Menschheit.

Schlüsselbegriffe

Freundlichkeit, Diplomatie, Kompromißbereitschaft, Begegnung und Ausgleich, Gegensätze ausgleichen, vermitteln, Harmonie, sich durchlavieren, Gerechtigkeitssinn, Humor, konfliktorientierte Umweltwahrnehmung, Unstimmigkeiten erspüren, Ausgleich und Konfrontation, Freundlichkeit, Durchsetzungsschwäche, Individualität und Originalität.

Beispiel: Giacomo Puccini

Kurzbiographie Giacomo Puccini:

22. 12. 1858	Puccini als fünftes Kind von Albina und Michele Puccini in Lucca geboren.
18. 2. 1864	Tod des Vaters.
1874—1880	Musikstudium in Lucca. Erste Kompositionen.
1880—1883	Studium am Mailänder Konservatorium unter Ponchielli und Bazzani.
31. 5. 1884	Uraufführung der Oper *Le Willis* in Mailand.
1884	Tod der Mutter, Beginn der Lebensgemeinschaft mit Elvira Gemignani (1886 Geburt des ersten Sohnes).
1896	Uraufführung der Oper *La Bohème* in Turin.

1900 Uraufführung der Oper *Tosca* in Rom.
Seit 1920 Arbeit an *Turandot*.
29. 11. 1924 Puccini stirbt an Krebs.
1926 Uraufführung der Oper *Turandot* an der Mailänder Scala. Ein großer Erfolg.

Giacomo Puccini hat eine ausgesprochen musikalische Ahnenreihe aufzuweisen. Puccinis Vater war — genau wie Großvater und Urgroßvater — Organist und Leiter des Konservatoriums in Lucca. Michele Puccini tat sich darüber hinaus auch als Komponist von Sakralmusik hervor. Leider starb er, als Giacomo gerade fünf Jahre alt war:
»Bereits in die frühen Jahre seines Lebens fiel ein trauriges Ereignis: der Tod des Vaters . . . Diese unerwartete Tragödie — Michele stand im 51. Lebensjahr — hatte für die Familie erhebliche Veränderungen zur Folge. Einschränkung war nun oberstes Gebot, denn die Mutter hatte fortan mit einer kleinen Rente das Auslangen zu finden.«[39]
Puccini hatte eine sehr enge Beziehung zu seiner Mutter. Im Horoskop sehen wir Saturn als Herrscher des vierten Hauses (Mutter) im zehnten Haus. Das ist sicherlich ein klarer Hinweis darauf, daß sie ihren Sohn beruflich sehr förderte. Darüber hinaus spricht diese Konstellation für eine eher zu starke Mutterbindung. Ihr Tod 1884 hat ihn so stark erschüttert, daß man von einer manifesten Mutterproblematik sprechen kann. Emotionale Zuwendung scheint genau das gewesen zu sein, was sie nicht geben konnte:
»Puccini war mit großer Liebe und Ehrfurcht an seiner Mutter gehangen, und auch hatte er von ihr stets Bevorzugung

[39] Clemens Höslinger, *Giacomo Puccini*, Reinbek 1984, S. 12 f.

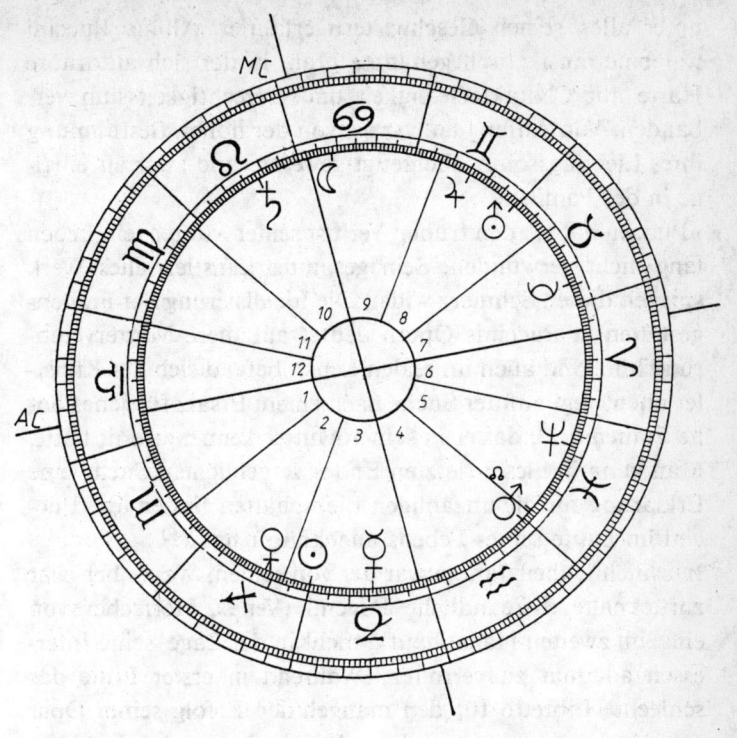

22. 12. 1858   02.00.00 LMT

Geburtsort: Lucca

010° 30′ 00″ O   43° 51′ 00″ N

Häuser: Placidus

1 23° 15′ ♎		**10** 28° 12′ ♋		
2 20° 41′ ♏		**11** 01° 50′ ♍		
3 22° 49′ ♐		**12** 00° 16′ ♎		

☉	29° 58′	♐	
☽	21° 27′	♋	
☿	16° 01′	♑	R
♀	17° 29′	♐	R
♂	29° 12′	♒	
♃	14° 46′	♓	R
♄	11° 36′	♌	R
♅	00° 20′	♓	R
♆	22° 13′	♓	
♇	05° 44′	♉	R
☊	02° 40′	♓	

Abbildung 17: Horoskop Giacomo Puccini

165

unter allen seinen Geschwistern erfahren. Albina Puccini war eine musikalisch gebildete Frau, in der sich autoritäre Härte mit Charakterfestigkeit und Gerechtigkeitssinn verbanden. Von Anfang an war sie von der hohen Bestimmung ihres Lieblingssohns überzeugt gewesen, und zwar als einzige in der Familie.«

»Puccini hat ... den frühen Verlust seiner Mutter sein Leben lang nicht verwunden. Sein gesamtes künstlerisches Werk spiegelt diesen Schmerz wider. Die Idealisierung der Frauengestalten in Puccinis Opern deutet auf diese Mutterverehrung hin. Und auch im realen Leben befand sich der Künstler unentwegt auf der Suche nach einem Ersatz für jenes hohe Frauenideal, das er in seiner Mutter kennengelernt hatte. Man kann in dieser (letzten Endes vergeblichen) Suche eine Erklärung für die unzähligen Liebschaften finden, die Puccini im Laufe seines Lebens angeknüpft hat.«[40]

In seinen frühen Jahren war der von seinem Wesen her eher zurückhaltend-freundliche Puccini (Venus, Herrscher von eins, im zweiten Haus) häufig nicht in der Lage, seine Interessen adäquat zu vertreten. Während in erster Linie das schlechte Libretto für den mangelnden Erfolg seiner Oper *Edgar* verantwortlich war, hatte Puccini Mühe, den Textdichter Fontana zu kritisieren. Vielmehr entschuldigte er ihn, indem er zugab, selbst »einen Schnitzer« gemacht zu haben. Doch er sollte daraus für die Zukunft lernen. Mars als Herrscher des siebten Hauses (Begegnendes) an der Spitze des fünften Hauses (eigenes Handeln) deutet darauf hin, daß Puccini bald besser in der Lage sein würde, seine Vorstellungen gegenüber seiner Umwelt tatkräftig durchzusetzen. Als ersten Schritt trennte er sich bald darauf von Fontana. Seine

40 Ebenda, S. 36 f.

Abbildung 18: Giacomo Puccini

künftigen Librettisten sollten ihn von einer anderen Seite kennenlernen:

»Von nun an aber legte er in seinen Anforderungen an die Librettisten eine Härte und Unduldsamkeit an den Tag, die mit seiner sonst so sanften, nachgiebigen, sogar schüchternen Wesensart kaum in Einklang zu bringen war.«[41]

Mars im fünften Haus zeigt sich bei Puccini auch in seinen Hobbys. Er liebte die Jagd ebenso wie Autos und Motorboote. Seine außerordentliche Ausstrahlung auf das andere Geschlecht wie auch die Menschen überhaupt läßt sich zudem unschwer an der Position von Pluto (Herrscher von zwei in sieben) erkennen.

Wenn Puccini an einer neuen Oper arbeitete, so war er stets aus vollster Seele von seiner Musik bewegt:

»Puccini pflegte sich im Augenblick des künstlerischen Schaffens in einen delirienähnlichen Zustand hineinzusteigern, der ihn völlig zum Mit-Fühlenden und Mit-Leidenden der szenischen Situation machte: ›Als ich die Schlußnoten zu La Bohème schrieb, brach ich zusammen und weinte wie ein Kind, so mächtig war mein Schmerz.‹ Dieser Erregungszustand ist in Puccinis Musik förmlich hineinkomponiert, er vermag sich dadurch auf den Zuhörer zu übertragen.«[42]

Umgekehrt deprimierte es ihn ungemein, wenn seine Werke selbst der kleinsten Kritik ausgesetzt waren. Der Durchfall seiner Oper *Madame Butterfly* an der Mailänder Scala war eine persönliche Katastrophe für den empfindlichen Künstler.

In Puccinis Musik werden Empfindungen vertont, in Noten gegossen. Es handelt sich hierbei um Gefühle wie Angst,

41 Ebenda, S. 47.
42 Ebenda, S. 68.

Wut, Leidenschaft, Liebe oder Raserei, die (fast) jeder kennt und die von daher den meisten völlig normal erscheinen. Vielleicht ist dies der Grund dafür, daß Puccinis Kunst gerade von zeitgenössischen italienischen Kritikern als »billige« Unterhaltungsmusik, als Eintagsfliege ohne Nachleben, verunglimpft wurde. Der Mond, Herrscher des Berufshauses, steht bei Puccini im neunten Haus. Das deutet darauf hin, daß seine Kunst »nur« aus vergänglichen Gefühlen bestand, die aber durch ihre künstlerische Form repräsentativer Bestandteil des öffentlichen Lebens bleiben sollte. Seine Werke wurden zumeist vom einfachen Opernpublikum begeistert aufgenommen und verstanden, eben weil er ihnen durch seine Musik ihre eigenen Gefühle vor Augen hielt.

Aszendent Skorpion

Bekannte Skorpionaszendenten

Adler, Alfred (Psychoanalytiker)
Albers, Hans (Schauspieler)
Beauvoir, Simone de (Schriftstellerin)
Bernstein, Leonard (Dirigent)
Bonaparte, Napoleon (Diktator, Feldherr)
Cézanne, Paul (Maler)
Chaplin, Charles (Schauspieler)
Davis, Bette (Schauspielerin)
Eastwood, Clint (Schauspieler)
Feliciano, José (Musiker)
Freud, Sigmund (Begründer der Psychoanalyse)
Genscher, Hans-Dietrich (Politiker)
George, Stefan (Dichter)
Goethe, Johann Wolfgang von (Dichter)
Göring, Hermann (NS-Politiker)
Hahn, Otto (Physiker)
Jürgens, Curd (Schauspieler)
Karajan, Herbert von (Dirigent)
Knef, Hildegard (Schauspielerin, Sängerin)
Ludwig XIV. (König von Frankreich)
Mussolini, Benito (italienischer Diktator)
Mörike, Eduard (Dichter)
Nietzsche, Friedrich (Philosoph)
Poe, Edgar Allan (Dichter)
Prince (Musiker)

Ravel, Maurice (Komponist)
Russell, Bertrand (Philosoph)
Schiller, Friedrich von (Dichter)
Schubert, Ingrid (Terroristin)
Spengler, Oswald (Historiker, Philosoph)
Steiner, Rudolf (Begründer der Anthroposophie)
Tappert, Horst (Schauspieler)
Toulouse-Lautrec, Henri de (Maler)
Weismüller, Johnny (Schauspieler)

Skorpionaszendenten

Skorpionaszendenten verkörpern einen Aspekt des Lebens, der in unserem Kulturkreis gern verschwiegen und dämonisiert wird. Während Körperlichkeit und materielle Werte überbewertet werden, verschließt man die Augen vor *Konzentrations-* und *Abbauprozessen*. Solche Vorgänge bedeuten aber eine Läuterung durch die möglicherweise schmerzhafte Trennung von Unwesentlichem. Der Blick löst sich langsam vom Vordergründigen und wendet sich einer vorläufig mehr erahnten geistigen Welt zu, die jenseits von Leben und Tod existiert. Tod und Verfall sind ebenso wichtige Bestandteile des Daseins wie Geburt und Wachstum, denn erst sie ermöglichen Wiedergeburt und neues Leben. So wird das herabgefallene Herbstlaub zu Humus und damit zu wertvollem Nährboden für das nächste Jahr. Eine Raupe muß ihren Kokon abstreifen, um sich in einen grazilen Schmetterling verwandeln zu können.
Diese Menschen vertreten instinktiv die *Schattenseite* alles materiellen Lebens, weisen auf die unabwendbare Tatsache der Endlichkeit und des immer notwendigen Wandels hin.

Jegliche Existenz umfaßt Leben und Tod, Licht und Schatten, Gesundheit und Krankheit als notwendig zueinandergehörige Polaritäten. Wie wenig uns von diesen Tatsachen und Zusammenhängen heute noch bewußt ist, läßt sich z. B. anhand der unterschiedlichen sozialen Bewertung der Tätigkeit einer Hebamme und eines Leichenbestatters ermessen. Dieser Veranlagung entspricht, daß die meisten Skorpionaszendenten zwar andere genau beobachten, sich selbst aber nur ungern in die Karten schauen lassen. Sie sind oft *schweigsam, zurückhaltend* und *verschlossen*, zumindest was die eigene Person betrifft. Das liegt zum einen daran, daß ein Teil dieser Menschen sich der Vorläufigkeit der Existenz nur allzu bewußt ist. Sie wissen, daß sie sich nicht an bestimmte Attribute ihres Egos klammern können, weil diese eventuell schon morgen den Erfordernissen einer radikalen Selbstprüfung unter neuen Aspekten geopfert werden müssen. Andererseits gibt es aber auch Menschen, die sich nicht offenbaren können, weil sie befürchten, ausgegrenzt und abgelehnt zu werden.

Wer die Schattenseiten vertritt, kann das nur da tun, wo Licht scheint. Licht in diesem Sinne bedeutet Leben, Sinnengenuß und Wachstum, welche ja erst durch das Wissen um ihre Vergänglichkeit voll gewürdigt werden können. So begegnet dem Skorpionaszendenten in der Umwelt vor allem das Schöne, die voll im Saft stehende Körperlichkeit mit allen ihren Reizen. Instinktiv bleibt er sich aber dennoch der geistigen Welt hinter den vordergründigen Erscheinungen bewußt. Diese verborgene Ebene aufzuspüren und das Verschwiegene und Unbequeme entgegen allen Verboten mit einzubringen ist die vornehmste Aufgabe der Skorpionaszendenten. Alles, was verdrängt, unterdrückt und tabuisiert ist, muß, bevor es bearbeitet und verändert werden kann, erst wieder in den Prozeß lebendiger Veränderung mit einbezogen werden.

In einer Umgebung, in der Schattenseiten als unangenehm und störend empfunden werden, können Skorpionaszendenten sich selbst als minderwertig und unvollkommen erleben. Gleichzeitig aber übernehmen sie die angebotene Rolle als Sündenbock, da sie wenigstens eine Identifikationsmöglichkeit bietet. Häufig gibt es irgendeinen Bereich, sei er körperlich, psychisch, sozial oder kulturell, in dem diese Menschen sich nicht so ausdrücken können, wie es ihren Wünschen und Bedürfnissen entspricht. Daraus resultieren bei einigen Angst- und Bedrohungsgefühle. Doch gerade in Unterlegenheit und Ausgeliefertsein liegt häufig der Ursprung eines außerordentlich *starken Willens zur Veränderung* und Überwindung vorgegebener Situationen. Andererseits besteht natürlich die Gefahr, sich mutlos und passiv dem vermeintlich harten Schicksal zu überlassen.

Andere durchleuchten die Umwelt im Gegenzug verstärkt nach entlarvenden Tatsachen hinter der schönen Fassade. Die dabei zutage geförderten Schwächen anderer sollen die nagenden eigenen Zweifel relativieren und von ihnen ablenken. Gegebenenfalls läßt sich aus solch unbequemem Wissen aber auch Macht über Dritte gewinnen, womit man das quälende Unterlegenheitsgefühl zeitweise kompensieren kann.

Es gibt Skorpionaszendenten, die es nicht lassen können, alles in den Schmutz zu ziehen. In jeder Suppe finden sie das berühmte Haar, was auf die Mitmenschen gegebenenfalls unangenehm und beleidigend wirken kann. Manche können sich an überhaupt nichts mehr freuen, weil sie immer nur die Schattenseiten sehen. Diese Menschen projizieren ihre eigene Negativität in die Umwelt, ohne sie damit aber wirklich abschütteln zu können. Es verhält sich vielmehr gerade um-

174

gekehrt: Wer sein Augenmerk ausschließlich auf Schatten, Schmutz und Unrat richtet, wird nach und nach alles Angenehme und Freudige aus seinem Leben verbannen.

Andere versuchen, das instinktive Wissen um Vergänglichkeit und Tod zu bekämpfen, indem sie sich mit doppelter Vehemenz ins Vergnügen stürzen, um Ablenkung und Entspannung zu finden. Doch gerade körperlich-sinnliche Freuden führen, im Übermaß genossen, schnell zu Ekel und Überdruß. Exzesse enden in der schalen Ernüchterung des nächsten Morgens, während die bohrenden Zweifel noch quälender vor dem inneren Auge stehen.

Da die eigene Existenz auf wackligem Fundament steht, versuchen manche, in der Welt der Ideen Zuflucht und Beständigkeit zu finden. So erklärt sich ein bei Skorpionaszendenten häufig zu beobachtender Hang zu *konkret-begrifflichem Denken*. Das Einordnen von Geschehen in klare, einfach überschaubare Zusammenhänge ist eine ihrer Stärken, weswegen unter ihnen bedeutende Denker und Theoretiker zu finden sind. Klarheit im Denken erreichen sie vor allem durch Trennung des Wesentlichen vom Unwesentlichen. Etwas wird aussortiert und ausgegrenzt.

So liegt eine Gefahr dieser Substanzbildung im Begrifflichen sicherlich darin, komplexe Inhalte der Überschaubarkeit halber sehr zu reduzieren und zu vereinfachen. Sicherheit wird dann nur auf Kosten eines verengten Bildes von der Welt erreicht. Manche tendieren dazu, an einmal gebildeten Denkstrukturen inflexibel und starr festzuhalten, ohne zu bemerken, daß die Welt sich laufend verändert. In extremen Fällen kann sogar der Kontakt mit der persönlichen Umwelt nahezu verlorengehen, weil man den eigenen Vorstellungen widersprechende Informationen nicht mehr an sich heranläßt. Die Geborenen verfolgen dann Ziele, die mit ihrer Realität nicht mehr in Einklang stehen und daher über kurz oder lang zu großer Ernüchterung führen. So liegt eine wichtige Aufgabe für Skorpionaszendenten darin, ihre gegebenenfalls *inflexiblen Vorstellungen* immer wieder durch Öffnung für neue — innere wie äußere — Tatsache zu überprüfen.

Die meisten Skorpionaszendenten verfügen über *analytische Fähigkeiten.* Sie weiter auszubilden heißt, den eigenen Blick zu schärfen, damit er zum Kern der Dinge vordringt und weniger an vordergründig materiellen Erscheinungen haftenbleibt. Diese Art von Begreifen läßt sich am besten mit einem Eindringen oder Unter-die-Haut-Gehen vergleichen. Wenn dieser Blick nicht lieblos ist, sondern von dem Wunsch nach Verständnis des betrachteten Gegenstandes oder Menschen getragen wird, so öffnet sich den Skorpionaszendenten eine Welt der Vielfalt und der Schönheit im einzelnen.

Fehlt allerdings diese Gefühlsbeteiligung, können die Folgen verheerend sein. Manche beginnen nach einer gewissen Zeit, alle diejenigen, denen sie einmal eng verbunden waren oder die sie zu lieben glaubten, abzulehnen oder gar zu hassen. Das liegt daran, daß sie immer mehr negative Eigenschaften an ihrem Partner entdecken, die sie ihm nicht verzeihen können. Auf anderer Ebene kann die Kenntnis intimer Details aus dem Leben des Partners zu einer gefährlichen Waffe in der Hand eines Eifersüchtigen werden.

Eine weitere Gefahr besteht darin, mit Hilfe des Verstandes alles erfassen zu wollen. Manche klammern sich geradezu an Logik und Kausalität. Erleben ist ihnen nur noch aus der Retorte möglich, allem, was weder erklärbar noch definierbar ist, wird der Zugang zur eigenen Welt verwehrt.

Anderen Menschen gegenüber müssen Skorpionaszendenten lernen, ihr oft übertriebenes *Mißtrauen* zu überwinden. Partnerschaft bedeutet für sie Bindung, weswegen die meisten ausgesprochen vorsichtig sind, bevor sie sich auf eine Person näher einlassen. Häufig trifft man auf ein Bindungsvermeidungsverhalten. Viele, die sich selbst noch nicht liebengelernt haben, die vielleicht noch immer unbewußt mit der Rolle des Sündenbocks identifiziert sind, können sich kaum vorstellen, daß man sie um ihrer selbst willen lieben könnte. Darum lassen sie sich höchstens auf unverbindliche Abenteuer ein, die sie ohne Demaskierung überstehen können.

Hat aber eine Beziehung begonnen, so neigen Skorpionaszendenten instinktiv dazu, sich selbst in den Schatten und den anderen in den Mittelpunkt zu stellen. Manche opfern sich regelrecht für ihre »bessere Hälfte« auf oder suchen einen Lebenssinn und eine Aufgabe in ihr. Doch außen läßt sich nur in den seltensten Fällen echte Sicherheit finden. Häufiger macht man sich Vorstellungen vom anderen, die dieser erfüllen soll. Doch wehe, wenn er sich hier und da abgrenzt oder gar neue Seiten entwickelt. Dann reagieren manche zutiefst verletzt und erbost, weil das Bild, das sie sich von ihm gemacht hatten, so nicht aufrechterhalten werden kann. Damit gerät auch die vermeintliche Sicherheit ins Wanken. Dies ist eine Situation, in der mit Skorpionaszendenten nicht gut Kirschen essen ist. Hier werden intensive und *leidenschaftliche Gefühle* von *Eifersucht* über Rachsucht bis Haß freigesetzt. Hinterher steht man ratlos vor dem Scherbenhaufen, den so ein Ausbruch angerichtet hat. Aus Angst vor dem Sturz ins Nichts versuchen manche, ihre Partner festzulegen, zu beobachten und zu kontrollieren. Man spioniert einander nach und verfolgt sich mit rasender Eifersucht. Auf diese Art können Mißtrauen und Vorwürfe zur Dauereinrichtung werden. Man macht sich das Leben zur Hölle und den anderen dafür verantwortlich.

Ein Ausweg aus dieser Situation liegt darin, sich wieder mehr auf sich selbst zu konzentrieren. Es ist von größter Bedeutung, zu sich zu stehen und die Ausgrenzung seitens der Umwelt nicht automatisch mitzumachen. Wer sich nicht scheut, unbequemen Tatsachen ins Auge zu schauen, ohne in selbstquälerische Grübeleien zu versinken, gewinnt die Kraft zu einer radikalen Umkehr. Skorpionaszendenten sollten sich bewußt sein, daß es ihnen und ihrem Partner nur zum Vorteil gereichen kann, wenn sie sich solchen periodischen Veränderungen nicht entziehen. Vielmehr geht es darum, sich nach und nach zu öffnen, um den anderen in eigene Entwicklungsprozesse mit einzubeziehen. Das ist natürlich nicht gerade leicht, besonders wenn es sich um Eigenschaften oder Wünsche handelt, die man sich selbst kaum eingestehen kann.

Manche erwerben die Fähigkeit, sich selbst mehr Wert beizumessen. Dann können sie mit geliebten Menschen Selbstzweifel, Ängste und Probleme offener besprechen, weil sie nicht mehr darauf angewiesen sind, um jeden Preis Zuwendung und Anerkennung zu bekommen. Dann zeigt sich, daß ihr Mißtrauen wenigstens teilweise unbegründet war. Skorpionaszendenten in solcher Lage können auch ihrem Partner mehr Eigenständigkeit zugestehen und müssen sich seiner nicht mehr durch Kontrolle versichern. Die Entwicklung von Selbstvertrauen führt zu größerer eigener Stabilität, während Toleranz und Interesse für den Partner wachsen können. Das Mißtrauen weicht einem unbefangeneren Umgang miteinander, was wiederum Voraussetzung für einen tiefergehenden Zugang zum Wesen des anderen ist. Gerade Skorpionaszendenten sollten wissen, daß sie erst dann eine Chance haben, einen Mitmenschen wirklich zu begreifen, wenn er sich ihnen angstfrei so zeigen kann, wie er ist. Dann aber bietet sich ihnen die Möglichkeit, dasjenige Wissen über den Partner zu erwerben, das sein Verhalten verständlich und damit erst tolerierbar macht. Langjähriges Beisammensein muß keineswegs das Interesse aneinander verringern. Vielmehr können geistige Interessen gemeinsames Eigentum und damit ein festes Fundament für die Partnerschaft bedeuten.

In bezug auf den Familienhintergrund lassen sich bei Skorpionaszendenten zwei Ausgangssituationen unterscheiden: der Zwiespältige (ca. 0 bis 14 Grad Skorpion) und der Wurzellose (ca. 15 bis 29 Grad Skorpion).

Der Zwiespältige

Hier legen die Erfahrungen im Umgang mit den engsten Bezugspersonen nahe, seelische Nähe zu sich und anderen als bedrohlich zu erleben.

Meist übte die Mutter großen Einfluß auf die Geborenen aus, während der Vater eher in den Hintergrund trat. Er entzog sich oft familiären sowie ehelichen Verpflichtungen und wußte seine Freiräume zu wahren. Die häusliche Situation wurde häufig von latenten, eventuell aber auch offen zutage tretenden Spannungen zwischen den Eltern beherrscht. Die Geborenen übernahmen in der Regel unbewußt die Aufgabe, die Beziehung der Eltern durch ihre Existenz aufrechtzuerhalten.

Eventuell führten diese Konflikte zu einem vorzeitigen Zerbrechen der elterlichen Ehe. Die Kinder blieben nach der Scheidung meist bei der Mutter. In seltenen Einzelfällen starb einer oder sogar beide Elternteile in allerfrühester Jugend der Geborenen. Der schockartige Verlust der emotionalen Geborgenheit konnte damals kaum bewältigt werden und hatte bei einigen eine Flucht in die Empfindungslosigkeit, gekoppelt mit verstärktem äußeren Sicherheitsstreben, zur Folge.

Manchmal versuchte die Mutter, einen Lebenssinn in ihren Kindern zu finden. Sie war eine ängstliche und überfürsorgliche Frau. Die sensiblen Geborenen spürten ihre unterschwelligen Forderungen deutlich, ohne diesem Druck aber seelisch gewachsen zu sein. Manche erlebten diese Situation der erzwungenen seelischen Nähe auch als Bedrohung, gegen die sie sich kaum zur Wehr setzen konnten. Auf der Wunschliste der Mutter stand häufig das Erreichen adäquater beruflicher Positionen der Kinder obenan. Gegebenenfalls versuchte sie, ihre Vorstellungen ohne Rücksicht auf die Interessen und Begabungen der Geborenen durchzusetzen.

Der Vater dagegen war häufig ein sensibler, im Familienleben sich im Hintergrund haltender Mann. Er wurde daher in der Kindheit für diese Menschen nur selten wirklich greifbar. Falls sich aber dennoch ein Kontakt mit ihm entwickelte, so zeigte er sich meist verständnisvoll und offen.

Die verdeckten Spannungen zwischen den Eltern, die jederzeit aufbrechen konnten, machten die Familie zu einem unsicheren Terrain. Zeitweilige Versöhnung und Harmonie folgten unvermittelt auf Streit und Konfrontation. Jederzeit stand das Auseinanderbrechen der Ehe und damit der Verlust emotionaler Geborgenheit bedrohlich im Raum. Dies führte bei manchen zur Unterdrückung eigener Identität zugunsten einer Vermittlerrolle zwischen den Eltern. Unbewußt befürchteten viele, durch das Ausleben ihrer Bedürfnisse den Verlust der eigenen Sicherheit zu verursachen. Bei manchen entstand das Bedürfnis, sich von diesem schwankenden Boden seelisch unabhängig zu machen, um sich den emotionalen Wechselbädern zu entziehen. Andere mußten fürchten, als Unbeteiligte zwischen verhärteten Fronten zerrieben zu werden. Unter diesen Umständen waren viele Geborene gezwungen, früh für sich selbst zu sorgen, da die Eltern zu sehr mit sich und ihren Auseinandersetzungen beschäftigt waren, um sich um sie zu kümmern.

Einige flüchten in das Erfüllen elterlicher Aufträge. Meist steht dabei der Erhalt der elterlichen Beziehung oder das Erreichen einer gesicherten Position im Vordergrund. Damit verharren die Geborenen in einer Kindrolle in symbiotischer Abhängigkeit von den Eltern. Man kann gelegentlich sogar von einem Zwang zur Aufrechterhaltung des vermeintlich sicherheitsspendenden Status quo sprechen. Je mehr Zeit und Energie aber die Absicherung auf materieller oder gesellschaftlicher Ebene in Anspruch nimmt, um so größer wird gleichzeitig die eigene Unsicherheit, weil man den Kontakt zu sich verliert. Manche entwickeln einen kompensatorischen Ehrgeiz und werden zu regelrechten Arbeitstieren, ohne damit aber die tieferliegende Unruhe und Bedrohung beenden zu können. Hier liegt der Aufbau einer Scheinidentität nahe. Sie ermöglicht die reibungslose Erfüllung gestellter Aufgaben unabhängig von inneren Bedürfnissen. In seltenen Einzelfällen kann es sogar zu Symptomen von Persönlichkeitsspaltung kommen.

Andere versuchen, sich von den Eltern und deren Konflikten unabhängig zu machen, indem sie zu deren Werten in Opposition gehen. Widerspruch äußert sich allerdings mehr theoretisch und verbal, selten kommt es tatsächlich zu einem Bruch mit der Familie. Auch dieses Verhalten verhindert auf die Dauer eine Abnabelung. Echte Reife beweist sich gerade in der bewußten Konfrontation mit unterschwelligen Ängsten und den damit verbundenen Schmerzen statt in ihrer

Verdrängung. So muß der Skorpionaszendent auch hier zunächst tief in die eigene Abgründe geschaut haben, bevor er Zugang zu sich selbst findet. Manche aber, die hierzu nicht den Mut aufbringen, bleiben in ihrer infantilen Verweigerungshaltung stecken. In diesen Fällen ergibt sich eine erhöhte Anfälligkeit für Alkohol- und Drogenkonsum.

Werden solche Schritte trotz aller Ängste dennoch vollzogen, so öffnet sich diesem vielseitigen Typ eine andere Welt. Einige haben große *künstlerische Begabungen*, insbesondere auf dem Gebiet der Malerei, der Musik und der Lyrik, andere entdecken aber auch den *Wunsch, sich sozial zu engagieren*.

In der Tat sind die meisten im innersten Kern ihres Wesens ausgesprochen *menschlich* und *human*. Wer tief in die eigenen Abgründe geschaut hat, kann die Fehler anderer mit größerer Toleranz und Verständnisbereitschaft aufnehmen. So sind auch ihre Erfahrungen keineswegs ohne Belang für andere. Manchen gelingt es, allgemein menschliche Probleme zu thematisieren, indem sie eigene Erlebnisse und Beobachtungen ausdrücken. Im besten Falle können sie daher auch für Schwierigkeiten anderer vernünftige Lösungen aufzeigen und die Mitmenschen dabei unterstützen, ihr Potential voll auszuschöpfen.

Der Wurzellose

Kennzeichnend für die Situation im Elternhaus dieses Typs war der Mangel an Halt und konkreter Lebensorientierung. Insbesondere die Mutter war häufig nicht in der Lage, ihren Kindern Grenzen so setzen. Oft verhätschelten eine oder gar mehrere weibliche Personen die Geborenen. Manchmal herrschte eine stark vergeistigte und liebevolle Atmosphäre zu Hause, die besonders von den weiblichen Angehörigen verkörpert wurde. Möglicherweise war die Mutter auch introvertiert oder höheren Wahrheiten zugewandt, während ihr strafende Erziehungsmaßnahmen fernlagen. In einigen Fällen war sie eine liebevolle und tief religiöse Frau. Bei ihr erlebten die Kinder eine Atmosphäre der Geborgenheit und der Zuwendung. Sie brachte die Geborenen schon früh mit höheren Wahrheiten in Kontakt. In ihrer Kindheit erlebten manche Skorpionaszendenten daher eine tiefe Geborgenheit bei Gott und der Mutter.

Andere wuchsen in einem von Frauen dominierten Hausstand auf. Eventuell war die Mutter weich und sensibel und ließ sich in der Erziehung zu großer Nachgiebigkeit verleiten. Manchem wurde jeder Wunsch von den Augen abgelesen. Diese Verzärtelung führt unter Umständen dazu, daß eine Ablösung später nur unter Schwierigkeiten erreicht wird. Passivität und das Ablehnen der Übernahme jeglicher Verantwortung können die Folge sein.

Neigten die Eltern zu liberalen Erziehungsmethoden, um das Kind in seiner Entwicklung nicht einzuengen, so entstand für die Geborenen das Empfinden, nicht ernst genommen zu werden. Manchmal tanzten sie ihren Eltern auf der Nase herum, ohne dabei auf nennenswerten Widerstand zu stoßen. Die Kinder konnten den Eindruck gewinnen, daß die Eltern ihren Anliegen mit Desinteresse begegneten. Um doch noch Zuwendung zu erzwingen, agierten einige Skorpionaszendenten zunehmend aggressiv und erwiesen sich als »Problemkinder«, denen deswegen von der Familie verstärkte Aufmerksamkeit entgegengebracht werden mußte. Weitere Regelverstöße führten zu noch mehr Strafe (negative Zuwendung) und bestätigten den Wert dieses Musters aufs neue.

In anderen Fällen waren die Geborenen schon früh der Einsamkeit und Verlorenheit ausgesetzt. Möglicherweise war die Mutter noch jung oder psychisch instabil. Vielleicht träumte sie in den Tag hinein, während der Nachwuchs sich selbst überlassen blieb. In extremen Fällen starb ein Elternteil bald nach der Geburt, was eine Auflösung der Familie zur Folge hatte. Die Kinder kamen zu den Großeltern oder zu anderen Verwandten. Nur durch seelische Betäubung war es möglich, die erwartete Rolle reibungslos zu übernehmen. So gelang es manchen, sich äußerlich auf neue Situationen einzustellen, indem sie eigene Bedürfnisse dem objektiven Zwang zur Anpassung opferten. Manchmal kann dieses Verhalten opportunistisch erscheinen. Darin zeigt sich aber auch Widerstandskraft und Flexibilität, die freilich oftmals auf Kosten der eigenen Selbstverwirklichung erreicht wird. Zwischen der Welt der Mutter und der des Vaters bestanden häufig große Unterschiede. Der Vater stand gemeinhin aktiv im Leben und war gewohnt, seine Interessen direkt durchzusetzen. Er war ein energetischer und kontaktfreudiger Mann. Wenn er die Zeit fand, beschäftigte er sich mit seinen Kindern, obwohl sein pädagogischen Bemühungen häufig die rechte Ausdauer vermissen ließen. Er neigte eher zum Fremdgehen als zu religiös motivierten Aktivitäten. Er verhielt sich zuweilen unbeherrscht oder jähzornig, gelegentlich kam es sogar zu handfesten Auseinandersetzungen der Geborenen mit ihm. Diese lagen insbesondere bei männlichen Skorpionaszendenten in Form von konkurrierendem Verhalten nahe. Bei den Töchtern war er als Mann dagegen unter anderen Aspekten interessant. Insgesamt ist der Einfluß des gegengeschlechtlichen Elternteils wohl der größere. Manche neigen dazu, den mütterlichen Erbteil, die Sensibilität, zu verdrängen und statt dessen die männlich-väterlichen Anteile überzubetonen. Sie versuchen so, ihre innere Haltlosigkeit zu überwinden und die eigene Stärke unter Beweis zu stellen. Hier ist es wichtig, zu lernen, auch die weiche, sensible und träumerische Seite zu integrieren. Dieser sich selbst häufig zu stark verausgabende Typ lernt oft nur langsam, daß er seine Energien erst dann sinnvoll ausschöpft, wenn er sie zur Verwirklichung seiner seelischen Bedürfnisse einsetzen kann. Das setzt allerdings deren Bewußtheit voraus. Diejenigen, die hierfür nicht die Voraussetzung schaffen können, laufen Gefahr, sich in tausend Aktivitäten zu verstricken, aber bei gleichzeitiger innerer Betäubung keine davon wirklich zu erleben. Bei manchen steigt mit der unausweichlich folgenden Frustration die Neigung, andere für die eigene Misere verantwortlich zu machen. Andere bleiben in einem Geist jugendlicher Opposition stecken und können ihren Mitmenschen nichts gönnen, was ihnen selbst versagt bleibt. Solche Mechanismen führen im Extrem zu sozialer Isolation und Außenseitertum. So erheben manche die Negativität zu ihrem Lebensprinzip, ohne jedoch damit eine neue Identität aufzubauen.

Andere schaffen dagegen den Absprung von der Mutter nur unter Schwierigkeiten, teils weil sie dafür keinen Grund sehen, teils weil die Angst ihre Unzufriedenheit relativiert. Sie verharren in einer trägen Passivität und träumen von Taten, die sie nie vollbringen werden.

Skorpionaszendenten dieses Typs müssen ihre unterschiedlichen Seiten versöhnen. Der sensible Träumer muß mit dem aktiven Tatmenschen Frieden schließen, wenn er Richtung und Sicherheit aus sich gewinnen will. Den Hochentwickelten wird dabei bewußt werden, daß sie sich mit ihren Taten erst dann wirklich identifizieren können, wenn diese nicht nur ihrem, sondern auch dem Nutzen anderer dienen.

Einige lernen, ihre eigenen Interessen und Bedürfnisse zu relativieren. Sie werden mit einer Erweiterung ihres Blickwinkels belohnt, da ihnen die eigenen Wünsche nicht mehr die Sicht verstellen. Das Überwinden der persönlichen Interessen ist gleichzeitig die Voraussetzung für einen vorbehaltlosen Einsatz der eigenen Kräfte im Dienste der Weiterentwicklung der Gesamtheit. Skorpionsaszendenten, die sich ihrer Verantwortung für den Fortschritt aller bewußt werden, entwickeln ein tiefes Gefühl unlöslicher Verbundenheit ihrer Existenz mit dem Leben, der Natur und dem Kosmos. Moralisch hochstehenden Naturen gelingt es — wie ein Wassertropfen nach Hause ins Meer —, zurückzukehren und hier ihre eigentliche Identität in der All-Einheit wiederzuentdecken.

Daraus folgert aber auch die Aufgabe, sich aktiv am lebendigen Prozeß zu beteiligen, die eigenen Kräfte voll einzubringen, anstatt lediglich in meditativer Versenkung zu verharren oder sich gerade umgekehrt in sinnlosen Aktivitäten aufzureiben. Wer sich erlaubt, seine Gefühle offen auszuleben, bleibt bei sich und der Situation und kann so den Augenblick genießen. Andererseits tritt er aus dem Schatten heraus und wird für seine Mitmenschen erst wirklich greifbar und konkret.

Skorpionaszendenten dieses Typs können in ihrem Beruf aufgrund ihrer *organisatorischen Fähigkeiten* große Erfolge erzielen. Häufig sind diese Menschen ausgesprochen *pragmatisch* mit einem Sinn für die notwendige Übersicht und Ordnung. Damit verbinden sie meist eine unerbittliche Energie zur Durchsetzung einer einmal erkannten Aufgabe. Weitentwickelte erreichen zudem ein tiefes Verständnis nicht nur für die Menschen, die ihnen persönlich am Herzen liegen, sondern generell für die Welt, in der sie leben. Viele haben eine philosophische Ader, die gelegentlich auch beruflich eingesetzt wird.

Einige wenige aber sind mit ihrem *Scharfblick* und ihrem liebevollen Verständnis in der Lage, an ihrem jeweiligen platz (Familie, Beruf, Freundschaft, Politik) bestehende Ungerechtigkeiten aufzuspüren und sich mit ganzer Energie für deren Beendigung einzusetzen. Auf diese Art verwirklichen sie gesellschaftlich notwendige Strukturanpassungen, können zu einem Symbol für soziales Engagement und Versöhnung werden.

Sowohl der *Zwiespältige* als auch der *Wurzellose* müssen also zunächst in die Tiefe der eigenen verdrängten Emotionalität hinabsteigen, um auch das dem Bewußtsein bisher Verborgene aufzudecken. Dieser Prozeß der inneren Transformation erlaubt, sich nach und nach für Aufgaben einzusetzen, die nicht mehr vom Eigeninteresse dominiert werden und in welchen die Früchte des Handelns dem Ganzen zugute kommen.

Dies ist insofern besonders wichtig, als man vermuten kann, daß manche Skorpionsaszendenten in einem ihrer früheren Leben Macht mißbraucht haben. Bei einigen weisen schwer erklärbare Schuldgefühle auf fast verschüttete Erinnerungen an diese Geschehnisse hin. In dieser Existenz wird vielen aufgrund ihrer Tatkraft und ihres Wissens von neuem Macht über andere in die Hand gegeben. Mit ihr diesmal verantwortlicher umzugehen und sich ihrer so würdig zu erweisen, ist eine besondere Aufgabe der Skorpionaszendenten.

Schlüsselbegriffe

Konzentration, Abbau, schweigsam, zurückhaltend, verschlossen, Schattenseite, starker Wille, Machtproblematik, konkret-begriffliches Denken, analytische Fähigkeit, Mißtrauen, leidenschaftliche Gefühle, Eifersucht, künstlerische Begabung, soziales Engagement, menschlich und human, organisatorische Fähigkeiten, pragmatisch, Scharfblick.

Beispiel: Simone de Beauvoir

Kurzbiographie Simone de Beauvoir:

9. 1. 1908 Geboren in Paris als Tochter des Juristen Georges und seiner Frau Françoise.

1925/26 Abitur mit anschließendem Studium der Philologie und der Mathematik.

1927—1929 Studium der Philosophie an der Sorbonne in Paris.

1929 Bekanntschaft mit Jean-Paul Sartre und Beginn der lebenslangen Beziehung zu ihm.

1931—1936 Lehrerin für Philosophie in Marseille und Rouen.

1941 Rückkehr Sartres aus der Kriegsgefangenschaft.

1936—1943 Lehrerin in Paris bis zu ihrer politisch motivierten Entlassung durch die Vichy-Regierung.

1943 Veröffentlichung ihres ersten Werkes: *Sie kam und blieb.*

Seit 1945 Leben als freie Schriftstellerin.

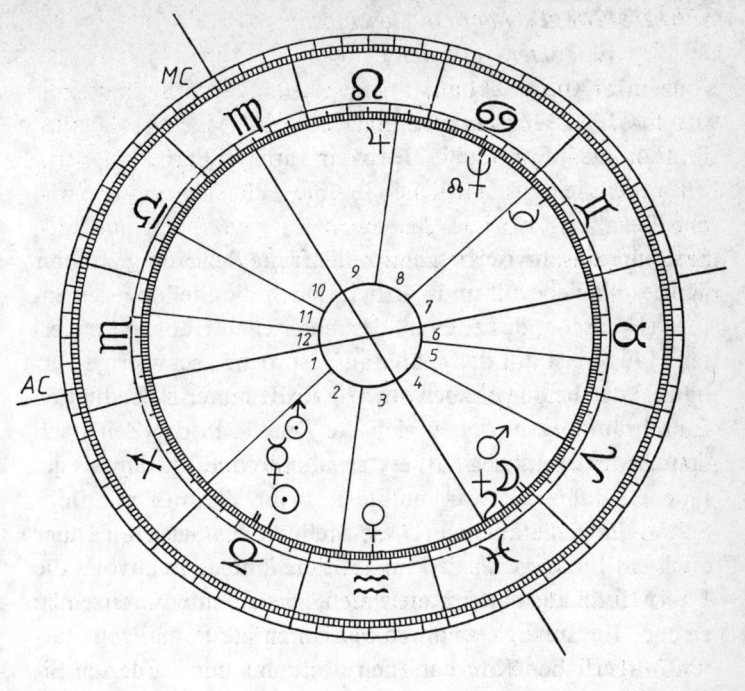

9. 01. 1908   04.00.00 LMT

Geburtsort: Paris
002° 20' 00" O   48° 52' 00" N

Häuser: Placidus

1 26° 02' ♏	**10** 16° 12' ♍	
2 27° 41' ♐	**11** 16° 08' ♎	
3 07° 25' ♒	**12** 08° 22' ♏	

☉ 17° 30' ♑
☽ 29° 41' ♓
☿ 14° 14' ♑
♀ 15° 53' ♒
♂ 28° 34' ♓
♃ 11° 14' ♌ R
♄ 22° 26' ♓
♅ 13° 06' ♑
♆ 13° 23' ♋
♇ 23° 21' ♊
☊ 14° 03' ♋

Abbildung 19: Horoskop Simone de Beauvoir

189

Simone de Beauvoir beschreibt die frühe Beziehung zu ihrer Mutter als liebevoll und zärtlich. Doch die Stellung des Saturn (Herrscher des zweiten, des materiellen Hauses) im vierten Haus weist auf das später ausgesprochen schwierige Verhältnis der beiden Frauen sowie auf die materiell bedingten Einschränkungen, denen sich die Familie in der Zeit nach dem Ersten Weltkrieg ausgesetzt sah. Simone, die damals gerade elf Jahre alt war, mußte nun ihr Zimmer mit ihrer Schwester Helene teilen. Diese Stellung des Saturn ist aber auch ein Indiz dafür, daß im Falle Simone de Beauvoirs die Eltern durchaus in der Lage waren, ihrer Tochter Grenzen zu ziehen. Ihr Inhalt war allerdings durch die damaligen starren bürgerlichen Konventionen bestimmt und forderten Simone schon früh zum Widerspruch heraus. Von bestimmendem Einfluß war für Simone de Beauvoir aber die grundsätzliche Verschiedenartigkeit ihrer Eltern:

»Simone und ihre um zwei Jahre jüngere Schwester Helene erhielten eine strenge katholische Erziehung. Ihre Mutter, eine Bankierstochter aus der Provinz, war im Kloster geformt worden und tief religiös. Der Vater, selbst Agnostiker, fand es ganz richtig, daß die Mädchen seiner Frau folgten. Früh schon lernte Simone trennen zwischen dem seelischen Bereich, in dem Gott und ihre Mutter zu Hause waren, und dem geistigen, den ihr wegen seiner Brillanz bewunderter Vater mit seinen weltlichen Interessen — Literatur und Politik

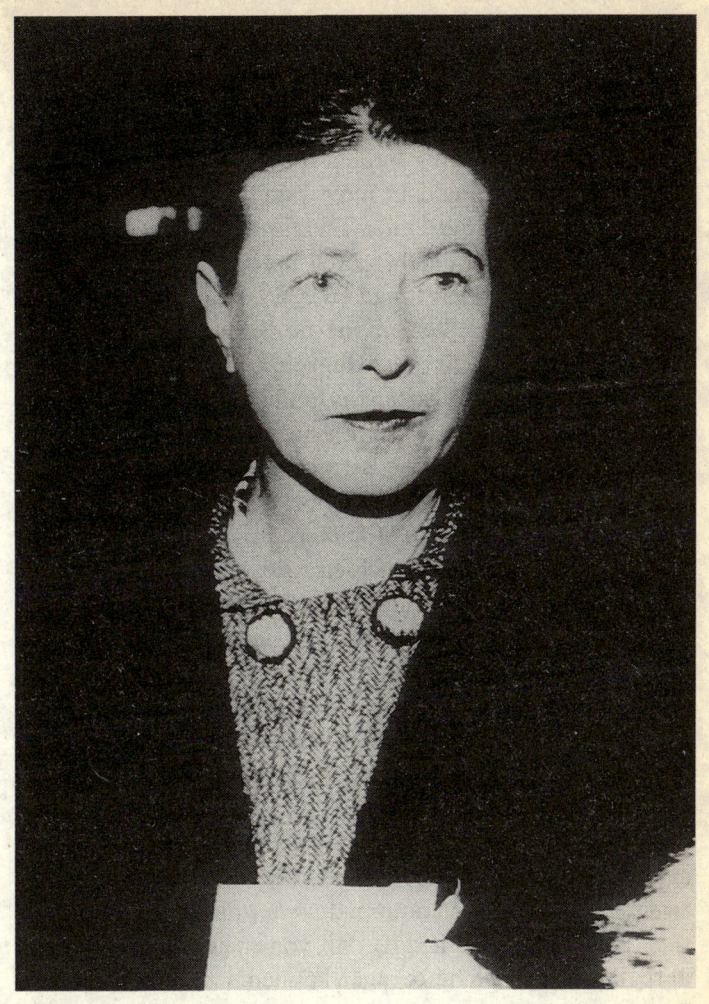

Abbildung 20: Simone de Beauvoir

— vertrat. Da sie als Kind zu beiden Sphären gehören wollte, beobachtete sie zwischen den unverbunden nebeneinanderstehenden Werten eines gläubigen und eines ungläubigen Elternteils einen Gegensatz, der niemanden zu stören schien, sie aber zur Auflehnung treiben mußte ... Die für ihre Gesellschaft ganz normale, in ihrer Familie und für sie jedoch besonders augenfällige Unterscheidung zwischen einer weiblichen und einer männlichen Welt beeinflußte aber auch ... [ihre] Haltung in allen Fragen der Frau entscheidend.«[43]

Schon früh entwickelte Simone de Beauvoir die für Skorpionaszendenten typische Fähigkeit eines guten Beobachters. Die Objekte ihres Schauens fand sie in der Natur, im Leben von Paris und vor allem in den Bewohnern dieser Stadt. Sie war fasziniert von der Betrachtung des Trubels um sie herum, weil er ihr Gelegenheit bot, die einzelnen Gesichter und Gestalten intensiv zu studieren. In den *Memoiren einer Tochter aus gutem Hause* schreibt sie:

»Ich lernte auch, daß man, um in das Geheimnis der Dinge einzudringen, sich ihnen zuvor hingeben muß ... Um ... ein Eckchen der Landschaft mir wirklich eigen zu machen, streifte ich Tag für Tag durch die Hohlwege hin und stand stundenlang unbeweglich am Fuße eines Baumes: dann rührte wirklich jede Schwingung der Luft, jede Nuance des Herbstes mich an.«[44]

Nach ihrem Studium lernte sie 1929 Jean-Paul Sartre kennen. Die ersten Jahre ihrer Beziehung waren für sie, obwohl er der lange ersehnte Traummann war, nicht gerade leicht:

»Ich gab mich so weit auf, daß von meiner Person nichts übrig blieb, was sich hätte sagen können: ich bin nichts. Den-

---

[43]   Christiane Z. Romero, *Simone de Beauvoir*, Reinbek 1978, S. 15.
[44]   Ebenda, S. 13.

192

noch meldete sich diese Stimme manchmal. Dann stellte ich fest, daß ich meine eigene Existenz aufgegeben hatte, daß ich als Parasit lebte.«[45]

Bindung, so scheint es, fördert erst recht Abhängigkeit und Selbstaufgabe. Pluto als Herrscher des Aszendenten im siebten Haus der persönlichen Beziehungen weist auf die Schwierigkeit hin, verlangt aber letztlich eine Bindung und keine oberflächlichen Affären. Ihr Verhältnis zu Sartre dauerte ein ganzes Leben, und dennoch blieb es immer ein Problem. In diesem Zusammenhang ist es wohl auch zu sehen, daß die beiden selbst im privaten Umgang miteinander während all dieser Zeit nie auf die förmliche Anrede »Sie« verzichteten. Dennoch verzeichnet sie das Zusammenleben mit Sartre als einen unbestreitbaren Erfolg in ihrem Leben:

»Das langjährige Beisammensein hat keineswegs das Interesse verringert, das wir an unseren Gesprächen haben... Unsere Gedanken sind aber so beharrlich kritisiert und begründet worden, daß sie heute unser gemeinsames Eigentum sind... Oft beendet der eine einen Satz, den der andere begonnen hat. Wenn man uns eine Frage stellt, geschieht es, daß wir beide die gleiche Antwort formulieren.«[46]

Sartre dagegen schätzte ihre Beobachtungsgabe:

»Ohne sie... machte ich nicht dieselben Erfahrungen, ohne mit ihr zu sprechen, wären sie ungenauer, unspezifischer. Eine Geste... ein Vorgang... eine Lebenssituation... sie bekommen ihre Präzision, ihre realistische Exaktheit... durch die Erfahrensintensität Simone de Beauvoirs.«[47]

Seit 1945 lebte Simone de Beauvoir als freie Schriftstellerin.

[45] Ebenda, S. 36.
[46] Ebenda, S. 40.
[47] Ebenda, S. 43.

Sie schrieb autobiographisch gefärbte Romane, Reisebeobachtungen und verarbeitete in ihren Schriften immer wieder ihre eigene Situation. Einen wesentlichen Aspekt bildete dabei die Beschäftigung mit sich und ihrer Rolle als Frau. In dem bereits 1949 erschienenen Buch *Das andere Geschlecht* analysiert sie kritisch männliche Herrschaftsstrukturen und die Sozialisation der Frau als Beherrschte. »Man kommt nicht als Frau zur Welt, man wird es«, besagt ein bekannter Ausspruch von ihr. Andererseits hebt sie besonders die negativ erlebten Seiten des Frauseins hervor. Beischlaf, Geburt und Mutterschaft werden »unter Berufung auf zahllose Beispiele und Aussagen als im großen und ganzen unerfreulich und demütigend dargestellt«[48]. Die Mond/Mars-Konjunktion, die neben Saturn Simone de Beauvoirs viertes Haus prägt, deutet auf ein ausgesprochen schwieriges Verhältnis zur Mutter und daraus folgend gegenüber dem Weiblichen überhaupt. Doch nicht nur in diesem Bereich lenkte Simone de Beauvoir ihren Blick häufig auf die Schattenseiten. Zusammen mit Sartre wurde sie über Frankreich hinaus bekannt für ihr soziales wie politisches Engagement für die Unterdrückten in aller Welt. So meinte der amerikanische Schriftsteller Nelson Algren, zu dem sie zeitweilig eine engere Beziehung unterhielt, über sie:
»Camus war ein Moment im Gewissen der Menschheit, aber Madame zog die Uhr auf. Er war gegen die Foltern, bis seine Landsleute sie praktizierten, dann verstummte er; sie warf Licht in die Zellen, wo die Armee bei Nacht das tat, was de Gaulle bei Tage leugnete. Camus beklagte die Unmenschlichkeit des Menschen am Menschen; sie nannte die Zellen, wo man Blut gelassen hatte.«[49]

[48] Ebenda, S. 124.
[49] Ebenda, S. 146.

Aszendent Schütze

Bekannte Schützeaszendenten

Aldrin, Edwin (Astronaut)
Andersen, Hans Christian (Schriftsteller)
Astaire, Fred (Tänzer, Schauspieler)
Bardot, Brigitte (Schauspielerin)
Becker, Boris (Tennisstar)
Brando, Marlon (Schauspieler)
Brecht, Bertolt (Schriftsteller, Regisseur)
Castro, Fidel (Politiker)
Dylan, Bob (Musiker)
Eugen von Savoyen (Feldherr)
Franz Ferdinand von Habsburg (1914 ermordeter
  Thronfolger)
Gershwin, George (Komponist)
Hedin, Sven (Asienforscher)
Hendrix, Jimi (Musiker)
Hesse, Hermann (Schriftsteller)
Hofmannsthal, Hugo von (Schriftsteller)
Issels, Josef (Krebsarzt)
Juhnke, Harald (Schauspieler)
Kramm, Heinrich G. »Heino« (Sänger)
Kästner, Erich (Schriftsteller)
Lambsdorff, Otto Graf (Politiker)
Lee, Bruce (Schauspieler)
Rau, Johannes (Politiker)
Reagan, Ronald (Politiker)

Scholl, Sophie (NS-Widerstand)
Mutter Teresa (Ordensschwester)
Wallraff, Günter (Schriftsteller)
William, Prinz von England (Thronfolger)
Zola, Emile (Schriftsteller)

Schützeaszendenten

Schützeaszendenten verkörpern das Prinzip persönlicher *Expansion*. Diese Anlage äußert sich als instinktiver Drang nach uneingeschränkter und freier Bewegung, der vor allem in die Ferne oder in die Zukunft zielt. Sind direkte Aktivitäten nicht möglich, so wird die Bewegung häufig in den Bereich der *Pläne*, Phantasien und Träume verlagert. Diese Menschen benötigen ständig Eindrücke, um selbst in Schwung zu kommen. Alles Außenliegende interessiert und regt durch eine Erweiterung des Blickfeldes zu neuen Plänen und Aktivitäten an.

Schützeaszendenten sind meist *gesellig* und offen für vielerlei neue Kontakte und Erlebnisse. Ihr *umgängliches* und *verständiges* Wesen öffnet ihnen alle Türen und verschafft ihnen Protektion, Unterstützung und Förderung. In Gesellschaft fühlen sie sich ausgesprochen wohl, wissen mit ihrem *Charme* zu faszinieren, sind mitreißende Erzähler und *interessierte* Zuhörer. Gelegentlich vermischen sich allerdings Wahrheit und Dichtung. Meist weiß man um seine Wirkung und achtet darauf, dem eigenen Nimbus gerecht zu werden. Die nahezu sprichwörtliche *Toleranz* ist bei diesen Menschen nicht nur als reine Tugend zu verstehen. Sie erfüllt vielmehr die Funktion, sich seine Möglichkeiten nicht unnötig einzuengen. Je unvoreingenommener man der Welt entgegentritt, desto mehr kann man aufnehmen. Mißtrauen und Vorurteile können sich die Geborenen bei diesem Anspruch also gar nicht leisten.

In aller Regel verfügen die Geborenen über eine *begeisterungsfähige* und *optimistische Natur.* Schnell fängt man Feuer und läßt sich von allem, was Bewegung und Aufwertung des Egos verspricht, anregen und eventuell auch mitreißen. In der momentanen *Euphorie* kennt man manchmal kaum noch Grenzen. So versuchen einige, ihre Freunde von den jeweils aktuellen Theorien zu überzeugen oder sie in die verrücktesten Aktivitäten mit einzubeziehen. Diese müssen sich zur Wehr setzen, wenn sie nicht von dem gutmeinenden »Hansdampf in allen Gassen« überrollt werden wollen. So kann sich der Schützeaszendent in seinem *Überschwang* an einem Abend mit mehreren Mädchen verloben, ohne auch nur im entferntesten auf den Gedanken zu kommen, etwas Unmoralisches zu tun.

Besonders bei männlichen Schützeaszendenten besteht die Gefahr, Wünsche, Stimmungen und Launen unkontrolliert und unmäßig auszuleben. In der Jugend schlagen sie des öfteren über die Stränge, man kann und will sich einfach nicht beherrschen. So enden Diskussionen möglicherweise, gerade wenn zusätzlich Alkohol im Spiel ist, in handgreiflichen Auseinandersetzungen. Wer auf die Dauer seine Bedürfnisse und Gewohnheiten den körperlichen Gegebenheiten nicht anpassen kann, der ruiniert selbst eine robuste Konstitution. So kann das Erlernen einer minimalen Mäßigkeit sicherlich keinem Schützeaszendenten schaden.

Viele Geborene haben ein stark ausgeprägtes *Gerechtigkeitsgefühl.* Dies verbindet sich gerade bei Höherentwickelten mit dem Bedürfnis, menschlichen Überzeugungen auch im eigenen Verhalten gerecht zu werden. Die Durchsetzung ihrer Anliegen wird daher nur in Ausnahmefällen auf Kosten anderer erzwungen. Die Kehrseite besteht allerdings darin, daß einige zu übertriebenen *ethisch-moralischen Ansprüchen* an sich neigen. Manche können sich ihre natürlichsten Instinkte und Bedürfnisse kaum mehr eingestehen und versuchen, alles auf einer theoretisch-abstrakten Ebene zu verarbeiten. So wird die Triebsphäre möglicherweise stark sublimiert und vergeistigt, was möglicherweise zum Ausdruck dieser Energie auf künstlerisch-produktiver Ebene führen kann. Im Negativfall werden diese Kräfte aber intellektuell abgedrängt. Mancher predigt anderen moralische Postulate, weil er ihnen nicht gönnt, was er sich nicht eingestehen kann. Wenige sind willens, sich Zwängen von außen zu unterwerfen und sich in irgendeiner Weise einschränken zu lassen. Sie rebellieren schnell und entziehen sich zielstrebig von außen gesetzten Grenzen. Ihre *Unabhängigkeit* und *Unbekümmertheit* gibt ihnen schon in jungen Jahren große Selbstsicherheit. Bei einigen kann dies zwar zu Selbstüberschätzung, Arroganz und Wichtigtuerei führen, meist aber geht das *Selbstbewußtsein* nicht über ein gesundes Maß hinaus. Man ist sich seines Wertes bewußt und kann darum den Mitmenschen unverkrampft offen und interessiert entgegentreten. Andere läßt man so, wie sie sind, erwartet von ihnen aber ebenfalls angemessenen Respekt.

Bei den meisten besteht eine besondere *geistige Aufgeschlossenheit*, die dennoch kaum zu herausragenden schulischen Leistungen führte. Dabei mangelte es ihnen nicht an intellektueller Aufnahmefähigkeit, Begabung und Phantasie. Lernen unter Zwang ist ihnen jedoch zuwider. Die Interessen sind oft zu vielschichtig, um eine Bündelung der Energien zu ermöglichen. Diese Menschen lernen am besten autodidaktisch und gehen gern eigene Wege. So streunt man als Kind lieber in Hinterhöfen und alten Lagerhallen umher, anstatt seine Hausaufgaben zu erledigen. Die breitgefächerten Interessen führen möglicherweise zu einem Mangel an Tiefgang. In der Schule kann dies im Verein mit Konzentrationsschwächen durchaus zu einigen Bildungslücken führen. Wie schnell man sich auch für einen Stoff begeistert, so plötzlich treten wieder neue Themen in den Vordergrund und verhindern ein tieferes Eindringen. Mancher versucht daher später, Unvollkommenes provisorisch zu überbrücken und zu vertuschen, was meist auch glaubwürdig gelingt.

Bezeichnend für Schützeaszendenten ist die Tendenz, sich ihrem *Enthusiasmus* unkritisch zu überlassen. Leicht fehlt ihnen die notwendige Distanz zu sich, ihrem Vorhaben oder dem jeweiligen Gegenüber. Ihre ausgeprägte *Gutgläubigkeit* läßt nur allzuoft zweifelnde Bedenken zurücktreten, was wesentlich dazu beiträgt, daß manche hochfliegenden Pläne als schlichte Bruchlandungen enden. Der Schützeaszendent leidet dann stark unter seinem Mißerfolg und erscheint völlig deprimiert. Doch glücklicherweise ist das kein Dauerzustand. Im allgemeinen kommt er schnell wieder auf die Beine und bemüht sich, aus einmal gemachten Fehlern zu lernen. Diese Menschen könnten sich vieles einfacher machen, wenn sie ihre Fähigkeit zu kritischer Selbstreflexion stärker entwickelten.

Der wesentliche Ansatz des Schützeaszendenten, seine Umwelt zu erfassen und mit ihr in Kontakt zu kommen, ist der Verstand. Meist besteht ein großes *Informations-* und *Kommunikationsbedürfnis*. Im Gespräch sucht mancher die kritische Analyse eigener und fremder Ansichten und wünscht, einzelne Begebenheiten in einen größeren Zusammenhang zu stellen. Die Bereitschaft, immer wieder neu dazuzulernen, wirkt besonders sympathisch. Vielfach besteht eine

Neigung zum *Philosophieren* und *Theoretisieren,* wobei es aber um die Suche nach einem übergeordneten Sinnzusammenhang, nicht nur bloße Wissensanhäufung geht. Dabei zeigt sich die Tendenz, im zwischenmenschlichen Bereich Gefühle durch Sachlichkeit und Abstraktion besser zu verarbeiten.

Aus dieser Haltung ergibt sich die Position dessen, der nur locker mit dem jeweiligen Umfeld in Kontakt steht. Der *Weltenbummler,* der ruhelos umherschweift, bleibt leicht in der Rolle des Fremden und Außenstehenden. Das, was er auf diese Art über andere Kulturen erfährt, bleibt unbegriffen, solange es nicht mit Leben gefüllt wird. Dies könnte bedeuten, Energie zu investieren, um die dazugehörige Sprache zu erlernen — und vielleicht eine gewisse Zeit selbst im Lande zu verbringen. Nun sind aber Seßhaftigkeit und bürgerliche Sicherheit (und sei es nur auf Zeit) den meisten ein Greuel. Sie bleiben daher bei aller Lebhaftigkeit oft seltsam distanziert gegenüber dem Geschehen. Bei allem Pathos besteht die Gefahr, letztlich *unverbindlich* und unverbunden zu bleiben. Manchem wird die Umwelt gleichsam zum Schauspiel, welches nur noch durch ständige Abwechslung zu faszinieren vermag. Andere leiden unter dem Gefühl, vor einer unbelebten Kulisse zu agieren, und sehnen sich nach wirklichem Leben und echtem zwischenmenschlichen Kontakt.

So sind die vielfältigen Kontakte das ständig benötigte Lebenselixier der Schützeaszendenten. Vieles aber entgeht ihnen, wenn sie ausschließlich von einem Reiz zum nächsten hetzen, anstatt hin und wieder einmal zu verweilen und zu genießen. Ein Hindernis für Schützeaszendenten auf dem Weg zu intensiveren Begegnungen ist sicherlich die Angst, ohne ihr »Unterwegssein« angekettet zu werden und den dringend benötigten Spielraum zu verlieren.

Viele bevorzugen nüchterne Partner, die sich in Gefühlsangelegenheiten nicht hineinsteigern können und daher auch wenig emotionale Erwartungen haben. Im Kontakt miteinander spielt häufig auch die Zweckmäßigkeit eine nicht zu unterschätzende Rolle. Man heiratet, um Steuern zu sparen oder weil es sich zu zweit unterhaltsamer lebt. Das ist zwar praktisch und erleichtert den Umgang mit dem Mitmenschen, kann aber zu gefühlsmäßiger Selbstisolation führen. Das allerdings läßt bei vielen den Wunsch nach erneutem Szenenwechsel aufkommen. Partnerschaften und Ehen, die voller Optimismus eingegangen wurden, scheitern manchmal schon nach wenigen Monaten. In der Jugend ist das sicherlich noch amüsant, zumal viele ungenutzte Möglichkeiten vor einem liegen. Mit steigendem Alter wächst jedoch das Bedürfnis nach seelischen Gemeinsamkeiten und tieferen Bindungen.

In Partnerschaften zeigen sich bei Schützeaszendenten vor allem zwei Muster, die allerdings auch in einer Mischform auftreten können: Angst vor Selbstaufgabe (ca. 0 bis 19 Grad Schütze) und Beständigkeit als Bedrohung (ca. 20 bis 29 Grad Schütze).

Angst vor Selbstaufgabe

Dieser Typ wünscht sich — wenn auch uneingestanden — enge seelische Bindungen. Er ist zu intensiver Emotion fähig, sensibel und verletzlich. Gerade diese Geborenen tendieren dazu, sich durch intellektuelle Distanz und eine gewisse Oberflächlichkeit im Umgang mit anderen Menschen zu schützen. Aufkeimendes Mißtrauen verbirgt man unter dem Mäntelchen der interessierten Aufgeschlossenheit, während derweil jede gefühlsmäßige Beteiligung abgeblockt wird. Emotionale Öffnung ruft die Angst, sich zu verpflichten und gefühlsmäßig auszuliefern, auf den Plan.

Berührt z. B. das Gespräch mit Freunden eine persönliche Ebene, so zieht man sich schnell wieder auf sicheres abstraktes Terrain zurück, anstatt Probleme oder Gefühle zuzugestehen. Manche befürchten immer noch, abgelehnt zu werden, wenn sie einmal eine Schwäche oder Verletzlichkeit eingestehen. In Partnerschaften läßt sich solch eine Fassade allerdings nur noch unter Schwierigkeiten aufrechterhalten. Das liegt daran, daß mit steigender räumlicher wie seelischer Nähe die Gefahr, durchschaut zu werden, steigt. Während man die Maske der Stärke krampfhaft festhält, fühlt man sich zunehmend ungeliebt und unverstanden, da man glaubt, die Zuwendung des Partners gälte vor allem dem zur Schau gestellten Persönlichkeitsideal. Es besteht eine gewisse Gefahr, sich nach und nach in eine Isolation hineinzumanövrieren. Manche verschließen sich immer mehr, werden im Alter enttäuscht und verbittert.

Gefühlsmäßige Bindung ist diesem Typ also erst möglich, wenn er sich ein Recht auf Eigenart zugesteht und diese gegenüber dem Partner auch behauptet. Wer sich nicht mehr verleugnen muß, kann Nähe weniger beengend erleben.

In engerem Kontakt wird der Erlebnishunger der Schütze-aszendenten motional befruchtet. Genau an diesem Punkt kann seelische Öffnung zu vertiefter Teilnahme- und Erlebnisfähigkeit führen. Das entstehende »Wir-Gefühl« zieht bei Entwickelten das Bedürfnis nach sich, ihren theoretischen Toleranzanspruch zur Grundlage des Handelns zu machen. Dies ist natürlich nur mit ausgewählten Freunden, nicht dagegen mit der Masse unverbindlicher Bekannter wünschenswert. Doch das Erlebnis seelischer Verbundenheit mit einem

Partner ist die eigentliche Basis für die Entfaltung der eigenen Person. Wer nämlich ein seelisches Zuhause gefunden hat, der kann immer wieder zu neuen Reisen aufbrechen, ohne seine Heimat zu verlieren.

Beständigkeit als Bedrohung

Auch hier steht das Bedürfnis nach Sicherheit und Beständigkeit im Gegensatz zu der Angst, durch emotionale Beteiligung verletzbar und abhängig zu werden. Bei diesem Typ besteht aber — im Unterschied zum vorhergehenden — eine Tendenz, Unabhängigkeit und Selbstsicherheit durch fliegende Partnerwechsel unter Beweis zu stellen. Manche pflegen gleich mehrere amouröse Bindungen gleichzeitig, wodurch die Gefahr der Abhängigkeit minimiert wird. Man läßt sich ein Stück weit auf einen Partner ein, um genau dann wieder auszubrechen, wenn sich Vertrauen und emotionale Nähe entwickeln.

Als Ursache für dieses Verhalten kommen vor allem plötzliche Veränderungen im sozialen Umfeld (Umzüge!), aber auch ein Wechsel der engsten Bezugspersonen während der Kindheit in Betracht. Diese Erfahrungen führten zu dem Wunsch, solchen plötzlichen Enttäuschungen durch Flucht in die Unberührbarkeit zu entgehen. Emotionale Nähe läßt bei diesen Menschen sofort alle Alarmglocken läuten und beschwört alte Ängste herauf. Auch bei diesem Typ besteht die Aufgabe darin, sich solche Ängste zunächst bewußtzumachen, um dann vielleicht in kleinen Schritten auszuprobieren, wie weit man sich tatsächlich auf den Partner verlassen kann.

Wer seine Ängste in der Realität überprüft, kann herausfinden, wann sie wirklich angebracht sind. Die Geborenen verhalten sich — im Gegensatz zu dem oben behandelten intellektuelleren Typ — gefühlsmäßig aufgeschlossener gegenüber ihrer Umwelt. Viele wollen ihre Gefühle bei Gesprächen mit Freunden oder Bekannten nicht aussparen und kommen gemeinsam leichter in Kontakt mit sich selbst. Will man Enttäuschungen vermeiden, muß man allerdings ein Gespür dafür entwickeln, wann und wem gegenüber Vertrauen angebracht ist.

Höherentwickelte verspüren das Bedürfnis, über die gewohnte verbale Kommunikation hinaus mit einigen sorgfältig ausgewählten Menschen (z. B. dem Partner) gemeinsame Interessen auch gemeinsam in die Tat umzusetzen. Für diese Menschen werden Kontakte zur Umwelt oft erst dadurch greifbar, daß sie sich in konkreten Unternehmungen niederschlagen. Sie sind letztlich keine Theoretiker, sondern Tatmenschen, die am liebsten mit anderen zusammenarbeiten. Die Geborenen opfern gelegentlich selbst fundamentale eigene Interessen für ein als sinnvoll eingeschätztes Ganzes. Sie können treue Freunde sein, auf die auch in der Not Verlaß ist. Lebendige Gemeinschaft gibt ihnen aber auch ein Sicherheitsgefühl, welches innere Ruhe und Ausgeglichenheit fördern und die häufig selbstzerstörerische Unrast vermindern kann.

Familienhintergrund

Die Mutter war in der Regel eine lebenslustige, aktive und möglicherweise relativ junge Frau. Selten vermittelte sie den Geborenen emotionale Sicherheit und Geborgenheit. Hierfür konnten verschiedene Gründe ausschlaggebend sein.

Zur Zeit der Schwangerschaft oder frühen Kindheit befand sich die Mutter in einer stark ichbezogenen Phase. Möglicherweise stand dabei der nicht eingestandene Wunsch nach Ausbruch aus der Rolle der Mutter oder Ehegattin im Vordergrund. Meist unterdrückte sie diese Bedürfnisse und entzog sich seelisch weitgehend dem Geschehen. Auf diese Art sorgte sie dafür, daß der Schein eines harmonischen Familienlebens aufrechterhalten werden konnte. In der Regel versuchte sie, ihren objektiven Aufgaben nachzukommen, ohne sich allerdings wirklich mit ihnen zu identifizieren. Alle über die reine Versorgung mit Kleidern und Nahrung hinausgehenden Ansprüche wurden nach Möglichkeit abgewehrt. So entstand bei einigen Geborenen der Eindruck, die Mutter empfinde die Beschäftigung mit ihnen als lästige Pflicht. Manchmal vermittelte sie sogar explizit die Botschaft: Schau, wie du selbst zurechtkommst!

In anderen Fällen war die Mutter psychisch nicht besonders stabil. Dies äußerte sich eventuell in Symptomen wie nervöser Reizbarkeit und schneller Überforderung. Verschärfend wirkte besonders die Situation in kinderreichen Familien, wenn ihre geringe Belastbarkeit mit zahlreichen Verpflichtungen zusammentraf. Möglicherweise war die Mutter sogar gezwungen, das Kind zumindest zeitweise allein aufzuziehen. In weniger schwierigen Fällen war die Zuwendung für die Mutter vor allem narzißtischer Selbstzweck. Sie bespiegelte sich selbst in ihrer vorbildlichen Liebe und schuf sich so ein erfüllteres Dasein.

Die Geborenen waren oft auf sich selbst zurückgeworfen und wurden in der Folge recht früh selbständig. Meist wurde ihnen von der Mutter die Notwendigkeit des täglichen Überlebenskampfes direkt oder indirekt vermittelt. Dies konnte z. B. durch Nichteingreifen in geschwisterliche Rivalitäten geschehen. So mußte man sich behaupten und selbst dafür sorgen, daß man nicht zu kurz kam. In der Jugend galten Schützeaszendenten vielfach als Raufbolde, da sie sich oft unruhig und aggressiv verhielten. In geschwisterlichen Konkurrenzsituationen wurden Gefühle als Schwäche und Mangel an Durchsetzungfähigkeit erlebt. Sie galten damit als Hindernis beim Erreichen persönlicher Wünsche. Gleichzeitig blieb aber das Werben um die mütterliche Liebe ein so wichtiges Motiv, daß manche versuchten, sich ihr gegenüber besonders artig zu verhalten.

Der Vater war dagegen ein eher stetiger und besonnener Mann. Er stellte normalerweise einen Ruhepol innerhalb der Familie dar und kümmerte sich konstant und verantwortungsbewußt um die Geborenen. Dabei vermittelte er in stärkerem Maße als die Mutter ein Gefühl von Geborgenheit und Zärtlichkeit. Oftmals war es ein sinnlicher Mensch, der die materiellen Vorzüge des Lebens zu genießen wußte. Gelegentlich äußerte sich dies in einer unkontrollierten Sammelleidenschaft, die den ganzen Haushalt nach und nach im Krimskram hätte ersticken lassen, wenn die Mutter nicht ab und zu radikal ausgemistet hätte. In seltenen Fällen entwickelte der Vater auch eigenbrötlerische und spleenige Züge, die ihn außerhalb seines Milieus stellen konnten.

Bei den Geborenen ergibt sich die Tendenz, den Vater zu einem allwissenden Leitbild hochzustilisieren. Dies kann später, vor allem bei weiblichen Schützeaszendenten, zu Problemen führen. Entweder vergleicht man alle in Frage kommenden Männer unbewußt mit ihm, oder man bekommt ein schlechtes Gewissen, wenn man sich verliebt hat. Manche verhindern jede engere Partnerschaft, weil sie sich noch nicht vollständig vom Vater gelöst haben. So ist die Befreiung vom Vaterbild für diese Frauen eine der Grundvoraussetzungen für das Eingehen befriedigender Partnerschaften.

Die Zurückweisung durch die Mutter führte bei einigen Geborenen zu einem Kränkungserlebnis erster Ordnung. Dies hatte meist eine Aktivierung des Selbsterhaltungstriebes, der gefühlsmäßigen Egozentrierung sowie eine vermehrte Widerstands- und Konkurrenzhaltung gegenüber der Umwelt zur Folge. Diese Selbstbezogenheit steht gleichzeitig aber in scharfem Kontrast zu dem Lob-und-Anerkennungs-Streben der Geborenen.

Die Angst vor Ablehnung führt bei einigen zu einem verstärkten Verlangen nach Beachtung und Zuwendung. Bewunderung hebt ebenso schnell die Laune, wie umgekehrt schon leiseste Kritik Anlaß zu schweren Depressionen geben kann. Diese Menschen suchen Erfolge durch Beachtung gesellschaftlicher Spielregeln zu erreichen. Man versucht, fremden Erwartungen gerecht zu werden und den besten Eindruck zu hinterlassen, solange man sich etwas davon verspricht. Aggressionen können selten adäquat eingebracht werden. Eventuell schafft man sich mit bewegungsintensiven Sportarten einen gewissen Ausgleich, in anderen Fällen führt der heruntergeschluckte Ärger auf die Dauer zu Magenproblemen. Während die innere Unruhe langsam steigt, wahrt man dennoch die Fassade perfekter Höflichkeit. Je weniger man Konflikte offen austrägt, desto schneller werden Situationen als belastend erlebt, was wiederum die Bereitschaft steigert, unvermittelt auszubrechen.

Andere befürchten, durch ihre Emotionalität dem harten Kampf ums Überleben nicht gewachsen zu sein. Man zeigt Stärke auch gegen innere Bedürfnisse. Gerade Männer neigen dazu, eigene Probleme oder Schwierigkeiten nach Möglichkeit zu verbergen. Sie haben Angst, Zweifel an ihrer

Durchsetzungsfähigkeit aufkommen zu lassen, und versuchen, diese gegebenenfalls mit rüdem und egozentrischem Verhalten unter Beweis zu stellen. Häufig stürzt man sich vermehrt in äußere Aktivitäten, wenn störende Empfindungen betäubt werden sollen. Aus der Position der Stärke glaubt mancher, der Umwelt (der Mutter) endlich die erstrebte Anerkennung abtrotzen zu können. Dies hat allerdings oft die genau gegenteilige Wirkung. Man wird zum unbequemen Außenseiter, der sich vor allem durch minimale Anpassungsbereitschaft auszeichnet.

Diese Menschen sind sich offensichtlich nicht darüber im klaren, daß alle aus ihrem Geltungsstreben resultierenden Handlungen letztlich nur dazu dienen, für vergangene Ablehnung entschädigt zu werden. Häufig stellt sich dann aber heraus, daß man erreichte Erfolge nur schlecht genießen kann. Man mißtraut dem lange ersehnten Lob, kann aus der Perspektive der Rivalität heraus keine Anerkennung annehmen oder bemüht sich bereits um den nächsten potentiellen Gönner.

Deshalb beginnen manche, den Blick nach innen zu lenken und weniger äußere Selbstbestätigung als seelische Aussöhnung mit sich selbst zu suchen. Ein weiterer wichtiger Schritt kann darin bestehen, sich weniger an der Zukunft (und den dort zu verdienenden Lorbeeren) als vielmehr am Hier und Jetzt zu orientieren. Dann kann es möglich werden, daß man sich die Zeit nimmt, so lange zu genießen, bis man es tatsächlich »satt« hat. Danach bleibt immer noch genug Zeit, einen der meist reichlich sprudelnden neuen Impulse umzusetzen. Wer den Sinn des Lebens mehr und mehr in der Verwirklichung und Vertiefung eigener Wünsche sucht, der kann auch befriedigt weiterziehen, da er all das erfahren hat, was er kennenlernen wollte. Was man tatsächlich erlebt hat, kann man auch leichter wieder loslassen, um Raum für ein neuerliches Einlassen zu schaffen. So verbinden sich Fortschritt und Beharrung harmonisch miteinander.

Auf diese Art gelingt es manchen Schützeaszendenten, durch Entwicklung ihrer *Genuß*- und *Konzentrationsfähigkeit* das Gefühl früherer Benachteiligung zu überwinden. Dies ermöglicht, aus dem zwanghaften Aktivismus und der Konkurrenzhaltung herauszukommen. Die zunehmende Befriedigung ureigenster Bedürfnisse bringt daher innere Beruhigung und ein versöhnlicheres Verhältnis zur Umwelt mit sich. Unter diesen Umständen fließen auch die bislang meist heillos zerstreuten eigenen Kräfte wieder zusammen. Sie können leichter umgesetzt werden und erlauben den Geborenen produktive und befriedigende Tätigkeiten. Häufig finden sich künstlerische Begabungen meist literarischer oder bildnerischer Natur. Auf diese Art wird es auch möglich, sich anders als formal in eine Gemeinschaft zu integrieren, da das Werk nun unverwechselbare Identität, Anerkennung und gegebenenfalls auch Macht auf gesellschaftlicher Ebene mit sich bringt. Wer nicht der Verlockung erliegt, seine Erfolge ausschließlich für persönliche Interessen einzusetzen, sondern bereit ist, sie mit anderen zu teilen, der überwindet gleichzeitig seine problematische Vereinzelung. So kann die Bejahung und Realisierung eigener Bedürfnisse bei Hochentwickelten die Bereitschaft fördern, sich auf gesellschaftlicher Ebene dafür einzusetzen, daß Friede und Versöhnung das rücksichtslose Machtstreben der Individuen ablöst.

Beruflich besteht eine Neigung zu Tätigkeiten, die man an vielerlei Orten ausüben kann. Häufig sind unter diesem Zeichen Schriftsteller, Dolmetscher, Politiker und Erfinder anzutreffen. Eine Laufbahn im diplomatischen Dienst kann unter Umständen die Möglichkeit bieten, eine Begegnung mit den verschiedensten Kulturen und ein konkretes Engagement für Völkerverständigung zu verbinden.

Schlüsselbegriffe

Expansion, Pläne, gesellig, umgänglich und verständig, Charme, interessiert, Toleranz, begeisterungsfähige und optimistische Natur, Euphorie, Überschwang, Gerechtigkeitsgefühl, ethisch-moralische Ansprüche, Unabhängigkeit und Unbekümmertheit, Selbstbewußtsein, geistige Aufgeschlossenheit, Enthusiasmus, Gutgläubigkeit, Informations- und Kommunikationsbedürfnis, Philosophieren und Theoretisieren, Weltenbummler, unverbindlich, Genuß- und Konzentrationsfähigkeit.

Beispiel: Hans Christian Andersen

Kurzbiographie Hans Christian Andersen:

2. 4. 1805   In Odense in Dänemark als Proletarierkind geboren.

1816   Tod des Vaters.

1819   Der Vierzehnjährige bricht allein nach Kopenhagen auf, wo er schließlich einen Gönner (Jonas Collin) findet, der ihm von 1822 bis 1827 eine Ausbildung an der Lateinschule in Sagelse und Helsingör ermöglicht.

Seit 1822   Erste Schriften.

1828   Bestehen der Abiturprüfung in Kopenhagen.

1833   Tod der Mutter.

Seit 1835   Seine Märchensammlungen erscheinen. Die erste und die zweite Folge der *Märchen für Kinder erzählt* enthalten u. a. *Die Prinzessin auf der Erbse, Der kleine Klaus und der große*

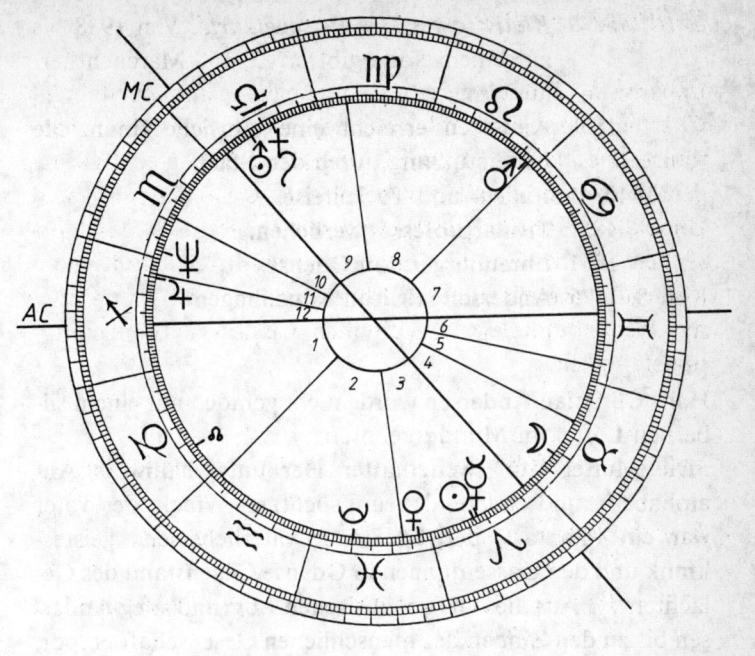

2. 4. 1805   01.00.00 LMT

Geburtsort: Odense
010° 22' 00" O   55°23' 00" N

Häuser: Placidus

1 18° 08' ♐	**10** 26° 51' ♎
2 01° 41' ♒	**11** 18° 25' ♏
3 22° 59' ♓	**12** 04° 19' ♐

☉ 11° 50' ♈
☽ 09° 19' ♉
☿ 13° 12' ♈
♀ 27° 14' ♓
♂ 02° 26' ♌
♃ 06° 10' ♐ R
♄ 12° 54' ♎ R
♅ 19° 14' ♎ R
♆ 27° 52' ♏ R
♇ 09° 55' ♓
☊ 21° 44' ♉

Abbildung 21: Horoskop Hans Christian Andersen

211

Klaus sowie *Der Reisegefährte.* Von 1938 bis zu seinem Tode gibt er ca. 150 Märchen heraus.

1838 Andersen erreicht eine jährliche finanzielle Unterstützung durch den Staat.

1840/41 Italien- und Türkeireise.

1851 Titularprofessur verliehen.

1867 Ehrenbürger von Odense.

4. 8. 1875 Andersen stirbt in Kopenhagen.

Hans Christian Andersen wurde nicht gerade »mit einem silbernen Löffel im Mund« geboren:

»Die Mutter war zweifelhafter Herkunft, halbwegs Analphabetin und endete als trunksüchtiges Wrack; der Vater war ein Phantast, der Großvater väterlicherseits geisteskrank und den Gassenjungen in Odense Gegenstand des Gelächters ... Aus diesem proletarischen Abgrund stieg Andersen bis zu den Zinnen der menschlichen Gesellschaft empor, wurde ständiger Gast auf dänischen Gütern ... genoß die Gunst des Königshauses.«[50]

Andersen besaß wie die meisten Schützeaszendenten die Fähigkeit, sich Gönner und Wohltäter geneigt zu machen. Die Stellung des Jupiter im zwölften Haus erklärt, wieso Andersen dabei aber gerade mit der unbekümmerten Demonstration seiner hilf- und trostlosen Lage immer wieder die größten Erfolge haben sollte. So beschloß er, 1819 völlig mittellos den ihm persönlich unbekannten Direktor des Musikkonservatoriums von Kopenhagen, Siboni, aufzusuchen.

»Er gab just eine große Gesellschaft, unser berühmter Kom-

[50]   Erling Nielsen, *Hans Christian Andersen*, Hamburg 1958, S. 16 f.

Abbildung 22: Hans Christian Andersen

ponist Weyse, der Dichter Baggesen und noch mehr waren da. Der Hausmagd, die mir öffnete, erzählte ich nicht nur mein Anliegen, daß ich als Sänger angestellt werden wollte, sondern auch meinen ganzen Lebenslauf; sie hörte mir mit großer Anteilnahme zu und muß es teilweise wiedererzählt haben, denn ich wartete lange, bis sie zurückkam, und als sie kam, folgte ihr die ganze Gesellschaft auf dem Fuße. Sie betrachteten mich allesamt, Siboni führte mich in die Stube, wo das Klavier stand; ich mußte singen, er hörte aufmerksam zu; ich deklamierte Szenen aus Holberg und ein paar Gedichte, in welchen das Gefühl von meiner eigenen unglücklichen Lage mich dermaßen überwältigte, daß ich in richtige Tränen ausbrach und die ganze Gesellschaft applaudierte.«[51]

Der Erfolg seines Auftritts war zunächst in der Tat groß. Man sammelte Geld für seinen Unterhalt, und Siboni wollte sogar seine Stimme ausbilden. Bald stellt sich jedoch heraus, daß hier nur kurzfristig Mittel für ihn bereitgestellt wurden. Der Biograph spricht bezeichnenderweise von einem »Schuß in den Nebel«![52] Doch schon bald fand sich ein neuer Gönner (Jupiter Trigon Sonne im dritten Haus), der ihm tatsächlich eine angemessene Ausbildung ermöglichte.

Nach dem Abitur produzierte Andersen in kurzer Zeit einige Werke, die ihm Anerkennung und damit auch ausreichende Geldmittel bringen. So kann er nun endlich einen seiner größten Wünsche realisieren: viel zu reisen. In späteren Jahren soll er seinen Koffer stets reisefertig gepackt in der Garderobe stehen gehabt haben.

»Reisen heißt leben! ... Das Reiseleben ist mir die beste

---

51 Ebenda, S. 44.
52 Ebenda, S. 44.

Schule der Bildung geworden ... Gleich einem stärkeren Bad für den Geist, gleich dem Medea-Trunk, der immer wieder verjüngt, ist für mich das Reisen ... Meine Erziehungsschule sind das Leben und die Welt, ich habe die Gabe, aufzufassen und darzustellen; aber ich muß meine Werkstatt haben, und das heißt, ich muß mich in der Welt herumtreiben.«[53]

Gerade seine Auslandsaufenthalte regen ihn immer wieder zu gesteigerter künstlerischer Produktivität an. In seinem Horoskop ist diese Reiseleidenschaft angezeigt durch die Konjunktion des Merkur (Herrscher des siebten und des neunten Hauses) und der Sonne im dritten Haus mit dem schon oben erwähnten Trigon zu Jupiter. Andersen selbst spricht von seiner Auffassungs- und Darstellungsgabe. Dem wäre vielleicht noch hinzuzufügen, daß dieses Auffassen bei ihm vor allem mit dem Kopf geschah. Diese auf den ersten Blick so harmonisch erscheinende Konjunktion weist gleichzeitig auf die ausgeprägte intellektuelle Distanz des Dichters zu seiner Umwelt hin. Aus astrologischer Sicht ist vor allem das Mond/Mars-Quadrat von Haus vier nach Haus acht der Grund für seine übergroße Verletzlichkeit, die er rational (Merkur/Sonne/Saturn-Opposition) in den Griff bekommen wollte. Selbst als er bereits allgemein anerkannt und geachtet war, konnte ihn schon leise Kritik in tiefste Verzweiflung versetzen, während er andererseits immer auf Lob angewiesen blieb, um seinen unbändigen Geltungstrieb zu befriedigen. Diese Ruhmsucht war sicherlich die Spätfolge der seelisch nie verwundenen Abweisung seitens der Mutter (Mond/Mars):

»Bis zuletzt war er die Prinzessin auf der Erbse. Trotz aller

53 Ebenda, S. 74.

äußerlichen Triumphe behielt er stets und ständig jene alte, wirkliche oder vermeintliche Kränkung im Gedächtnis, und sein Gemüt konnte von unbändigem Selbstvertrauen in schwärzeste Verzweiflung umschlagen.«[54]

»Ständig ist er unterwegs, um das Ungemach zu vergessen und die Einsamkeit zu lindern, um neue Eindrücke zu erhalten und den Ruhm zu hätscheln und zu befestigen . . .«[55]

Doch mit seinen Märchen (Jupiter, Herrscher von eins in zwölf, Trigon Merkur) konnte sich Andersen eine bleibend anerkannte Position erringen (Neptun, Herrscher von drei, in elf). Seine Märchen erreichten eine ungeheure Verbreitung (Jupiter Spiegelpunkt MC) und machten ihn weltberühmt.

54 Ebenda, S. 104.
55 Ebenda, S. 87.

Aszendent Steinbock

Bekannte Steinbockaszendenten

Andreotti, Giulio (Politiker)
Bachmann, Ingeborg (Schriftstellerin)
Connery, Sean (Schauspieler)
Dethlefsen, Thorwald (Diplompsychologe)
Elisabeth II. (Königin von England)
Ensslin, Gudrun (Terroristin)
Gracia Patricia von Monaco (Fürstin)
Gründgens, Gustaf (Schauspieler, Regisseur)
Hindenburg, Paul von (Reichspräsident)
Hoffman, Dustin (Schauspieler)
Honecker, Erich (Staatsratsvorsitzender a. D.)
Johannes XXIII. (Papst)
Jones, Jim (Sektenführer)
Lang, Jörg (Terrorist)
Mauss, Werner (Geheimagent)
Menuhin, Yehudi (Musiker)
Newman, Paul (Schauspieler)
Plambeck, Juliane (Terroristin)
Presley, Elvis (Musiker)
Rinser, Luise (Schriftstellerin)
Rommel, Erwin (General)
Schumann, Robert (Komponist)
Teissier, Elizabeth (Astrologin)
Vogel, Hans-Jochen (Politiker)

Steinbockaszendenten

Steinbockaszendenten repräsentieren die Normen der betreffenden Bezugsgruppe. Entsprechendes Entwicklungsniveau vorausgesetzt, hat man von ihnen sicherlich keine egozentrischen Übergriffe und Regelverletzungen zu erwarten. Diese Menschen identifizieren sich mit den Gemeinschaftsinteressen und leben ihre Eigenart innerhalb des erlaubten Rahmens. Man kann die Steinbockaszendenten von daher mit gutem Recht als *ideale Sozialwesen* bezeichnen. Verhielten sich alle Menschen wie sie, wäre das Gemeinwohl auch ohne Gesetze und Strafen zu schützen. Die Geborenen beanspruchen instinktiv genau das Stück des Kuchens, das ihnen auch zusteht.

Großes *Verantwortungsbewußtsein* zeichnet die Steinbockaszendenten aus. Sie sind relativ *belastbar,* manchmal zwar ein wenig langsam, dafür aber *ausdauernd* und *zäh.* Viele suchen unwillkürlich schwierige Aufgaben, an denen sie ihre Kräfte messen können. Selten oberflächlich, neigen sie gelegentlich zu *Inflexibilität,* Starrheit und allzu großem *Ernst.* Ihre Stärken liegen in kühler *Rationalität* und einem oft ausgeprägten *Ordnungs-* und *Organisationstalent.* Steinbockaszendenten stehen auf dem Boden der Tatsachen und lassen sich in dem, was sie als wahr und richtig erkannt haben, kaum beirren.

Weniger theoretisch als praktisch begabt, werden Steinbockaszendenten von lebendigen Eindrücken und Handlungsabläufen inspiriert. *Kreative Phantasie* und *gedankliche Eigenständigkeit* bilden notwendige Gegenpole zur instinktiven Formierung des Begegnenden. Ihre Empfänglichkeit wird durch große *Gestaltungskraft* ergänzt.

Die Geborenen besitzen oft Fähigkeiten erfolgreicher Geschäftsleute. Mit einer Spürnase für Marktlücken wittern sie ihre Chance genau und können originelle Konzepte entwickeln, die sie dann in der »rauhen« Wirklichkeit des Marktes fachgerecht und gewinnbringend umsetzen.

Hochentwickelte Steinbockaszendenten können die Interessen einer Gemeinschaft in voller *Schlichtheit* verkörpern. Es zeigt sich das Bild des asketischen Lehrmeisters, der demütig geblieben ist und selbst strenge Ordensregeln trotz seines hohen Alters noch vollständig erfüllt. Er verlangt von seinen Schülern nie mehr, als er sich selbst zumutet. Dabei verhält er sich gegenüber den Novizen *gerecht* und *verantwortungsbewußt*, wirkt vorbildlich in Hinsicht auf äußere Lebensführung und innere Reife.

Die Kehrseite liegt darin, daß sie auf übergeordnete Prinzipien und Ordnungen angewiesen sind, um Richtung und Sicherheit zu gewinnen. Im Gegensatz zu Widder- und Löweaszendenten, die ihr Ego in der Welt relativ ungebremst durchsetzen können und daher in ihrer Person Stärke und Identität finden, behauptet sich der Steinbockaszendent, indem er die Regeln der Gruppe vertritt. So bemüht man sich eventuell, eigenes, aber auch fremdes Verhalten zu *legitimieren*. Im Recht zu sein bedeutet Schutz vor Ausgrenzung oder willkürlichen Übergriffen. Die Gefahr liegt nahe, sicherheitsspendende Normen nicht kritisch genug zu hinterfragen, sie vielmehr einfach zu übernehmen, um sich nicht in die Rolle eines Außenseiters begeben zu müssen.

Steinbockaszendenten reagieren meist *ruhig* und *zurückhaltend* auf Anregungen von außen. Sie prüfen und überlegen *gründlich*, bevor sie Entscheidungen treffen, und wirken daher gelegentlich etwas schwerfällig und unbeholfen. Andere dagegen lernen schnell, sich innerhalb des Regelsystems der jeweiligen Bezugsgruppe perfekt zu bewegen. Ihr Verhalten kann dann etwas geziert, künstlich oder sogar einstudiert wirken, da sie spontane Reaktionen zurückhalten. Viele besitzen rhetorische Talente und bestechen durch Klarheit und Präzision ihrer Sprache. Es fällt ihnen leicht, ihre Gedanken übersichtlich zu strukturieren und zu ordnen. Den Mitmenschen erscheinen Steinbockaszendenten gelegentlich *distanziert*, unnahbar, »von oben herab«. Auffällig ist eine besonders prononcierte, manchmal fast aggressiv wirkende Ausdrucksweise.

Viele Geborene verfügen über eine ausgeprägte Phantasie und lassen sich von Träumen, Bildern und Musik stark emotional berühren. Durch ihre Sensibilität werden sie manchmal von Situationen und Geschehnissen so ergriffen, daß sie Angst bekommen, den Boden unter den Füßen zu verlieren, was ihnen aber kaum einer anmerkt. Der Steinbockaszendent sieht sich in der Tat häufig beunruhigenden Ereignissen und Begegnungen ausgesetzt. *Legalität, Tradition* und *Selbstkontrolle* geben ihm in solchen Situationen einen Halt. Klammert er sich aber zu sehr an diese Hilfsmittel, so können sie zu einer Fessel werden.

Der Steinbockaszendent befindet sich gegenüber der Außenwelt eigentlich in der Position eines Deichgrafen. Das Wasser (das Leben) brandet gegen den Deich, droht mühsam errichtete Barrieren zu durchbrechen. Die Geborenen bessern Schäden rechtzeitig aus und achten darauf, daß auch eine auf der Höhe der Zeit stehende Deichbautechnik angewandt wird.

Gerade als Vertreter der Ordnung brauchen sie immer wieder den Kontakt mit dem strömenden Lebensfluß. Steinbockaszendenten werden sich ihrer Gefühle und Bedürfnisse leichter bewußt, wenn sie mit vertrauten Menschen über das, was sie bewegt, sprechen können. So merken manche erst, daß sie sich verliebt haben, wenn ihre Freunde sie nach dem Namen ihres neuen Schwarms fragen. Da sie nur schwer aus der Reserve zu locken sind und sich schnell hinter eine Fassade der Unnahbarkeit flüchten, ist für solche privaten Gespräche ein gewachsenes Vertrauensverhältnis Voraussetzung.

Eine große Gefahr besteht für Steinbockaszendenten nun darin, die eigene Emotionalität abzuspalten und sie auf Freunde oder Partner zu projizieren. Während diese Gefühle äußern und emotional handeln dürfen, übernimmt der Steinbockaszendent den rationalen und pflichtbewußten Teil. Das kann der Übernahme einer *Elternrolle* in Beziehungen entsprechen. Man läßt sich nie völlig gehen, weil einer vernünftig bleiben muß. Hierbei gerät man jedoch leicht in die Position des ständig Reglementierenden. Der Partner wiederum wehrt sich, indem er die kindlichen Anteile stärker betont. Manche binden sich z. B. an unordentliche Partner, die auf Kritik jedoch schnell beleidigt oder trotzig reagieren. Dann kann der Kampf um den richtigen Platz der Zahnpastatube den Ehealltag schnell zur Qual werden lassen. Der andere verhält sich immer unberechenbarer und unzuverlässiger, während der Steinbockaszendent sich enttäuscht und mißtrauisch weiter zurückzieht. Schnell entwickelt sich ein Teufelskreis, aus dem man schwer herauskommt.

Bei Männern liegt es nahe, das Ausleben der Gefühle der weiblichen Partnerin zu überlassen, während sie selbst sich um »wichtigere Dinge« wie etwa den Beruf kümmern. Viele streben daher eine Form der Ehe an, die ihrer Partnerin die Mutter- und Hausfrauenrolle zuweist. Da dies der gesellschaftlichen Norm entspricht, lassen sich solche Wünsche im allgemeinen problemlos erfüllen. Die Verhältnisse erleichtern es den Männern mit Steinbockaszendenten in der Tat, die eigene Emotionalität an ihre Frauen abzugeben und damit auf einen wesentlichen Teil ihrer selbst zu verzichten. Unter diesem Gesichtspunkt betrachtet, sind Frauen sicherlich besser dran. Zwar würden auch sie ihre Gefühle lieber dem Mann überlassen, aber dieses Bedürfnis steht im Widerspruch zur üblichen und gewohnten Rollenverteilung. So kann der Wunsch nach einem sensiblen, möglicherweise sogar weichen Partner mit der Sehnsucht nach einem starken und verläßlichen Mann kollidieren. Beide Geschlechter müssen lernen, Gefühle als wertvolle Bereicherung ihres Lebens zu sehen, die deswegen nicht nur dem Partner überlassen bleiben dürfen.

Wichtig ist es für Steinbockaszendenten, auch nach großen Enttäuschungen wieder Vertrauen zu den Mitmenschen zu entwickeln und so seelische Nähe zu ermöglichen. Viele haben enorme Angst, sich bloßzustellen und schwach zu erscheinen. Die häufig bereits in der Jugend erlebten Zurückweisungen und Enttäuschungen erschweren es manchem, das Mißtrauen zu überwinden. Unter Distanz und Zurückgezogenheit leidet man aber gegebenenfalls sehr. Die meisten Steinbockaszendenten haben den Wunsch, sich seelisch fest an ein Gegenüber zu binden, sich einem geliebten Menschen ganz hinzugeben. Im besten Falle können sie ihre gesamte Energie in den Dienst einer Partnerschaft stellen.

Unter solchen Umständen können die Geborenen das, was ihnen begegnet, klar erkennen und adäquat darauf reagieren. Ihre Sensibilität gegenüber der Umwelt und die »Spürnase« sind ihnen dabei von großem Nutzen. Je weniger diese Menschen ihre spontanen Reaktionen und Gefühle unterdrücken, desto mehr wird ihnen bewußt, daß sie sich auf sich selbst verlassen können.

Familienhintergrund

Steinbockaszendenten mußten bereits früh lernen, ihre instinktive Eigenart zu kontrollieren, indem sie sich dem familiären Rahmen anpaßten.

Vielfach wollte sich die Familie gegenüber dem sozialen Umfeld abgrenzen. Die Bedürfnisse des Familienverbandes wurden vor allem von der Mutter vertreten und besaßen erste Priorität. Sie identifizierte sich weitgehend mit dem Gemeinschaftsinteresse. Von den Kindern wurde erwartet, daß sie sich den übergeordneten Spielregeln reibungslos unterordneten. Individualität und Eigenwille hatten unter solchen Umständen nur dann einen Platz, wenn sie nicht mit dem Sippeninteresse kollidierten. Sicherheit und Geborgenheit konnte man sich durch Opferung eigener Wünsche erkaufen. Unangepaßtes Verhalten wurde dagegen unausgesprochen mit einem (zeitweiligen) Ausschluß aus dem Verband bedroht. Gerade für sensible Naturen bedeutet diese drohende Ausgrenzung eine Quelle großer Ängste, die nur durch verstärkte Anpassung kontrolliert werden konnten.

Im Gegensatz dazu bestand eine engere Beziehung zum Vater. Er wurde wegen seiner Toleranz und Verständnisbereitschaft geachtet und geschätzt. Häufig war er ein religiöser Mann, der an sich und seine Familie hohe moralische Ansprüche stellte. Auch wenn er gelegentlich strafend auftrat, so tat er dies weniger um seiner selbst willen als vielmehr im Sinne einer höheren Gerechtigkeit. So blieb er Identifikationsfigur und Vorbild für die Geborenen, die er in der Entwicklung ihrer jeweiligen Talente tatkräftig unterstützte.

Manche Steinbockaszendenten wurden während ihrer Kindheit mit materiellen Härten konfrontiert. Möglicherweise hatte sich die Familie zum Zeitpunkt der Geburt beruflich oder finanziell noch nicht etabliert und investierte viel Zeit und Geld in den Aufbau einer Existenzsicherung. Leistungsorientierung und Karrieredenken spielten eine wesentliche Rolle und wurden offen oder verdeckt auch vom Nachwuchs erwartet. Individuell kindliche Wünsche und Bedürfnisse kamen dabei fast zwangsläufig zu kurz.

In anderen Fällen führten beide Elternteile ein autoritäres Regiment. Individualität wurde nicht gefördert, sondern unterdrückt oder sogar hart bestraft. Tugenden wie Ordnung, Disziplin, Zielstrebigkeit und Pflichtbewußtsein standen möglicherweise im Vordergrund der Erziehung.

Steinbockaszendenten mußten schon früh Verantwortung übernehmen. Pflichterfüllung im Interesse des Clans wurde belohnt, Unordnung und Pflichtverletzung zogen dagegen Strafen wie z. B. Taschengeldkürzung nach sich. Die einen mußten jüngere Geschwister versorgen, andere halfen im Geschäft oder auf dem Feld ihren Eltern bei der Arbeit. Hier besteht die Gefahr, unterdrückte Wut und Aggressionen später durch Reglementierung der Mitmenschen auszuleben oder sie gar gegen sich selbst zu richten.

Insgesamt gesehen wurden die meisten Steinbockaszendenten während ihrer Kindheit und Jugend in ihrer instinktiven Eigenart sowie dem spontanen Selbstausdruck stark reglementiert. Sie mußten lernen, daß Individualität nicht gefördert, sondern gebremst oder sogar bestraft wurde, eigene Wünsche konnten unter diesen Umständen nur selten oder unter großen Widerständen durchgesetzt werden.

Bei Steinbockaszendenten zeigen sich zwei Typen: der Ehrgeizige (ca. 0 bis 10 Grad Steinbock) und der Balancekünstler (ca. 10 bis 29 Grad Steinbock).

Der Ehrgeizige

Bei diesem Typ verbindet sich die Blockade des Instinktiven mit der Erfahrung der Unbeständigkeit und damit Ungeborgenheit innerhalb des Familienverbandes.

Dies kann schon dadurch geschehen, daß die Eltern und dabei insbesondere die Mutter ihre Zuwendung von wechselnden Stimmungen abhängig machten. Eventuell entzog sie sich auf emotional nicht nachvollziehbare Art phasenweise dem Kind, um sich ihm dann mit doppelter Vehemenz wieder zuzuwenden. Manchmal war sie nur bedingt in der Lage, dem Kind genügend emotionale Sicherheit zu geben. In einigen Fällen wurde das Geborgenheitsgefühl der Geborenen durch die Trennung der elterlichen Lebensgemeinschaft, durch Scheidung oder den Tod der Mutter massiv erschüttert.

Möglicherweise herrschte durch eine starke berufliche Belastung der Eltern zudem ein Erziehungsstil, der weitgehend vom Geschäftsverlauf des Tages geprägt und somit für die Kinder nahezu unberechenbar war. Als Schutz vor Enttäuschungen wurde häufig eine kognitive Kontrolle entwickelt. Die damit entstehende Fähigkeit, spontane Impulse zurückzuhalten und überlegt zu reagieren, führte zu emotionaler Distanz den Eltern gegenüber. Es entstand der Wunsch, sich unberührbar zu machen.

Die erlebte Ungeborgenheit in Kombination mit der Blockade instinktiver Antriebe führte bei manchen zu einer Suche nach gedanklich-ideologischer Sicherheit, besonders wenn die Familientradition dies nahelegte. Spontane Reaktionen wurden oftmals durch Konzentration auf übergeordnete Ziele oder gedankliche Handlungsanreize ersetzt, was den ausgeprägten Ehrgeiz der Geborenen erklärt. Einige verschreiben sich weltanschaulichen oder religiösen Ideen, die sie unter Umständen fanatisch vertreten. Möglicherweise besteht eine starke Leistungsorientierung, die gelegentlich sogar die Stelle einer Ersatzreligion einnimmt. Im Extrem wäre hier an »Workaholics« zu denken. Andere haben ein Leitbild der Stärke, müssen sich selbst ständig beweisen, daß sie ihren ehrgeizigen Plänen gewachsen sind, und zwingen sich zu enormen Leistungen, um die eigene Unsicherheit zu kompensieren.

Dieses Verhalten wird dann besonders problematisch, wenn sich die Geborenen gleichzeitig mehr und mehr zurückziehen. Sie sind herausgefordert, mehr Vertrauen in die Mitmenschen zu setzen und ihre Abwehrmechanismen durchlässiger zu machen, um den Kontakt nach außen nicht zu verlieren. Nur so können die hohen Ideale und Ziele ständig an den gegebenen Bedingungen überprüft werden. Damit werden auch Korrekturen möglich, welche Starrheit und Dogmatismus vermeiden helfen.

Der Balancekünstler

Zum Zeitpunkt der Geburt herrschte eine Unvereinbarkeit der Eltern. Sie prägte die Geborenen selbst dann, wenn sie nur kurzfristig bestand oder nicht offen zutage trat. Dieser Typ vereinigt widersprüchliche, ja gegensätzliche Aspekte beider Elternteile in sich.

Eventuell wollten die Eltern die bestehende Beziehung auflösen, blieben aber »wegen des Kindes« dennoch zusammen, um ihm ein »anständiges« Zuhause bieten zu können.

Oft waren sie viel zu sehr mit sich und ihren Auseinandersetzungen beschäftigt, als daß sie sich noch um den Nachwuchs kümmern konnten. Vielmehr versuchte jede Seite, das Kind gegen den anderen auszuspielen. Für die Geborenen war es essentiell, sich auf keine der beiden Parteien festzulegen, da solches Verhalten das bestehende labile Gleichgewicht stören und damit die Grundlage einer Sicherheit (die Familie) gefährden konnte. Diese Steinbockaszendenten lernten daher schon früh, ihre Umgebung genauestens zu beobachten, um der gerade herrschenden Atmosphäre gegebenenfalls im eigenen Verhalten Rechnung tragen zu können. Dieser Fähigkeit steht aber die Tendenz gegenüber, sich in eine innere Traumwelt zurückzuziehen und sich von der Familie abzusondern, da dem Kind weder Platz noch Wert um seiner selbst willen eingeräumt wird.

Diese Ausgangslage führte bei einigen zu einem regelrechten »Doppelleben«. Einerseits versuchten sie, ihrer Rolle gerecht zu werden, und spürten genau, was von ihnen erwartet wurde. Während sie nach außen möglicherweise perfekt funktionierten, fühlten sie sich andererseits innerlich isoliert und unverstanden. Das Erfüllen erwarteter Rollen gibt manchen noch im Erwachsenenalter die benötigte Sicherheit. Sie verhalten sich wie Hochseilartisten, indem sie versuchen, sich mit Netz und doppeltem Boden vor allen Gefahren zu schützen. Nun bedeutet es aber eine enorme Anstrengung, sich in jeder Situation mehrfach abzusichern, um keinen Sturz ins Bodenlose herbeizuführen. Aus diesem Grunde mißt man der Umwelt sehr viel Bedeutung bei, richtet sein Augenmerk mehr auf ihre Erwartungen als auf das eigene Empfinden.

Bei einigen sind plötzliche Stimmungswechsel und nervöse Überreaktionen die Folge ständiger innerer Anspannung. Gegebenenfalls kann dies durch Gebrauch von Aufputschmitteln (Koffein, Amphetamine) noch gesteigert werden.

Manische Perioden des »Tanzes auf dem Vulkan« können unvermittelt in hysterische oder depressive Phasen umschlagen. Andere nehmen sich gelegentlich Zeit für einen Ausstieg und ziehen sich z. B. in ein Landhaus vom Streß der Konfliktvermeidung zurück. Fernab von allem, können sie dort ein wenig Ruhe finden und fühlen sich wenigstens kurzfristig wieder locker und entspannt.

Für diese Gruppe ist es wichtig, die unterschiedlichen Persönlichkeitsanteile nicht zu weit auseinanderklaffen zu lassen. Wenn Sie sich bewußtmachen, daß ihr kompliziertes Rollenspiel sie eigentlich überfordert, wächst die Einsicht in die Notwendigkeit einer Veränderung. Sie zeigt sich vor allem in der Bereitschaft, gegebenenfalls mit überholten Konventionen und beengenden Spielregeln zu brechen, selbst wenn solche Klärung der Fronten die Angst vor Sicherheitsverlust aufsteigen läßt.

Beide Typen haben gemein, daß sie infolge der Familienkonstellation häufig unter mangelndem Selbstwertgefühl leiden. Ihre geringe Verwurzelung im Realen zeigt sich bei einigen Steinbockaszendenten in einer gewissen körperlichen Abwehrschwäche und Labilität. Sie sollten daher sehr darauf achten, der eigenen Gesundheit nicht vor lauter Leistungsorientierung zuviel zuzumuten, und auf ausgewogene Ernährung bedacht sein.

Diese körperlich-substantielle Schwäche des Steinbockaszendenten ist Ausdruck des anlagebedingt reduzierten Egos. Die sich daraus häufig ergebende Neigung zu existentiellen Unsicherheitsgefühlen, besonders in neuartigen und überraschenden Situationen, kann zu verkrampftem Festhalten an überholten Konventionen und alten Gewohnheiten führen. Solches Verhalten wird aber der Vielfalt der Ereignisse selten gerecht und steigert letztlich besagte Ängste, anstatt sie zur vermeiden. Es ergibt sich für diese Menschen die Herausforderung, aus sich selbst Sicherheit, individuelle Existenzberechtigung sowie einen eigenen Standort zu gewinnen. Dazu gehört sicherlich zuerst einmal der Aufbau einer eigenständigen wirtschaftlichen Grundlage. Aber dies ist nur die Basis. Leider begnügen sich einige Steinbockaszendenten damit, materielle Reichtümer anzuhäufen, und merken nicht, daß all das ihre innere Ruhe und Selbstsicherheit keineswegs so aufbaut, wie sie es sich erhofft hatten.

Diese Menschen, durch ihre Familiengeschichte häufig »eingezwängt« in restriktive Strukturen, müssen den Prozeß der Individuation seelisch nachvollziehen. Die Selbstwerdung ist um so wichtiger, als eine überwiegende oder gar ausschließliche Normierung an gesellschaftlichen Maßstäben eine Beeinträchtigung der Lebendigkeit und damit Lebensfähigkeit bedeutet. Der Bruch mit dem elterlichen Verbot des Erwerbs und der Darstellung von Eigenart ist notwendig für die Individuation, den Prozeß der Entfaltung ihres Selbst unabhängig vom Kollektiv. Von diesem Vorgang spricht die Mythologie, wenn Zeus/Jupiter seine im Bauche des Saturn gefangenen Geschwister befreit und damit ein neues Zeitalter einläutet.

Vergleichen wir den Steinbockaszendenten einmal mit einem Architekten. Er hat, wie wir bereits wissen, eine Begabung für räumliches Gestalten. Nun ist es für einen Baumeister wichtig, eigene, zeitgemäße Lösungen zu entwickeln, will er nicht an den Bedürfnissen seiner Kunden vorbeibauen. Gute Architekten zeichnen sich dadurch aus, daß sie zwar tradierte Bauformen souverän mit einbeziehen können, nicht aber ausschließlich auf sie fixiert bleiben. Sie realisieren Bauwerke unter optimaler Berücksichtigung landschaftlicher Gegebenheiten und können dank langjähriger Erfahrung die Baustoffe der Umgebung anpassen. Im besten Falle realisieren die Geborenen Projekte, in welchen sich eigene Erfahrungen mit der Kenntnis zeitgenössischen Geschmacks in idealer Weise verbinden. Auf diese Art kann gegebenenfalls sogar eine neue, von allem Überflüssigen entschlackte Form gefunden werden.

Das Bild des Architekten zeigt deutlich, daß die *Verinnerlichung von Erlebtem als Erfahrung* ein Schlüsselbegriff für diese Menschen ist. Wenn sie spüren, wie sie sich beispielsweise durch Inflexibilität schaden, werden sie durch diesen Schmerz zu Veränderungen angeregt. Durch bewußtere Öffnung gegenüber dem Geschehen sowie spontaneres Reagieren können die Geborenen Eigenart, Identität und Sicherheit gewinnen. Man könnte diesen Vorgang auch als seelische Assimilation und Substanzbildung bezeichnen. Es ist also gerade für Steinbockaszendenten wichtig zu begreifen, über welch breite Basis sie verfügen können, wenn sie nicht ängstlich davor zurückschrecken, Neues an sich heranzulassen.

Viele Steinbockaszendenten haben die Fähigkeit, ihre Erfahrungen glänzend verbal oder darstellerisch auszudrücken. Dem entspricht die Aufgabe, den Zwängen des Kollektivs die eigene, oft mühsam erworbene Identität gegenüberzustellen und zu entfalten. Wer dieses Wagnis eingeht und sich zu sich bekennt, gewinnt auch beruflich an Statur, indem er alte Formen zu einer neuen situations- und zeitgemäßen Synthese verarbeitet. So haben paradoxerweise gerade hochentwickelte Menschen dieses instinktiv konservativen Aszendentenzeichens auf gesellschaftlicher Ebene die Rolle eines (unbeabsichtigt) radikalen Erneuerers.

Schlüsselbegriffe

Ideales Sozialwesen, Verantwortungsbewußtsein, belastbar, ausdauernd, zäh, Inflexibilität, Ernst, Rationalität, Ordnungs- und Organisationstalent, kreative Phantasie und gedankliche Eigenständigkeit, Gestaltungskraft, Schlichtheit, legitimieren, ruhig und zurückhaltend, gründlich, distanziert, Tradition, Selbstkontrolle, Einnahme einer Elternrolle.

Beispiel: Gustaf Gründgens

Kurzbiographie Gustaf Gründgens:

22. 12. 1899 Geboren in Düsseldorf.

1916—1918 Soldat, erste Rollen an einem Fronttheater.

1919/20 Ausbildung an einer Düsseldorfer Theaterakademie.

1920—1923 Verschiedene Engagements in Halberstadt, Kiel und Berlin.

1923—1928 Kammerspiele Hamburg. Dort inszeniert er *Geschäft ist Geschäft* von Mirabeau (1924).

1923—1928 Ehe mit Erika Mann.

1928—1933 In Berlin am Deutschen Theater, Kroll-Oper, Städtische Oper, Staatsoper unter den Linden.

1933—1945 Staatliches Schauspielhaus, dessen Intendanz er als Protegé Görings ab 1934 übernimmt. Dort u. a. Mephisto in Goethes *Faust;* Hamlet in *Hamlet* von Shakespeare; Prinz in Lessings *Emilia Galotti.*

1936—1949 Ehe mit der Schauspielerin Marianne Hoppe.

1943 Soldat bei der Wehrmacht.

1945/46 Von den Sowjets neun Monate interniert.

1946/47 Spielt und inszeniert wieder in Berlin.

1947—1955 Generalintendant der Städtischen Bühnen Düsseldorf. Dort u. a. als Ödipus in *König Ödipus* von Sophokles; Josef K. in *Der Prozeß* von Kafka; Wallenstein in Schillers *Wallensteins Tod.*

1955—1963 Generalintendant des Deutschen Schauspielhauses in Hamburg.

7. 10. 1963 Tod auf einer Reise in Manila (Philippinen).

Über seine Kindheit und Jugend schwieg sich Gründgens gerne aus. Man weiß aber, daß er seine Eltern ab seinem 25. Lebensjahr ernährte. Seine erste Spielzeit in Hamburg unter dem Regisseur Erich Ziegel (1876—1950) brachte noch keinen Durchbruch. Seine dortige Arbeitsweise wird, wenn auch überspitzt, in Klaus Manns Roman *Mephisto* geschildert.

»Höfgen (Gründgens) arbeitete 16 Stunden am Tag und hatte jede Woche mindestens einen Nervenzusammenbruch. Diese Krisen traten stets sehr heftig und in abwechslungsreichen Formen auf. Einmal fiel Höfgen zur Erde und zuckte stumm; das nächste Mal hingegen blieb er zwar stehen, schrie aber grauenhaft, und dies fünf Minuten lang ohne jegliche Unterbrechung.«[56]

Ein Durchbruch gelang ihm erst in der zweiten Spielzeit, bezeichnenderweise in der Hauptrolle einer eigenen Inszenierung: der falsche Erik in *Kolportage* von Georg Kaiser. In der Folgezeit wurde Gründgens schnell zum Liebling des

[56] Zitiert nach Heinrich Goertz, *Gustaf Gründgens*, Reinbek 1982, S. 21 f.

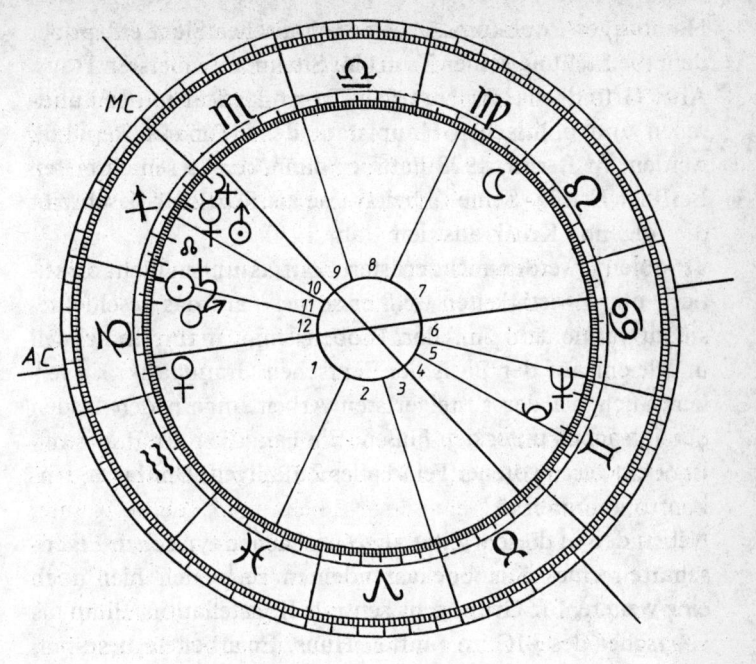

22. 12. 1899   10.00.00 MEZ

Geburtsort: Düsseldorf

006° 48' 18" O   51° 13' 36" N

Häuser: Placidus

1 00° 54' ♑	**10** 24° 52' ♏	
2 17° 18' ♓	**11** 13° 35' ♐	
3 29° 21' ♈	**12** 00° 39' ♑	

☉ 00° 21' ♑
☽ 29° 59' ♌
☿ 08° 36' ♐
♀ 24° 24' ♑
♂ 06° 29' ♑
♃ 29° 12' ♏
♄ 26° 35' ♐
♅ 09° 35' ♐
♆ 25° 29' ♓ R
♇ 15° 25' ♓ R
☊ 19° 40' ♐

Abbildung 23: Horoskop Gustaf Gründgens

233

Hamburger Publikums. Aus astrologischer Sicht entspricht dem die Stellung seiner Venus im Steinbock im ersten Haus. Aber Gründgens war ehrgeizig. Er wollte Star in der kulturellen und politischen Hauptstadt der Weimarer Republik werden: in Berlin. 1928 hatte er dann bereits seinen ersten Berliner Erfolg. Seine Arbeitsweise als Regisseur beschreibt die folgende Kritik aus dem Jahr 1930:

»Probleme werden nicht erörtert, Auffassungen nicht diskutiert, und Zwistigkeiten weiß er sowieso auf das geschickteste zu vermeiden. Auf den Proben einigt man sich schnell und leicht auf der Basis der deutschen Grammatik. Er verliert auch bei der gesteigertsten Arbeit ungern den Boden der Tatsachen. Ein Fanatiker der Präzision, ist er ein geschworener Feind alles Zufälligen, Unklaren, Unkontrollierbaren.«[57]

Neben den in diesem Zitat angesprochenen typischen Eigenschaften eines Steinbockaszendenten zeigt sich hier noch eine weitere, für Gründgens zentrale Konstellation, Pluto als Herrscher des MC im fünften Haus. Er arbeitete besessen, fast zwanghaft. Der Fanatiker der Präzision hatte beruflich in der Tat etwas Diabolisches, und so ist es kein Zufall, daß er als Mephisto in Goethes *Faust* seine größten Erfolge zu verzeichnen hatte. Er selber sah sich freilich anders, identifizierte sich mehr mit seiner harmlos-freundlichen und charmanten Art (Venus, Herrscher von vier, in eins):

»Sie wissen, daß ich früher der typische Filmschurke war. Und das klebt an einem. Auch meine erste Berliner Rolle in *Verbrecher* von Bruckner war eine Rolle, die ich sehr gehaßt habe, die ich aber spielen mußte, einfach um leben zu können, nicht? Aber sie gab nichts von mir. Sie gab ein Bild von

57 Ebenda, S. 28.

234

Abbildung 24: Gustav Gründgens

mir, und ich bin manchmal ganz verblüfft, wie wenig das Bild, das man von mir hat, mit dem Bild, das ich von mir habe, zusammenpaßt.«[58]

Bei Gründgens ist das saturnische Element sehr stark ausgeprägt. Neben dem Steinbockaszendenten steht die Sonne in Konjunktion mit Saturn im Steinbock. Das äußerte sich u. a. in seinem ausgeprägten Pragmatismus und Realismus. »Gründgens' Lieblingswort war Ordnung. Ordnung in der künstlerischen Arbeit, im Denken und in der Verwaltung. Der ehemalige Bohemien übte auf preußische Art Disziplin. Den Forderungen des Tages wurde pünktlich entsprochen.«[59] Künstlerisch konnte sich dies in seiner enormen Gestaltungskraft äußern. Gelegentlich geriet er jedoch in Gefahr, in Formalismus zu erstarren. So beurteilte der große Kritiker Herbert Jhering 1951 Gründgens' Inszenierung von T. S. Eliots *Cocktailparty* folgendermaßen:

»Bestürzend war auch die Aufführung. Gustaf Gründgens ist, das wissen wir alle aus seinen Berliner Jahren, ein lebendiger, funkelnder, immer wieder überraschender Theatermann. Aber er braucht wie die meisten großen Künstler auch Widerspruch, Gegenbeispiel, Auseinandersetzung, nicht betrieblicher, organisatorischer, behördlicher Herkunft ... Die große Form, der strenge Stil, der in der Hitlerzeit eine notwendige Verteidigung gegen die Banalisierung und Trivialisierung der Sprache war, hat längst ihre Funktion verloren und wirkt heute nicht als Abwehr gegen die Wortbarbarei, sondern im Gegenteil fast wie Denkmalstarre und Konservierung der Vergangenheit.«[60]

[58] Ebenda, S. 26.
[59] Ebenda, S. 45.
[60] Ebenda, S. 119.

Aszendent Wassermann

Bekannte Wassermannaszendenten

Barzel, Rainer (Politiker)
Chirac, Jacques (Politiker)
Curie, Marie (Chemikerin)
Freisler, Roland (NS-Jurist)
Guevara, Che (Revolutionär)
Himmler, Heinrich (NS-Politiker)
Kant, Immanuel (Philosoph)
Knievel, Evel (Stuntman)
Krishnamurti, Jiddu (indischer Philosoph, Mystiker)
Kulenkampff, Hans-Joachim (Quizmaster, Schauspieler)
Lincoln, Abraham (Politiker)
Marx, Karl (Philosoph, Politiker)
Messerschmitt, Willy (Flugzeugbauer)
Raabe, Wilhelm (Schriftsteller)
Renoir, Pierre A. (Maler)
Ribbentrop, Joachim von (NS-Außenminister)
Richter, Ilja (Showmaster, Schauspieler)
Sand, George (Schriftstellerin)
Schönherr, Dietmar (Schauspieler)
Viett, Inge (Terroristin)

Wassermannaszendenten

Wassermannaszendenten verkörpern den Drang nach *Ausbruch* aus allen Zwängen und Abhängigkeiten des irdischen Lebens. Nichts Geringeres als ihre Befangenheit in der menschlichen Natur wollen sie überwinden. Das Ausgeliefertsein an die eigenen Triebe und Gefühle empfinden sie als Bedrohung, der sie sich gern entziehen möchten. Freiheit bedeutet daher für sie, sich weit über alle normalen Zusammenhänge hinausheben zu können. Die Probleme der beschränkenden persönlichen Welt sind ihnen lediglich Ausgangspunkt für deren abstrakte, überpersönliche Lösung. Dem Alltag stellen sie ein Ideal gegenüber, welches zumindest in der Theorie alle bestehenden Schwierigkeiten restlos überwindet. So wirken die Geborenen manchmal, als seien sie nicht von dieser Welt, obwohl sie oft noch mehr in deren Angelegenheiten verstrickt sind, als sie denken. Der Wassermannaszendent ist so betrachtet eigentlich ein »Pendler zwischen Himmel und Erde«. Befreit von dem Zwang, sich einmischen und damit auch verstricken zu müssen, möchte er sich dem ewigen Kreislauf von Leidenschaft, Leiden und Schuld entziehen, um sich von der menschlichen Erbsünde zu reinigen.

Wassermannaszendenten wirken auf ihre Mitmenschen eher ruhig und *zurückhaltend*. Nur selten lassen sie sich zu spontanen Reaktionen hinreißen, sondern sind bemüht, sich keine innere Beteiligung anmerken zu lassen, selbst wenn ihnen eine Angelegenheit gehörig unter die Haut gehen sollte. Intensive Emotionen wie Haß und Liebe werden als belastend und einengend erlebt, weil sie überall dort, wo sie auftauchen, wiederum Abhängigkeit, Zwänge oder Konflikte zur Folge haben können. Wassermannaszendenten versuchen mit Hilfe des Denkens, *Distanz zu ihren Gefühlen* aufzubauen. Sie möchten um keinen Preis Sklave ihrer Leidenschaften werden. Das würde manchem wie ein Rückfall in längst überwunden geglaubte Muster erscheinen.

Ihre reduzierte Identifikation mit sich befähigt sie dazu, mit einer scheinbar unglaublichen Leichtigkeit durchs Leben zu gehen. Diese Entfernung zu sich ermöglicht es ihnen, auch auf bewegende Ereignisse so distanziert und unpersönlich zu reagieren, als ginge es sie überhaupt nichts an. Meist gelingt es den Geborenen, die jeweilige Lage *kühl, sachlich* und *neutral* — quasi von einer höheren Warte aus — zu beurteilen. Da sie eine persönlich gefärbte Stellungnahme vermeiden, machen sie sich in jeder Beziehung *unangreifbar*. Wer niemals eine feste Position bezieht, kann nicht festgelegt werden und wahrt seine Freiheit.

Wassermannaszendenten gewinnen Handlungsanreize weniger aus Empfindungen, Bedürfnissen und Trieben als vielmehr aus dem gedanklichen Bereich. Hier besteht eine Affinität zu humanistischem und sozialreformerischem Gedankengut. In überwiegender Mehrzahl sind die Geborenen Anhänger der »Religion der Gleichheit und der Menschlichkeit«, ihre *Ideale* können sie begeistert vertreten, was zu ihrem sonst eher reservierten Verhalten in auffälligem Widerspruch steht. Im Reich der Ideen fühlen sie sich zu Hause. Für geistige Ziele opfern Wassermannaszendenten Gesundheit und materielle Mittel. Ihre kreative und unabhängige Art des Denkens macht sie häufig zu ausgezeichneten *Theoretikern* und Erfindern. Mit Hilfe ihrer rhetorischen Begabung können sie ihre Gedanken anschaulich und verständlich ausdrücken. Es fällt ihnen allerdings wesentlich leichter, sich für andere zu verausgaben oder verbal für unterdrückte Minderheiten einzutreten, als eigene Belange durchzusetzen.

Normalerweise reagieren diese Menschen *freundlich* und zeigen sich offen für eine witzige und interessante Kommunikation. Sie verbringen ihre Zeit am liebsten mit Freunden und sind wegen ihrer *Umgänglichkeit, Geselligkeit* und *Toleranz* beliebt. Intelligenz, *originelle Gedanken* und *Einfälle* machen sie zu anregenden Gesprächspartnern, die über *Humor* und Talent zur Komik verfügen und ihre Bekannten daher — mit oder ohne Absicht — zum Lachen bringen können.

Obwohl stets auf ihre *Eigenständigkeit* bedacht, sind sie treusorgende Freunde. Für Menschen, die ihnen am Herzen liegen, setzen sie sich aufopfernd ein. Diese *Liebenswürdigkeit* findet allerdings möglicherweise dann ihre Grenze, wenn man ihnen zu nahe kommt. Dann können sie in ihrem Bestreben, sich abzugrenzen, unter Umständen recht grob werden.

Gerade entwickelte Wassermannaszendenten werden von ihrer Umwelt geachtet, da sie versuchen, ihre menschenfreundlichen Utopien auch im konkreten Verhalten umzusetzen. So sind die Geborenen möglicherweise hilfsbereit bis zur Selbstaufgabe, solange sie nicht den Eindruck haben, dazu verpflichtet zu sein. In einer gegebenen Situation richtet sich das Bestreben weit weniger auf die Durchsetzung eigener Interessen als vielmehr darauf, alle anderen Anwesenden so zufriedenzustellen, daß keiner zu kurz kommt.

So kann es passieren, daß man eigene Interessen und Bedürfnisse verleugnet. Man hat Angst, in Konfrontationen verwickelt zu werden, denen man unter Umständen nicht gewachsen sein könnte. Da Wassermannaszendenten ihren Antrieb nicht aus sich selbst beziehen, können sie sich natürlich auch nicht unmittelbar durchsetzen oder verteidigen wie etwa ein Widderaszendent. Den Geborenen käme es eher kindisch vor, wegen der Erfüllung kleinerer Wünsche Streit anzufangen. Eher überspielen sie bestehende Unstimmigkeiten, als sie offen zutage treten zu lassen. Doch während sie *versuchen darüberzustehen*, gärt es unter der Oberfläche. Obwohl man gerade tödlich beleidigt wurde, führt man beispielsweise eine Unterhaltung freundlich fort, nur weil man seine Verletzung nicht zugeben will. Unterdrückte Aggressionen bzw. Emotionen führen aber auf die Dauer zum Aufbau von Spannungspotential. Hierin liegt eine Ursache für die häufig anzutreffende motorische *Unruhe, Reizbarkeit* und *Nervosität* der Wassermannaszendenten. Die anlagebedingte Entfernung zu sich, die instinktive Orientierung auf die Befreiung von den Zwängen des Egos, bedeutet gleichzeitig eine Schwierigkeit bei der adäquaten Durchsetzung eigener Anliegen.

Die Selbstbehauptung dieser Menschen ist also weitgehend abgekoppelt von den Notwendigkeiten ihrer eigenen Existenz. Ihr Verhalten wird damit *unabhängiger von Folgerichtigkeiten*. Aggressionen äußern sich indirekt, z. B. als ironische Bemerkung oder Spott, der mit dem eigentlichen Anlaß zeitlich kaum mehr in Verbindung gebracht werden kann. Die Mitmenschen haben dadurch Schwierigkeiten herauszufinden, was gerade abläuft. Man ist irritiert, weil man die untergründige Spannung genau spürt. Der Wassermannaszendent jedoch behauptet ungerührt, es gabe keinerlei Probleme oder Unstimmigkeiten. Doch mit spitzen oder zynischen Bemerkungen allein kann die bestehende Spannung nicht abgebaut werden. Während nach außen der Eindruck relativer Ausgeglichenheit vermittelt wird, kocht man innerlich bereits fast über. Manche explodieren, obwohl sie sich vorgenommen hatten, diesmal ganz ruhig zu bleiben. Anderen erscheinen solche aggressiv-hysterischen Eruptionen — zumal wenn sie »aus heiterem Himmel« kommen — durchaus bedrohlich. Hinterher haben sie ein schlechtes Gewissen, machen sich Vorwürfe und fühlen sich schuldig.

Die Geborenen sehen sich gerne als starke und ungebundene Einzelgänger, die letztlich auf niemanden angewiesen sind. Ihre *Unabhängigkeit* betonen sie besonders dann gern, wenn sie sich bedroht, beengt oder verletzt sehen. Sichere Distanz zu den Mitmenschen erlaubt ihnen, unnötige Verwicklungen zu vermeiden. Gelegentlich trifft man unter den Geborenen daher exzentrische Eigenbrötler, die allenfalls oberflächliche Kontakte zu ihrer Umwelt aufrechterhalten.

Doch dies ist nicht die Regel. Trotz ihrer sonst so nüchtern wirkenden Art neigen Wassermannaszendenten dazu, sich plötzlich zu verlieben und auf einmal alle Vernunft über den Haufen zu werfen. Eine besondere Affinität besteht zu selbstbewußten und *dominanten Partnern*. Sie werden häufig gerade wegen ihrer Stärke und Durchsetzungsfähigkeit im realen Leben bewundert und gegebenenfalls auch idealisiert. Reale Unvereinbarkeiten oder Schwächen des Partners, die eventuell Anlaß von Konflikten sein könnten, nimmt man dagegen eher ungern zur Kenntnis. Sehr verbreitet ist die Vorstellung, in einer festen Bindung müsse es immer harmonisch, freundlich und liebevoll zugehen. Hierfür sind viele, insbesondere weibliche Wassermannaszendenten bereit, eigene Wünsche hintanzustellen. Sie wollen jede Auseinandersetzung vermeiden, um ihre Partnerschaft abzusichern.

Des öfteren stellt man die/den Geliebte(n) in den Mittelpunkt eigener Interessen. Indem man es dem anderen recht zu machen versucht, beweist man ihm — und natürlich auch sich selbst —, wie stark die Liebe ist. Doch gleichzeitig wächst das Bedürfnis nach Distanz in dem Maße, in welchem Idealvorstellungen und Realität immer weiter auseinanderklaffen. Eventuell entpuppt sich der vorher auf den Sockel gehobene Partner als ein Egozentriker, der nur sich sieht und nicht bereit ist, auch zu geben.

Selbst in disharmonischen und spannungsgeladenen Phasen können einige Wassermannaszendenten weitgehend die Augen vor den aktuellen Schwierigkeiten verschließen. Da Probleme nur selten ausgetragen werden, gibt es scheinbar keinen Grund zur Beunruhigung. Dennoch steigt die *innere Anspannung*. Sie äußert sich oft körperlich, beispielsweise in Form von Migräneanfällen, Schlaf- und Appetitlosigkeit und nervösen Zusammenbrüchen. Mancher versucht, über seine Krankheit die Zuwendung zu bekommen, die er vorher nicht beanspruchen zu können glaubte. Wenn auch das nicht klappt, fühlt man sich von der Gegenwart des Partners mehr und mehr eingeengt. Alles wird auf einmal zuviel. Ohne eine offene Aussprache zu riskieren, zieht sich mancher zurück und macht sich unberührbar. Andere lassen langjährige Partnerschaften völlig unvermittelt platzen, während bis gestern noch scheinbar eitel Sonnenschein herrschte.

Die Hauptursache dieser Schwierigkeiten liegt offenbar in der Überbewertung zwischenmenschlicher Harmonie auf Kosten individueller Selbstverwirklichung. Wirkliche *Ein*tracht ist jedoch ohne *Zwie*tracht nicht vorstellbar. Harmonie bedeutet ein wohlklingendes Zusammenschwingen zweier Töne. Nicht Harmonie, sondern Monotonie entsteht, wenn sich einer dem anderen angleicht. Es bedarf also einer Identität, einer hörbar eigenen Klangfarbe, um zusammen mit anderen Tönen Harmonien erzeugen zu können. Für den Wassermannaszendenten bedeutet dies die Herausforderung, auf die Erde herabzusteigen und sich zum irdischen Sosein zu bekennen. Niemand ist als Engel auf die Welt gekommen. Wir alle haben unsere Bedürfnisse, sind verletzlich, ängstlich und manchmal auch ungerecht. Erst wer sich dem Partner nähert, weil er um seiner selbst willen geliebt werden möchte, läßt sich wirklich ein.

Zeigt der Wassermannaszendent mehr von seinen Ängsten, Wünschen und Verletzlichkeiten, wird er greifbarer und berechenbarer. Nun kann sein Partner ihn wirklich kennenlernen und seine Interessen besser berücksichtigen. Erst nachdem auch widersprüchliche Positionen zweier Menschen offen auf dem Tisch liegen, könnten sie gemeinsam einen Ausgleich anstreben, durch welchen keiner benachteiligt wird. Vielleicht läßt sich so in vielen Bereichen eine Harmonie erreichen, die täglich wieder neu hergestellt werden kann. Ist der/die Geliebte aber nicht willens oder in der Lage, einen so anzunehmen, wie man sich das wünscht, dann sollte das für einen selbständigen Wassermannaszendenten Grund genug sein, sich (auch wenn es zunächst sehr schmerzt) unabhängiger zu machen.

Familienhintergrund

Die Erfahrungen der Kindheit legten den Geborenen oft eine rationale Kontrolle ihrer Gefühle nahe. Als Ursache kommen verschiedene Gründe in Betracht. Oft hatte die Mutter, manchmal auch beide Elternteile, Schwierigkeiten, mit ihren Empfindungen umzugehen. Dabei spielten oft religiöse oder ethische Überzeugungen eine Rolle. Der Glaube der Erwachsenen war meist zwar humanistisch und tolerant, gelegentlich aber auch körper- und sexualfeindlich.

Schon früh können sich gravierende Veränderungen der häuslichen Situation oder des sozialen Umfeldes ergeben.

Hier wäre vor allem an Umzüge, Internats- und Krankenhausaufenthalte zu denken. Die Eltern begründeten diese Umbrüche mit rationalen Argumenten, ohne die emotionale Dimension solcher Erlebnisse für Kinder angemessen zu berücksichtigen. Möglicherweise geschah dies aus einer Unsicherheit im Umgang mit Emotionen. In der Bewältigung ihrer Gefühle völlig auf sich gestellt, lernten manche Wassermannaszendenten daher früh, daß Empfindungen wie Schmerz, Trauer oder auch Wut »nichts mit der Sache zu tun haben« und allenfalls Unruhe stiften. Gefühle müßten logischen Erwägungen und Sachzwängen untergeordnet werden und besäßen keine eigene Realität.

Gerade die Mutter war trotz besten Willens nicht in der Lage, ihre Zuneigung durch affektive Zuwendung, Berührung oder Körperkontakt zu zeigen. Möglicherweise hatte sie kurz nach der Geburt eine ansteckende Krankheit, welche körperliche Distanz zwischen Mutter und Kind erzwang. In seltenen Einzelfällen starb sie relativ früh.

Die Geborenen erlebten sie oft als gutmütig und tolerant. Sie war bestrebt, ihr Bestes für die Familie zu geben, und versuchte, die Kinder nach Kräften zu fördern. Im Erwerb von Wissen und speziellem technischen Können erblickte sie häufig eine Garantie für den sozialen Aufstieg ihrer Kinder.

Oft war die Mutter stark auf gesellschaftliche und soziale Anerkennung fixiert. Diese Tatsache führte in einigen Familien zu einer besonderen Wertschätzung formal-korrekten Benehmens als offizielles Aushängeschild. Durch die erzwungene äußere Form (z. B. Tischmanieren, strenge Sauberkeitserziehung) wurde eine perfekte Fassade gewahrt. Unstimmigkeiten und kindliche Bedürfnisse hatten im Rahmen der harmonischen Etiketten keinen Platz und mußten kontrolliert und unterdrückt werden. Möglicherweise lag die Erziehung auch in den Händen von Privatlehrern oder Erziehern, zu denen eine überwiegend sachliche Beziehung bestand. Die Wünschen des Kindes hatten sich den von den Eltern vernünftig begründeten Allgemeininteressen unterzuordnen.

Spannungen und Unvereinbarkeiten zwischen den Eltern führten bei einigen Wassermannaszendenten zur Übernahme einer Vermittlerrolle. Schnell lernten die Geborenen, jede Stellungnahme für oder gegen eine der streitenden Parteien zu vermeiden, um nicht zwischen den Fronten zerrieben zu werden.

Die Fähigkeit, die Vor- und Nachteile einer Sache kühl zu analysieren, Erklärungen und Gründe gegeneinander abzuwägen, verhalf den Geborenen zu der Möglichkeit, das Geschehen zu verstehen und damit die eigenen Empfindungen in Schach zu halten. Das ermöglichte es ihnen, auch dann noch neutral zu bleiben, wenn sie emotional bewegt waren. Der Zwang zum Verständnis kann in der Folge die Orientierung an sich selbst überlagern.

Bezüglich der Vaterbeziehung lassen sich bei Wassermannaszendenten zwei Typen unterscheiden: der Intellektuelle (ca. 0 bis 19 Grad Wassermann) und der Sensible (ca. 20 bis 29 Grad Wassermann).

Der Intellektuelle

Bei diesem Typ war das Leben des Vaters vielfach von Unrast und Unbeständigkeit gekennzeichnet. Wohnortwechsel, die häufig in Zusammenhang mit beruflichen Veränderungen standen, machten die ganze Familie möglicherweise zu einem »Wanderzirkus«. In einigen Fällen zeigte sich bei ihm die Tendenz, widrigen Umständen nicht standzuhalten, sondern ihnen lieber mit Umzügen aus dem Wege zu gehen. Eventuell war er aber auch durch seine Arbeit als Fernfahrer, Vertreter oder Diplomat kaum in der Lage, zu seinen Kindern eine engere Beziehung aufzubauen. Doch auf seine Art versuchte er, die Geborenen, so gut es ging, zu fördern. Die finanziellen Erfolge seiner Tätigkeiten waren keineswegs immer befriedigend, obwohl er kurzfristig Erhebliches leistete. Dennoch strahlte der Vater meist einen grundsätzlichen Optimismus aus, da er sich immer wieder gerne in neue Abenteuer stürzte. Das Leben war für ihn oftmals mehr Spiel als Ernst. Neugier, die Lust auf Abwechslung und Risiko sowie die Hoffnung auf das große Glück ließen ihn kaum zur Ruhe kommen.

Die innere Entfernung zu beiden Elternteilen begünstigte eine eigenständige Entwicklung. Der Intellekt erwies sich als hilfreiches Instrument zur Neutralisierung des Empfindens und ermöglichte somit den Aufbau relativer seelischer Stabilität inmitten der familiären Turbulenzen. Die erworbene Fähigkeit, Erlebnisse nicht in die bekannten Kategorien von »Gut« und »Böse« einordnen zu müssen, sie vielmehr »gleichgültig«, ohne Wertung aufzunehmen, bildete den Grundstock ihrer Unabhängigkeit. Dieser Typ will jeder Situation das Beste abgewinnen, indem er seine immer wache Neugier nach allen Seiten zu befriedigen versucht. Er bezieht emotionale Sicherheit aus seiner Einsicht in gegebene Verhältnisse. Das setzt aber allem Gegenüber eine gewisse Distanz voraus. Diese innere Haltung ermöglicht jeden theoretisch-spielerischen Umgang mit dem Leben, der gerade für diese Gruppe der Wassermannaszendenten sehr bezeichnend ist.

Sein Erkenntnisdrang läßt diesen Typ aber über die reine kritische Analyse innerer und äußerer Verhältnisse hinausstreben. Zwar bringen intellektuelle Spiele wie z. B. Schach manchem einigen Spaß, doch auch dort analysiert man Situationen ja nicht als Selbstzweck, sondern um den nächsten Zug zu machen. So beschäftigt sich der »Intellektuelle« am liebsten mit seinen Gedankenspielen. Hierbei entwickelt er unter Umständen originelle, gelegentlich aber auch spleenige Denkmodelle und Lösungsansätze. Die Vielseitigkeit der Interessen kann bei manchen zu einer dilettierenden Besserwisserei auf allen Gebieten führen. Einigen gelingen aber, vielleicht gerade wegen der kühlen Unbefangenheit ihres Erkenntnisdrangs, bahnbrechende Einsichten.

Trotz ihrer *eigenwilligen* und *kritischen* Art werden die Geborenen bezüglich ihrer beruflichen Stellung meist gefördert und protegiert. Weder bei einer normalen beruflichen Karriere noch bei individueller Selbstverwirklichung werden ihnen von gesellschaftlicher Seite größere Schwierigkeiten in den Weg gelegt. Es finden sich Förderer zur rechten Zeit; »glückliche Zufälle« in letzter Sekunde helfen, bestehende Schwierigkeiten zu überwinden.

Was jedoch bleibt, ist die zwar reduzierte, aber nicht völlig aufgehobene Abhängigkeit von den eigenen Empfindungen. Sie äußert sich in verstärkter psychosomatischer Anfälligkeit und der bereits erwähnten Unruhe und Nervosität. Das Auftauchen gesundheitlicher Störungen sollte daher gerade von diesem Typ besonders ernst genommen werden. Ihre Ursache kann darin liegen, daß der Verstand neue Erlebnisse wesentlich schneller verarbeitet als die Seele. Unruhe und häufig wechselnde Eindrücke führen daher zu innerer Überforderung. Man sollte sich freiwillig mehr Ruhe und Entspannung gönnen, bevor man z. B. durch eine Krankheit dazu gezwungen wird.

Beruflich besteht eine Neigung zu theoretisch-wissenschaftlichen und kaufmännischen Betätigungen. Manche stellen ihr Wissen und ihre Einsichtsfähigkeit ganz bewußt in den Dienst anderer Menschen, z. B. als Pädagogen.

Der Sensible

Der Vater kann hier als ein emotionaler, eventuell sogar weicher Mann beschrieben werden. Zu ihm bestand in der frühen Kindheit meist eine starke Bindung, da er seine Zuneigung und sein Interesse oftmals besser ausdrücken konnte als seine Frau. Er fungierte gegebenenfalls als »Ersatzmutter«. Im Familienalltag war er sicherlich der dominante Elternteil. Meist bestimmte er die Grundsätze der Erziehung der Kinder, während die Mutter versuchte, den von ihm gesetzten Rahmen auszufüllen. Man kann davon ausgehen, daß die möglicherweise recht labilen Geborenen an ihm einen wichtigen Halt fanden. Seine Lebensregeln helfen einigen auch später noch bei der Bewältigung schwieriger Probleme. Da er im besten Falle Sicherheit und emotionale Zuwendung gab, kann sich insbesondere bei Frauen eine starke Vaterfixierung ergeben. Bei Männern zeigen sich eventuell homoerotische Neigungen.

Problematischer wird die Vaterbeziehung, wenn dieser als Vorbild einer eigenständigen Entwicklung versagt. Eventuell verbarg er seine von Haus aus weiche oder beeinflußbare Natur hinter der Maske autoritären und betont männlichen Verhaltens. Seine strenge Art kann entweder zu einer verstärkten Unterwerfung des kindlichen Eigenwillens unter die väterlichen Maßstäbe oder aber zu passiv-destruktiver Verweigerungshaltung führen. Infolge mangelnder positiver

Verstärkung bei der Selbstverwirklichung fehlt manchem Wassermannaszendenten der Mut, überhaupt etwas Neues zu beginnen. Man stellt hohe Anforderungen an sich und erwartet häufig nur Mißerfolge. Dieser Typ malt sich vieles aus, realisiert aber oft weit weniger. So verhindern einige, daß die reale Umsetzung ihrer Angelegenheiten sie für andere Menschen (den Vater) beurteilbar und kritisierbar werden läßt. In seltenen Ausnahmefällen bedeutete der frühe Tod des Vaters das Aufwachsen ohne männliches Vorbild.

Die unterdrückte seelische Eigenart zeigt sich in verstärkter Abhängigkeit von Stimmungsschwankungen, die man rational zu kontrollieren versucht, um sich nicht mit ihren Ursachen auseinandersetzen zu müssen. Dies gelingt jedoch meist eher schlecht als recht. Empfindlich reagiert man vor allem auf Kritik, neigt gegebenenfalls auch zu depressiven Anfällen. Die Geborenen zeigen sich unter Umständen ausgesprochen reizbar und launisch, strahlen eventuell sogar Negativität aus.

Für diesen Typ ist es besonders wichtig, seine rationale Kontrolle über das Gefühlsleben zu lockern. Er kann letztendlich nur über den Ausdruck seiner Gefühle er selbst werden. Dazu bedarf es aber bei der bekannten Labilität der Wassermannaszendenten eines Rahmens, um die Reichhaltigkeit der eigenen Kreativität überhaupt bewältigen zu können. Manchen hilft ein geregelter Tagesablauf, ihre Störanfälligkeit und Ablenkbarkeit zu begrenzen. Andere setzen sich selbst ein Ziel, welches sie frei von Rücksichten auf die Meinung anderer verwirklichen. Eine gewisse Gefahr kann in der Übernahme fremder (väterlicher) Maßstäbe liegen, gegen die manche ständig rebellieren, ohne sie aber wirklich überwinden zu wollen. Sie dienen im Extrem nur als Ausrede für die eigene Passivität. Manche Wassermannaszendenten dieses Typs schaffen sich eine Ordnung, die ihnen erlaubt, in Ruhe zu sich zu kommen. Dazu ist vielfach eine gewisse Zurückgezogenheit vonnöten, um die eigene Reagibilität nicht noch anzuheizen. Dann allerdings ist es möglich, daß die Geborenen auf ihrem Gebiet allgemeinverbindliche Neuerungen durchsetzen können.

Die theoretisch-intellektuellen Begabungen bilden den Ausgangspunkt für berufliche Tätigkeiten. Den Geborenen liegen Arbeiten, die mit Wissen und Wissensvermittlung im weitesten Sinne zu tun haben. Hier wäre vor allem an Philosophie, Journalistik oder auch schriftstellerische Betätigungen zu denken.

Schlüsselbegriffe

Ausbruch, Distanz zu Gefühlen, zurückhaltend, kühl, sachlich, unangreifbar, menschenfreundliche Ideale, Theoretiker, freundlich, Geselligkeit und Toleranz, originelle Gedanken und Einfälle, Humor, Eigenständigkeit, Unruhe, Reizbarkeit und Nervosität, unabhängig von Folgerichtigkeiten, dominanter Partner, innere Anspannung, kritisch.

Beispiel: Karl Marx

Kurzbiographie Karl Marx:

5. 5. 1818 Karl Marx in Trier geboren.
1835 Abitur in Trier, Jurastudium in Bonn.
1836 Verlobung mit Jenny von Westphalen.

1838 Nach dem Tod des treusorgenden Vaters end-
gültiges Zerwürfnis mit der Familie.

1842 Redakteur bei der *Rheinischen Zeitung*.

12. 6. 1843 Schließt Ehe mit Jenny. Umzug nach Paris.

1844 Freundschaft mit Friedrich Engels.

1845 Ausweisung aus Frankreich und Übersiedlung
mit der Familie nach Brüssel.

1848 Das *Kommunistische Manifest*. Anfang März
Ausweisung aus Belgien.

1849 Er übernimmt die Herausgabe der *Neuen
Rheinischen Zeitung*. Doch schon im Mai
1849 wird diese Zeitung verboten. Am 24. 8.
1849 beginnt sein Exilleben in London.

1859 *Zur Kritik der politischen Ökonomie*.

1864 Gründung der »Internationalen Arbeiterasso-
ziation« (IAA).

1866 Erster Kongreß der Internationale in Genf.

1867 *Das Kapital* Band 1 erscheint. Die beiden anderen Bände können erst nach seinem Tod
1885 und 1894 von Friedrich Engels herausgegeben werden.

1870 Auch Engels übersiedelt nach London.

1877 Mitarbeit an Engels' »Anti-Dühring«.

1881 Tod von Jenny Marx.

1883 Karl Marx stirbt am 14. 3.

Karl Marx hatte keinen Bezug zu seiner Mutter. Zwischen Vater und Sohn dagegen entwickelte sich eine engere Beziehung:

» . . . Der Vater ging auf alle Anliegen Karls ein und hatte ein

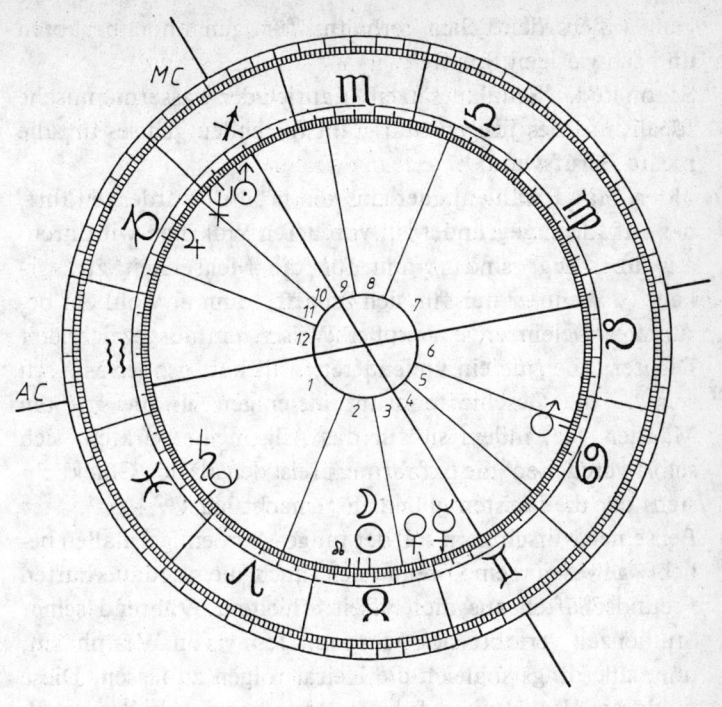

5. 5. 1818   02.00.00 LMT

Geburtsort: Trier
006° 33' 40" O   49° 45' 30" N

Häuser: Placidus

1 23° 03' ♒	**10** 13°42' ♐
2 20° 09' ♈	**11** 01° 53' ♉
3 22° 28' ♉	**12** 21° 53' ♉

☉ 13° 56' ♉
☽ 11° 16' ♉
☿ 03° 38' ♊
♀ 27° 31' ♉
♂ 20° 47' ♋
♃ 12° 57' ♑ R
♄ 15° 47' ♓
♅ 19° 31' ♐ R
♆ 26° 09' ♐ R
☊ 25° 53' ♓
☋ 08° 34' ♉

Abbildung 25: Horoskop Karl Marx

253

ganz außerordentliches Verhältnis für seinen hochbegabten und schwierigen Sohn.«[61]

Schon in den Schulaufsätzen zeigt sich der wassermännische Idealismus des jungen Marx. Im folgenden geht es um die rechte Berufswahl:

»[den Stand wählen], der uns die größte Würde gewährt, der auf Ideen gegründet ist, von deren Wahrheit wir durchaus überzeugt sind... um für die Menschheit zu wirken... Wenn er nur für sich schafft, kann er wohl ein berühmter Gelehrter, ein großer Weiser, ein ausgezeichneter Dichter, aber nie ein vollendeter, wahrhaft großer Mensch sein... die Geschichte nennt diejenigen als die größten Männer, die, indem sie für das Allgemeine wirkten, sich selbst veredelten; die Erfahrung preist den als den Glücklichsten, der die meisten glücklich gemacht hat.«[62]

Bei seinen Mitschülern soll der junge Marx einigermaßen beliebt gewesen sein, wenn sich auch keine dauerhaften Freundschaften aus dieser Zeit erhielten. Während seiner Studienzeit verlobte sich Marx mit Jenny von Westphalen, ohne allerdings sogleich die Heirat folgen zu lassen. Diese unklaren Verhältnisse führten gemeinsam mit dem auch sonst recht wilden Treibens Karls zu einem schweren Zerwürfnis mit dem Vater, der ihn dringlich bat zu heiraten:

»Es gibt für den Mann keine heiligere Pflicht, als die er gegen das schwächere Weib übernimmt... Wehe Dir, wenn Du je in Deinem ganzen Leben dies vergessen könntest!«[63]

In anderen Briefen äußert sich der Vater auch zuweilen kritisch, aber liebevoll über den Egoismus Karls. Die Position

[61] Werner Blumenberg, *Karl Marx*, Reinbek 1962, S. 25.
[62] Ebenda, S. 18.
[63] Ebenda, S. 28.

Abbildung 26: Karl Marx

von Sonne (Herrscher des siebten Hauses) und Mond im zweiten Haus im Stier legen eine gewisse Berechtigung dieser Vorwürfe aus astrologischer Sicht nahe:

»So sehr ich Dich über alles ... liebe, so wenig bin ich blind, und noch weniger will ich es sein. Ich lasse Dir viel Gerechtigkeit widerfahren, aber ich kann mich nicht ganz des Gedankens entschlagen, daß Du nicht frei von Egoismus bist, etwas mehr als zur Selbsterhaltung nötig ...«[64]

Dem Vater war es nicht mehr vergönnt, die erst 1843 erfolgende Heirat seines Sohnes mitzuerleben, er starb bereits 1838. Trotz seines ausgeprägten (theoretischen) Idealismus (Wassermannaszendent) sollte dieser die Vorwürfe, die damals schon der Vater erhoben hatte, noch von anderen Menschen hören. Im persönlichen Umgang war Marx außerordentlich schwierig und gelegentlich auch sehr verletzend. Mars, der Herrscher des für Abgrenzung des Eigenbereichs zuständigen zweiten Hauses, steht im sechsten Haus. Von dort wirft er ein Quadrat auf die Spitzen des zweiten und des achten Hauses. Marx nahm sich also sehr viel Platz und setzte sich teilweise sehr aggressiv gegenüber anderen durch. So paßte sich z. B. seine Frau Jenny »ihr Leben lang, wenn auch unter großen Opfern, seinem Leben an ...«[65]

Besagte Marskonstellation hat eine gesundheitliche und eine materielle Komponente. Seit 1849 litt Marx unter nervösen Beschwerden, Rheuma, Schlaflosigkeit sowie einem Leber- und Gallenleiden. Da Mars als Herrscher des zweiten Hauses auch für die Besitzverhältnisse zuständig ist, läßt sich hier darüber hinaus ein Zusammenhang mit seiner lebenslang schlechten materiellen Lage herstellen. Seine

---

64 Ebenda, S. 29.
65 Ebenda, S. 50.

Krankheiten, aber auch seine materielle Unterversorgung verschlimmerte er durch unmäßige Genüsse und verschwenderische Geldausgaben.

»Im Charakter des Kranken fällt seine starke Reizbarkeit auf; er ist ungeduldig, jähzornig, unzufrieden, kritisiert alles, seine Stimmung ist ungleichmäßig... er diskutiert scharf, seine Polemiken scheuen in ihrer beißenden Satire nicht vor Beleidigungen zurück, und im Ausdruck kann er grausam grob sein.«[66]

Doch Marx kann nicht nur von dieser Seite her beurteilt werden. Seine Hauptleistung vollbrachte er mit seinen Theorien, die zwar weniger im persönlichen, dafür aber um so mehr im gesellschaftlichen Leben ihre Wirkung entfalteten. Uranus, Herrscher des Aszendenten im zehnten Haus, verweist auf den ungeheuren Sprengstoff, den seine revolutionären Ideen im Europa des 19. Jahrhunderts bedeuteten:

»Die großartig zwingende Logik, die unbarmherzige Art der Diagnostik und vor allem die prophetische Art der Problemstellung machten mir zutiefst einen Eindruck, und ich begriff zutiefst die ganze explosive, zeiterschütternde Kraft, welche auf diesen paar hundert Seiten wie Ekrasit zusammengeballt war.«[67]

---

[66] Ebenda, S. 107.
[67] Stefan Zweig, zitiert nach Blumenberg, *Marx*, a. a. O., S. 167.

Aszendent Fische

Bekannte Fischeaszendenten

Adenauer, Konrad (Politiker)
Baudissin, Wolf von (Industrieller)
Braque, Georges (Maler)
Caroline von Monaco (Prinzessin)
Carradine, David (Schauspieler)
Fassbinder, Rainer Werner (Schauspieler, Regisseur)
Grillparzer, Franz (Schriftsteller)
Hesper, Dunja (Sängerin)
Joplin, Janis (Sängerin)
Juan Carlos von Spanien (König)
Mailer, Norman (Schriftsteller, Journalist)
Mondale, Walter (US-Politiker)
Nesmith, Michael (Musiker)
Redford, Robert (Schauspieler)
Starr, Ringo (Musiker)

Fischeaszendenten

Fischeaszendenten verkörpern das Prinzip der Auflösung des Stofflichen und die Sehnsucht nach Befreiung des Individuums von seiner Triebnatur. Am Ende des Tierkreises steht das Zeichen mit der weitestgehenden *Ichlosigkeit*. Gerade der letzte Schritt zur Überwindung der Grenzen der eigenen Personalität scheint aber die alten Kräfte der Materie

259

noch einmal verstärkt auf den Plan zu rufen. So sind diese Menschen in sich oft widersprüchlich, hin und her gerissen zwischen der instinktiven Selbstaufgabe einerseits sowie dem gleichzeitigen Wunsch nach Selbstbehauptung und Bewahrung des Ich andererseits.

Die Geborenen besitzen große *Sensibilität* und *Beeindruckbarkeit*. Fast könnte man sie als aufnahmebereit bis zur Durchlässigkeit bezeichnen. Das macht sie *empfänglich* für allerfeinste Schwingungen besonders im zwischenmenschlichen Bereich. Mediale Veranlagungen sind unter diesem Zeichen keine Seltenheit. Traum und Wirklichkeit, kreative Ideen und Hirngespinste fließen bei Fischeaszendenten häufig ineinander. Doch Gedanken und Phantasien eilen den Taten oft weit voraus. Die Öffnung für das Außen bedingt einen relativ ungehemmten Zufluß mannigfaltiger Eindrücke, die Anregung für die *reichhaltige Phantasie* der Geborenen liefern. Andererseits bedeutet diese Empfindsamkeit, daß Fischeaszendenten von Ereignissen ganz anders in Mitleidenschaft gezogen werden als ihre robusteren Mitmenschen. Selbst kleinere Erlebnisse können sie außerordentlich irritieren. Größere Schocks demoralisieren sie kurzfristig zwar enorm, doch kommen sie auch schnell wieder auf die Füße. Daneben existiert aber auch die andere, aktive Seite der Geborenen. Gerade Fischeaszendenten in unseren Breiten wissen meist genau, was sie wollen. Sie sind nur nicht darauf angewiesen, ihre Absichten, »koste es, was es wolle«, umzusetzen. Sie haben ein äußerst *sensibles Gespür* für den rechten Zeitpunkt und können warten, bis sich ihr Anliegen nahezu von selbst durchsetzt. Mit ihrem feinen Riecher für die jeweilige »Wetterlage« kann es ihnen gelingen, günstige und eventuell lange erwartete Gelegenheiten am Schopf zu fassen. Selbst wenn die Geborenen klare Ziele vor Augen haben, verfolgen sie diese in der Regel kaum geradlinig, sondern auf eine bemerkenswert *geschmeidige* und *flexible Art*. Unerwartet auftauchende Hindernisse werden in die eigenen Pläne mit einbezogen. Man versteht, Gegebenheiten in seinem Sinne auszunutzen und den Weg des geringsten Widerstandes zu gehen. Die ursprünglichen Wünsche werden dabei keineswegs aus den Augen gelassen, man versucht trotz aller Umwege, ans Ziel zu kommen. Dennoch läßt man sich manchmal weiter vom Weg abbringen, als einem lieb ist.

Bei Fischeaszendenten hängt sehr viel davon ab, wie sich aktive und passive Anteile miteinander verbinden. Besonders Männer erleben ihre *Sensibilität* und *Beeindruckbarkeit* häufig als Manko oder Schwäche und glauben, diese in irgendeiner Form ausgleichen zu müssen. Einige tragen Arroganz und Stärke zur Schau, andere geben sich harmloser, als sie sind, um aus einer unterschätzten Position heraus den großen Coup zu landen. Die angelegte *Labilität* kann auch dazu führen, daß man sich nur noch treiben läßt. Dann wird man wie ein Blatt im Wind ausschließlich von fremden Interessen bewegt. Durch solch passives Verhalten liefert man sich der Fremdbestimmung sowie der Bedrohung von außen in verstärktem Maße aus, tut somit alles, um zum Opfer zu werden.

Häufig besteht die Schwierigkeit, sich gegenüber anbrandenden Eindrücken und Personen abzugrenzen. Es bedarf größter Anstrengungen, um diese ständige Reizüberflutung zu kontrollieren und einzudämmen. Fischeaszendenten fällt es sehr schwer, den lieben Mitmenschen etwas abzuschlagen. Sosehr man sich auch vorgenommen hatte, diesmal den Depressionen des Nachbarn keine Aufmerksamkeit mehr zu widmen, siegt angesichts seiner Leiden dann doch die Anteilnahme. Fischeaszendenten lassen sich besonders in der

Jugend aufgrund ihrer *Gutmütigkeit* leicht ausnutzen. Je weniger sie sich aber vor Übergriffen zu schützen vermögen, desto mehr fordern sie indirekt andere zu Revierverletzungen auf. Dann werden die Geborenen eventuell zu Opfern durchsetzungsfähigerer Bekannter und Freunde. Mißtrauen und Verbitterung sowie eine grundsätzlich pessimistische Sicht der Welt können die Folge solcher Erfahrungen sein. In der Not kann der Griff zu Drogen und Alkohol für schwächere Naturen eine Verlockung darstellen. Wenn man sich erst einmal etwas Mut angetrunken hat, lassen sich eigene Interessen oft besser durchsetzen ... Andererseits können berauschende Substanzen aber auch dazu verwendet werden, die unbewältigte Realität zu verscheuchen, indem man sich betäubt und damit »zumacht«. Andere erträumen sich eine bessere Welt, weil sie keine Energie haben, ihre eigene zu verändern. Gerade die sensibelsten und feinfühligsten Naturen sind in Gefahr, abzustumpfen oder gar süchtig zu werden, weil sie mit ihrer praktischen Lebensbewältigung überfordert sind.

Vor allzu großer Fremdbestimmung schützen sich Fischeaszendenten vor allem durch *Rückzug* und *Tarnung*. In der Regel lassen sie sich nur ungern in die Karten schauen und scheuen öffentliches Interesse jeder Art, was wiederum bei der Umgebung schnell mißtrauische Reaktionen hervorrufen kann. Diese sind jedoch die logische Folge des Verhaltens der Geborenen, das ja gerade die anderen in den Vordergrund, sich selbst aber hintanstellt. Sie besitzen die Fähigkeit, sich bis zur eigenen Konturlosigkeit der Umwelt anzugleichen, um auf diese Weise jedes Anecken zu verhindern. Zudem läßt man sich nur ungern festlegen und weiß sich unangenehmen Verpflichtungen liebenswürdig zu entziehen. Dafür wird einem allerdings manchmal der Vorwurf der Unzuverlässigkeit gemacht. Viele bleiben für ihre Mitmenschen ebenso *ungreifbar* wie gestaltlos.

Gegenüber ihrer Umwelt legen Fischeaszendenten meist eine rational-distanzierte Haltung an den Tag. Das Bestreben, sich nicht festzulegen und keine definitiven Entscheidungen zu treffen, verlangt ausgeprägtes *diplomatisches Talent*, da niemand vor den Kopf gestoßen werden soll. Mit Hilfe sachlichen Denkens und nüchterner Beobachtung bewerkstelligen Fischeaszendenten diese Aufgabe in der Regel spielend. Ihrem forschenden Blick entgeht kein noch so unscheinbares Detail. Ihr skeptischer Pragmatismus dient dazu, sich der lästigen Realität nicht mehr als notwendig auszuliefern.

Das stark ausgeprägte *organisierende Denken* der Geborenen äußert sich allerdings mehr in bezug auf die Umwelt. So ist man z. B. sehr wohl in der Lage, seinen Mitmenschen die vernünftigsten Ratschläge zu geben, die man selber allerdings kaum befolgen würde. *Untrügliches Gespür* und *analytische Beobachtungsgabe* befähigen viele Fischeaszendenten, ihren Mitmenschen verblüffende Wahrheiten direkt auf den Kopf zuzusagen. Treibt man sie allzusehr in die Enge, dann können sie diese Begabung auch als eine scharfe und verletzende Waffe einsetzen.

Im Umgang mit anderen ist man eher *freundlich, liebenswert* und *charmant*, kann sich auf nahezu jede beliebige Umgebung einstellen. Fischeaszendenten wirken daher unter Umständen relativ kontur- oder gar farblos. Indem sich die Geborenen alles freundlich vom Halse halten, vermeiden sie Streit, Auseinandersetzung und Konfrontation. Doch hinter dieser reibungsfreien Fassade existiert das alte Ego weiter und will seine Wünsche keineswegs aufgeben. Auf diesem Boden können sich eventuell Heimlichkeit, Lüge und Betrug entwickeln. Unter einem harmlosen Deckmäntelchen finden sich gegebenenfalls Naturen, die berechnend und glatt lediglich ihren eigenen Vorteil zu realisieren bestrebt sind.

Für die Mitmenschen ist es nicht immer leicht, an Fischeaszendenten überhaupt heranzukommen. Zwar wünschen sich die Geborenen enge Kontakte, doch während sie von grenzenloser Nähe träumen, vermeiden sie durch ihr konkretes Verhalten echte Begegnungen. Dabei spielt die Angst, Opfer zu werden, eine wichtige Rolle. Sie kann dazu führen, sich anderen nur mit Tarnkappe zu zeigen. Solange die Geborenen jedoch ausweichen oder sich bedeckt halten, verhindern sie bereits ein Kennenlernen, die Vorstufe jeglicher Freundschaft.

Unpersönliche Beziehungen bieten sich daher Fischeaszendenten als eine Möglichkeit an, ihre Isolation und Einsamkeit zu überwinden, ohne sich mit sich selbst zu konfrontieren. Im positiven Falle liegt die Übernahme einer *Helferrolle* im sozialen Bereich nahe. Umgekehrt wäre es aber auch denkbar, daß sich haltlose Geborene auf die Suche nach Menschen begeben, die ihnen die praktische Lebensbewältigung abnehmen.

Fischeaszendenten, die enge Beziehungen anstreben, sollten sich nicht dauernd verstecken. Wer offen zu seinen Wünschen steht, macht sich zwar angreifbar, kann aber auch bestehendes Mißtrauen gegen die eigene Person ausräumen. Sich zu zeigen macht der Umwelt Grenzen sichtbar, die dadurch erst beachtet und respektiert werden können. Es ist bemerkenswert, daß Grenzen immer zwei Aspekte bedeuten: Sie trennen Länder, Vorgärten oder auch Personen und bieten gerade dadurch Berührungs- und Kontaktmöglichkeit. Der Fischeaszendent, der sich abgrenzt, schafft die Voraussetzung für intensivere, vertrautere Begegnungen, weil er erst dadurch Identität, Kontur und damit Selbstsicherheit gewinnt. Auch wenn die Geborenen das brutal und unmensch-lich finden oder wenn sie Angst haben, Nachteile in Kauf nehmen zu müssen, sollten sie trotzdem lernen, selbst zu ent-scheiden, wann sie sich wem gegenüber wie weit öffnen.

Insofern steht für Fischeaszendenten in Beziehungen immer das Problem der richtigen Entfernung zum Partner im Vorder-grund. Während andere Tierkreiszeichen Schwierigkeiten da-mit haben, ihr Gegenüber ebenso ernst zu nehmen wie sich selbst, ist es bei den Geborenen gerade umgekehrt. Sie laufen eher Gefahr, ihre Nächsten mehr zu lieben als sich selbst. Di-stanzlosigkeit durch übergroße Hingabe einerseits und Un-berührbarkeit durch unverbindliches Ausweichen vor der Um-welt andererseits sind zwar Extreme; sie erschweren jedoch bei-de die Entwicklung gleichberechtigter und beiderseits befrie-digender Partnerschaften. Wer sich nur verausgabt, ohne et-was anzunehmen, behindert den notwendigen Energiefluß.

Der Fischeaszendent muß sich bewußt werden, daß Liebe eine irdische Angelegenheit ist. Eine Überwindung dualer Trennung zwischen Liebenden kann erst die Folge einer Ver-schmelzung vorher getrennt vorhandener Pole sein. Nur wer zuerst den Schritt in die eigene Identität wagt, kann sich spä-ter auch zusammen mit einem anderen Menschen von ihr be-freien. In Partnerschaften besteht ja gerade im Bereich der Zärtlichkeit und des Körperkontaktes eine große Chance, über den anderen mit sich selbst in Kontakt zu kommen. So kann die (gemeinsame) Freude am eigenen Körper den er-sten Schritt zu sich selbst bedeuten. Ist das Bekenntnis zu sich erst einmal gewagt, so fällt es den Geborenen relativ leicht, sich auf eine verbindliche Beziehung einzulassen. Sie kann dem Fischeaszendenten dann den Grund unter den Fü-ßen bieten, den er braucht, um seine *Inspiration* zu erden und fruchtbar zu machen.

Familienhintergrund

Die Erlebnisse der Kindheit legten den Geborenen die rationale Kontrolle ihrer Gefühle nahe. Als Ursache für diese Entwicklung kommen verschiedene Gründe in Betracht. Meist hatten beide Elternteile Schwierigkeiten im Umgang mit Empfindungen. Dabei spielen oft religiöse oder ethische Überzeugungen eine wichtige Rolle. Der Glaube der Erwachsenen war in der Mehrzahl der Fälle zwar humanistisch und tolerant, gelegentlich aber auch äußerst körper- und sexualfeindlich.

Vor dem fünfzehnten Lebensjahr können sich gravierende Veränderungen der häuslichen Situation oder des sozialen Umfeldes ergeben haben. Hier wäre vor allem an Umzüge, Internats- und Krankenhausaufenthalte, aber auch an eine Trennung des Vaters von der Familie zu denken. Die Eltern begründeten solche Umbrüche mit rationalen Argumenten, ohne die emotionale Dimension solcher Erlebnisse für Kinder angemessen zu berücksichtigen. Möglicherweise geschah dies aus ihrer eigenen Unsicherheit im Umgang mit Emotionen. In der Bewältigung ihrer Gefühle völlig auf sich gestellt, lernten manche Fischeaszendenten bereits früh, daß Empfindungen wie Schmerz, Trauer oder auch Wut »nichts mit der Sache zu tun haben« und allenfalls Unruhe stiften. Empfindungen müssen sich logischen Erwägungen und Sachzwängen unterordnen und besitzen keine eigene Realität.

Gerade die Mutter war trotz besten Willens nur selten in der Lage, Zuneigung durch affektive Zuwendung, Berührung oder Körperkontakt zu zeigen. Dennoch erlebten die Fischeaszendenten sie als relativ gutmütig und tolerant. Sie bemühte sich, das Beste für die Familie zu tun, und förderte die Geborenen nach Möglichkeit. Im Erwerb von Wissen und speziellem technischen Können erblickte sie eine Garantie für den sozialen Aufstieg ihrer Kinder.

Oft war die Mutter auf gesellschaftliche und soziale Anerkennung fixiert. Diese Tatsache führte in einigen Familien zu einer besonderen Wertschätzung eines formal-korrekten Benehmens als offizielles Aushängeschild. Durch die äußere Form (z. B. Tischmanieren, strenge Sauberkeitserziehung) wurde eine perfekte Fassade gewahrt. Unstimmigkeiten und kindliche Bedürfnisse hatten im Rahmen der harmonischen Etikette keinen Platz und mußten kontrolliert und unterdrückt werden. Die Wünsche des Kindes hatten sich ohne Diskussion den von den Eltern bestimmten Interessen des Ganzen unterzuordnen.

War die Ehe der Eltern problematisch, so erlebten sich die Geborenen als hin und her gerissen zwischen den widersprüchlichen Polen und versuchten, diesem Dilemma zu entgehen, indem sie eine Distanz zu beiden aufbauten. Häufiger allerdings sprachen rationale Gründe für die Mutter, während man sich emotional eher zum Vater hingezogen fühlte.

Die Fähigkeit, die Vor- und Nachteile einer Sache kühl zu analysieren, Erklärungen und Gründe gegeneinander abzuwägen, verhalf den Geborenen zu der Möglichkeit, das Geschehen zu verstehen und damit die eigenen Empfindungen besser zu kontrollieren. Das ermöglichte ihnen, auch dann noch neutral zu bleiben, wenn sie emotional bewegt waren. In seltenen Einzelfällen lassen sich die Fischeaszendenten von ihren Eltern als »Partnertherapeuten« vereinnahmen. Der Zwang zum Verständnis anderer überlagert in der Folge die Orientierung aus sich selbst. Die eigene Existenzberechtigung bewies sich in reibungslosem Funktionieren und der konfliktfreien Übernahme dessen, was nach Meinung der Eltern das Beste war. All das wurde möglich, weil man bereits damals »vernünftig genug« war, um in allen Regeln einen Sinn zu sehen.

Der Vater trat meistens als Respektperson auf und setzte Spielregeln mit Hilfe von Druck oder Strafen durch. Oft bestimmte er die Grundsätze der Erziehung, während die Mutter »es ihm recht zu machen« versuchte. Zu ihm bestand in der Kindheit meist eine starke seelische Bindung, da er seine Zuneigung und sein Interesse oftmals besser ausdrücken konnte als die Mutter.

Später allerdings kann sich die ursprüngliche Nähe zum Vater immer mehr in Abneigung verwandeln, wenn er seine weiche, eventuell auch beeinflußbare Natur hinter der Maske autoritären und betont männlichen Verhaltens zu verbergen versuchte. Möglicherweise entsprach seine berufliche Stellung nicht seiner eigentlichen Berufung, die er seinem Sicherheitsstreben schon in jungen Jahren geopfert hatte. Wenn er dasselbe von seinen Kindern erwartete, führte dies entweder zu einer verstärkten Unterwerfung des Eigenwillens unter die väterlichen Maßstäbe der Anpassung oder aber zu einer passiven Verweigerungshaltung. In der Folge fehlt manchen Fischeaszendenten oft der Mut, überhaupt etwas zu beginnen. Man stellt hohe Anforderungen an sich und erwartet häufig nur Mißerfolge. So vermiest man sich den Spaß an einer Sache, bevor man mit ihrer Realisierung überhaupt begonnen hat.

Weitere Folgen dieser Familienkonstellation bestehen gemeinhin darin, daß die Geborenen vor allem zu sich selbst, aber auch zu ihren Mitmenschen innerlich immer stärker auf Distanz gehen. Empfindungen werden mit Hilfe des Verstandes auf ihre logisch-vernünftige Berechtigung überprüft.

Dieser Skeptizismus allen eigenen Antrieben gegenüber kann dazu führen, daß Empfindungen mehr gedacht als erlebt werden. Damit liefert man sich aber an den Intellekt aus, der zu jedem »Ja« auch ein »Aber« findet und daher Unentschlossenheit und Passivität fördert. Ihre Zwiespältigkeit erlaubt es Fischeaszendenten, sich — wie oben beschrieben — unauffällig zurückzuhalten und kühl die verschiedenen Möglichkeiten gegeneinander abzuwägen. Damit ist man fähig, sich etwaige Zeitströmungen zunutze zu machen, selbst wenn dies mit einem Verlust an Identität erkauft sein sollte. Indem man sich von vornherein alle Möglichkeiten offenhält, schützt man sich davor, gemessen, beurteilt und kritisiert zu werden.

Die nichtgelebte seelische Eigenart zeigt sich in einer verstärkten Abhängigkeit von Stimmungsschwankungen. Man versucht, sie rational zu kontrollieren, um sich nicht mit ihren Ursachen auseinandersetzen zu müssen. Andere zeigen gesteigerte motorische Unruhe in Anspannungszeiten und können so immerhin ihren Streß z. B. über sportliche Betätigungen, insbesondere in der Leichtathletik, ausagieren. Es ist aber auch denkbar, daß solche Mechanismen auf die Dauer zu einem nervösen Magen führen. Beschwerden dieser Art können — werden sie als Hinweis auf die zugrundeliegenden psychischen Probleme erkannt — eine wertvolle Orientierungshilfe geben.

Für Fischeaszendenten bedeutet es eine Hilfe, sich selbst bewußter als Staubkorn im kosmischen Zusammenhang zu begreifen, dessen Existenzberechtigung darin liegt, mit einer Unzahl anderer Teilchen jene bunte Reichhaltigkeit zu repräsentieren, welche jeder übergeordneten Einheit notwendig zugrunde liegt. Die Sinnhaftigkeit des individuellen Seins verlangt, eigene Begabungen zu entfalten und zur Blüte zu bringen, um so das Ganze zu bereichern. Gerade Fische-aszendenten mit ihrem Drang zur Selbstaufgabe müssen also erkennen, daß die Tatsache ihrer Inkarnation die Aufgabe bedeutet, ihre Existenz mit eigenem Leben zu füllen. Eben weil die Geborenen dazu tendieren, ihre Person aufzulösen, bedeutet die Annahme dieses Auftrages eine Befreiung von der eigenen Triebnatur und ein bewußtes Eingliedern in das unendliche kosmische Zusammenspiel.

Manche Fischeaszendenten gewinnen nach und nach Vertrauen in die Aussagekraft und Bedeutung ihrer Empfindungen und entwickeln immer mehr Mut, diese auch auszudrücken. Damit kann die reiche *Kreativität* tatsächlich zum Zuge kommen. Hier stellt sich allerdings vielen die eigene Stimmungsabhängigkeit störend in den Weg. Perioden der begeisterten Aktivität können z. B. von passiveren oder gar depressiven Phasen abgelöst werden. Hinzu kommt die für sensible Menschen völlig normale Irritierbarkeit. Sehr hilfreich kann es sein, sich wenigstens ein paar Minuten am Tag ganz bewußt zurückzuziehen. Die Kunst besteht darin, *Stimmungsschwankungen* zuzulassen, ohne sich ihnen völlig auszuliefern. Der erlebte Wandel stärkt das Bewußtsein vom Fluß der Zeiten und ihrer wechselnden Zwänge. Hochentwickelte Fischeaszendenten sind daher in der Lage, absolut zeitgemäß zu handeln. Damit gewinnen sie für sich als Person, doch auch für ihre Werke eine schlichte, aber unverwechselbare Identität.

Beruflich können sich die Geborenen vor allem ihr Interesse für sprachlichen Ausdruck von Empfindungen zunutze machen. Ihr Gespür, ihre *Intelligenz* und ihre Verständnisbereitschaft machen sie zu gesuchten Beratern bei psychosozialen oder auch wirtschaftlichen Fragen. Es gibt auch naturwissenschaftlich-mathematische Talente. Normalerweise werden die Fischegeborenen an ihrer Arbeitsstelle gefördert und protegiert, solange sie bereit sind, sich bestehenden Strukturen unterzuordnen. Daher opfern manche ihren Wunsch nach einer eigenständigeren Selbstverwirklichung dem beruflichen Sicherheitsstreben. Selbständige Positionen werden daher oft erst in der zweiten Lebenshälfte erreicht. Der vorhergegangene Prozeß der Selbstfindung befähigt die Geborenen dann dazu, in ihrem Bereich allgemeinverbindliche Maßstäbe zu setzen.

Schlüsselbegriffe

Ichlosigkeit, Sensibilität und Beeindruckbarkeit, empfänglich, reichhaltige Phantasie, sensibles Gespür, geschmeidige und flexible Art, Labilität, Gutmütigkeit, Rückzug und Tarnung, ungreifbar, diplomatisches Talent, organisierendes Denken, analytische Beobachtungsgabe, freundlich, charmant, Helferrolle, Inspiration, Kreativität, Stimmungsschwankungen, Intelligenz.

Beispiel: Konrad Adenauer

Kurzbiographie Konrad Adenauer:

5. 1. 1876 Konrad Adenauer als Sohn des Justizangestellten Konrad Adenauer und seiner Frau Helene in Köln geboren.

1901 Nach bestandener juristischer Assessorenprüfung Eintritt in die Kölner Kanzlei Kausen.

1904 Heiratet Emma Weyer.

1916 Tod Emmas.

1917 Wahl zum Kölner Oberbürgermeister.

1919 Heiratet Gussi Zinsser.

1921 Präsident des preußischen Staatsrates.

1926 Lehnt das ihm von Zentrumspolitikern angebotene Amt des Reichskanzlers ab.

1929 Wiederwahl zum Kölner Oberbürgermeister.

1933 Als Oberbürgermeister abgesetzt.

1934 Verhaftung durch die Nationalsozialisten,
aber baldige Entlassung.

1944 Erneute Verhaftung.

1946 Vorsitzender der CDU in der britischen Zone.

1949 Adenauer zum ersten Kanzler der Bundesre-
publik gewählt. Er bleibt in diesem Amt bis
1963. 1966 völliger Rückzug aus der Politik.

19. 4. 1967 Adenauer stirbt.

Über Adenauers Jugend ist vergleichsweise wenig bekannt;
seine Figur in dieser Zeit gewinnt kaum an Kontur:
»... auch die Bilder oder Berichte aus Adenauers Jugend
und Kindheit verraten wenig über den Menschen, der sich
dahinter versteckt. Immer ist da eine gewisse Unpersönlich-
keit und Verschlossenheit, immer der Eindruck eines Menschen ohne innere Spannungen und Leidenschaften.«[68]
Die Erziehung, die der kleine Konrad genoß, war streng,
spartanisch, sparsam und katholisch. Der seelische Eigenwille, vom Vater unterdrückt, suchte sich ein Ventil in der kaum
zu bremsenden Lust des Experimentierens und Erfindens.
Dieser Ausweg aus dem seelischen Dilemma zeigt sich astro-

[68] Gösta von Uexküll, *Adenauer*, Reinbek 1976, S. 13.

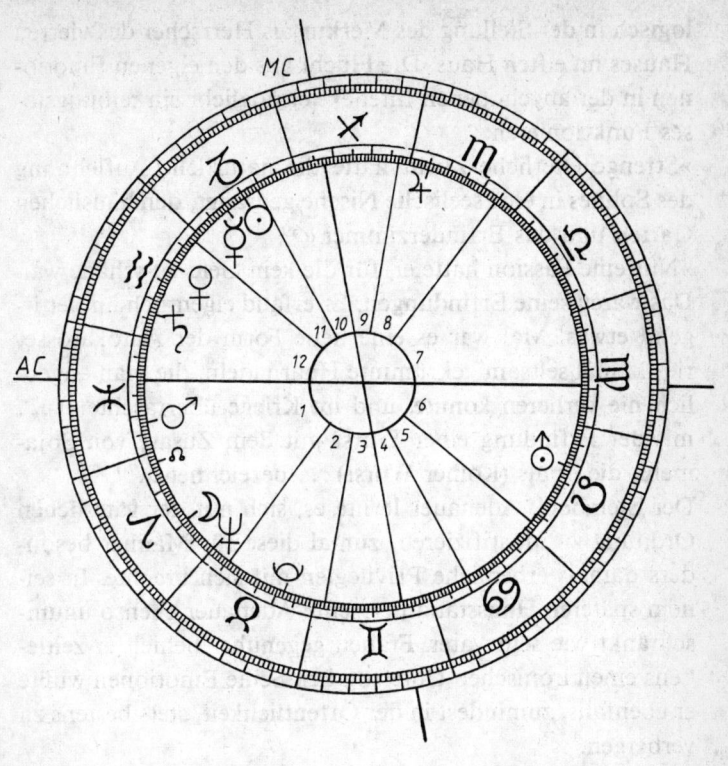

5. 1. 1876   10.30.00 LMT

Geburtsort: Köln
006° 57' 33" O   50° 56' 33" N

Häuser: Placidus

1 11° 15' ♓		10 22° 31' ♐	
2 05° 30' ♉		11 10° 24' ♑	
3 03° 12' ♊		12 02° 08' ♒	

⊙ 14° 29' ♑
☽ 24° 26' ♈ P
☿ 20° 32' ♑
♀ 09° 57' ♒
♂ 21° 49' ♓
♃ 24° 48' ♏
♄ 23° 35' ♒
♅ 19° 16' ♌ R
♆ 00° 16' ♉ S
♇ 21° 50' ♉ R
☊ 03° 07' ♈

Abbildung 27: Horoskop Konrad Adenauer

273

logisch in der Stellung des Merkur als Herrscher des vierten Hauses im elften Haus. Die Flucht aus den eigenen Emotionen in der abgehobenen Intellekt ermöglicht ein reibungsloses Funktionieren:

»Strenge elterliche Zucht hatte die natürliche Auflehnung des Sohnes in eine seelische Nische gedrängt, den häuslichen Garten und das Erfinderzimmer.«[69]

»Nur eine Passion hatte er, für die kein Geld zu schade war. Das waren seine Erfindungen. Er erfand eigentlich immer irgend etwas. Mal war es eine neue Form der Autokarosserie ... mal seltsam gekrümmte Haarnadeln, die man angeblich nie verlieren konnte, und im Kriege überraschte er ... mit der Erfindung einer Wurst mit dem Zusatz von Sojamehl, die er als (Kölner Wurst) ... bezeichnete.«[70]

Der Steinbock Adenauer lernte es, sich mit der väterlichen Ordnung zu identifizieren, zumal diese für Männer besonders damals erhebliche Privilegien mit sich brachte. In seinem späteren Hausstand herrschte Adenauer ebenso unumschränkt wie sein Vater. Frauen gegenüber behielt er zeitlebens einen ironischen Unterton bei. Seine Emotionen wußte er ebenfalls, zumindest in der Öffentlichkeit, stets bestens zu verbergen.

Adenauer machte in Köln schnell Karriere. Dazu verhalfen ihm sowohl seine beruflichen Leistungen als auch die Heirat mit der aus dem Großbürgertum stammenden Emma Weyer (Merkur, Herrscher von sieben, in elf). Diese familiären Beziehungen zum liberalen Bürgertum ermöglichten 1917 die Wahl des Zentrumspolitikers Adenauer zum Kölner Oberbürgermeister mit überwältigender Mehrheit. Bereits in die-

[69] Ebenda, S. 18.
[70] Ebenda.

Abbildung 28: Konrad Adenauer

ser frühen Periode machte sich Adenauer einen Namen als ein »politischer Fuchs«. Er merkte 1918/19 sehr viel früher als andere, daß die separatistische Bewegung, mit der er zunächst geliebäugelt hatte, keine Zukunft hatte, und distanzierte sich daraufhin schnellstens:

»Aber dieses Nein sprach er erst, als er erkannt hatte, daß die Los-vom-Reich-Bewegung zum Scheitern verurteilt war. Der ›Fuchs‹, wie ihn seine Bewunderer und Kritiker schon frühzeitig nannten, hatte eine feine Nase und roch die verpaßte Chance früher als die anderen ›Rheinländer‹, die ihn bald darauf ihrerseits einen Verräter schalten und für das Scheitern der Rheinlandbewegung verantwortlich machten.«[71]

»Er hatte keine Neigung, seine politische Zukunft einer verlorenen Sache zu opfern. Andere hatten sich bei der abenteuerlichen Fahrt durch die Kurve von ›Rheinland, Rheinland über alles‹ zu ›Deutschland, Deutschland über alles‹ den Hals gebrochen. Adenauer überstand sie — fast ohne Schramme.«[72]

Die Zeit seiner Verfolgung durch die Nationalsozialisten führte bei dem sensiblen Adenauer zu einem weitgehend negativen Menschenbild. »Es ist schwer, die Menschen zu kennen und sie nicht zu verachten.«[73] Nach 1945 nutzte er ungeniert seine Kölner Erfahrungen und seine feine Nase, um zielstrebig nach der Macht zu greifen:

»Dieser Abschnitt zeigt ihn als Meister aller Schach- und Winkelzüge des parteitaktischen Kleinkriegs. Seine vierzehnjährige Erfahrung in der Kommunalpolitik kam ihm dabei ebenso zustatten wie sein ungebrochenes Selbstvertrauen.«[74]

[71] Ebenda, S. 34.
[72] Ebenda, S. 38.
[73] Ebenda, S. 61.
[74] Ebenda, S. 72.

»Ebenso ausgeprägt wie sein Sinn für politische Wetterlagen war Adenauers Gespür für den rechten Moment, in dem man eine Gelegenheit beim Schopfe packen muß. Im Januar 1946 sollte in Herford der Parteivorsitzende für die CDU der britischen Besatzungszone gewählt werden. Die Delegierten der einzelnen Landesteile waren um den Tisch versammelt, und nur ein Stuhl, der des Vorsitzenden, war leer geblieben. Adenauer setzte sich auf diesen Stuhl mit der Begründung, daß es ihm als ältesten der Anwesenden wohl zukomme, die Führung zu übernehmen. Diese Führung hat er nie wieder aus der Hand gegeben.«[75]

Später als Kanzler regierte Adenauer ebenso autokratisch, wie er es auch von seiner Familie her gewohnt war, ohne sich nur im geringsten von politischen Freunden oder Gegnern in die Karten schauen zu lassen (Neptun im ersten Haus):

»Adenauers patriarchalische Regierungspraxis darf uns aber nicht dazu verleiten, in ihm einen grundsätzlichen Befürworter staatlicher Machtfülle zu sehen ... Er hätte — in welcher Position auch immer — alles darangesetzt, den Rahmen seiner eigenen Machtfülle so weit wie möglich zu spannen.«[76]

Auch seine politischen Überzeugungen und Ziele waren weitgehend seiner nüchternen Berechnung unterworfen. So war er ursprünglich sicherlich kein »Antikommunist« gewesen ...

» ... aber das politische Kalkül sprach für eine schroffe Wendung gegen den Kommunismus nach außen wie nach innen. Er nahm den Westmächten die Furcht vor einem neuen ›Rapallo‹ und profitierte von allem, was sich in der deutschen

75 Ebenda, S. 75.
76 Ebenda, S. 106.

Bevölkerung... an antikommunistischen Haß- und Angst-
komplexen angesammelt hatte.«[77]
Auch seine praktische Politik orientierte sich weitgehend am
Prinzip der Machbarkeit:
»Adenauer mußte also bei der Verfolgung seiner eigenen politischen Pläne keine Mauern einreißen. Er brauchte nur
durch Türen zu schreiten, die entweder offenstanden oder
sich nach einigem Klopfen öffneten. In den ersten zehn Jahren seiner Kanzlerzeit bewegte er sich mit dem Geschick eines Slalomläufers auf der Linie des geringsten Widerstandes...«[78]
Zwar strebte er — zumindest seinen öffentlichen Verlautba-
rungen nach — die deutsche Wiedervereinigung nachdrück-
lich an, doch war er bereit, den langen Umweg über die West-
integration in Kauf zu nehmen. Wie er über geschichtlichen
Wandel und die Notwendigkeit von Umwegen dachte, zeigt
die folgende Äußerung:
»Die politische Geschichte zeigt, daß ständig alles im Fluß
ist und politische Verhältnisse sich sehr schnell ändern... alles ist ständig im Fluß und ändert sich unter der Sonne...
Es ist besser, auf Umwegen zum Ziel zu kommen, als es überhaupt nicht zu erreichen. Eine erfolgreiche Politik der Wiedervereinigung beruht nicht zuletzt auf der Einsicht in die
Unvermeidbarkeit der Umwege, der mittelbaren Methoden.«[79]
Diesen Marsch »durch die Teilung zur Einheit«[80] war er bereit anzutreten, selbst wenn die deutsche Einheit damit vor-
erst in weite Ferne rückte:

[77] Ebenda, S. 78.
[78] Ebenda, S. 80.
[79] Ebenda, S. 84.
[80] Ebenda.

»Ich bin bereit, die deutsche Wiedervereinigung zu opfern, wenn wir in ein starkes westliches Lager eintreten können...«[81]

Nach vielen anderen begann schließlich auch Adenauer...

»... in seinen letzten Jahren an der Richtigkeit seines Konzepts der Opfer und Umwege zu zweifeln. Aber da waren die Opfer schon gebracht und die Umwege zu Endstationen geworden.«[82]

[81] 1954 zum französischen Außenminister Mendès-France; zitiert nach Uexküll, *Adenauer*, a. a. O., S. 84.
[82] Uexküll, *Adenauer*, a. a. O., S. 85.

Die Berechnung des Aszendenten

Mit den folgenden Tabellen können Sie Ihren Aszendenten leicht herausfinden, vorausgesetzt, Sie kennen Ihre genaue Geburtszeit. Diese läßt sich beim Standesamt des Geburtsortes erfragen, da dort der betreffende Zeitpunkt relativ exakt festgehalten wird. In der Regel genügt eine schriftliche Nachfrage mit frankiertem Rückumschlag.

Da die vorliegenden Tabellen auf mitteleuropäische Zeit (MEZ) bezogen sind, muß bei einigen Jahrgängen die Sommerzeit berücksichtigt werden. Genaueres entnehmen Sie bitte Anhang C.

Nehmen Sie nun die Tabellen im Anhang A, und suchen Sie Ihren Geburtstag. Neben der Datumsspalte finden Sie eine weitere, mit Zeit überschriebene Rubrik. Die dort aufgefundene Angabe übertragen Sie am besten auf einen Zettel und addieren sie zu Ihrer Geburtszeit. Zum Resultat addieren bzw. subtrahieren Sie die in Anhang B angegebene Zeit für die Geburtsstadt oder, falls diese nicht aufgeführt sein sollte, die Zeit der nächstgelegenen größeren Stadt. Schließlich ziehen Sie von diesem Ergebnis 24 Stunden ab, wenn Ihre Gesamtsumme größer als 24 sein sollte.

Der Anschaulichkeit halber sei hier ein Beispiel vorgeführt:

Angenommene Geburt:

3. 5. 1970 um 13 Uhr 20 Minuten in Mannheim.

Zeit 3. 5. laut Anhang A:	14^h	44^m
plus Geburtszeit:	$+ 13^h$	20^m
	$= 28^h$	04^m
Zeitangabe für Mannheim		
laut Anhang B (−26 ^{m}):	$-$	26^m
	$= 27^h$	38^m
$- 24^h$, da größer als 24:	$- 24^h$	
Endergebnis:	3^h	38^m

Den errechneten Wert suchen Sie nun wieder im Anhang A unter der Rubrik Zeit auf. Gehen Sie in dieser Spalte weiter nach rechts, so finden Sie, aufgeschlüsselt nach geographischer Breite, die Angabe Ihres Aszendenten. (Die Breite Ihres Geburtsortes können Sie in jedem Schulatlas nachschlagen.) Im Falle Mannheims ist der 50. Breitengrad der nächstliegende. Der gesuchte Aszendent liegt auf Grad 4 Jungfrau.

ANHANG A

Tabellen zur Berechnung des Aszendenten[83]

---

[83] Anhang A ist in überarbeiteter Form dem Buch *Aszendent — das aufsteigende Zeichen* von Herbert Schmatzberger, Reinbek 1983, S. 238 ff., entnommen.

		JANUAR					FEBRUAR			
		Aszendent					Aszendent			
Tag	Zeit	46°	48°	50°	52°	Zeit	46°	48°	50°	52°
1	6.40	7♎	7♎	7♎	7♎	8.43	0♍	0♍	29♎	28♎
2	6.44	8	8	7	7	8.47	1	0	0♍	29
3	6.48	9	8	8	8	8.51	2	1	0	0♍
4	6.52	9	9	9	9	8.55	2	2	1	0
5	6.56	10	10	10	9	8.59	3	2	2	1
6	7.00	11	11	10	10	9.03	4	3	2	2
7	7.04	12	11	11	11	9.07	5	4	3	2
8	7.08	12	12	12	11	9.11	5	5	4	3
9	7.12	13	13	12	12	9.15	6	5	5	4
10	7.16	14	13	13	13	9.19	7	6	5	4
11	7.20	15	14	14	14	9.23	8	7	6	5
12	7.24	15	15	15	14	9.27	8	8	7	6
13	7.28	16	16	15	15	9.31	9	8	7	7
14	7.32	17	16	16	16	9.35	10	9	8	7
15	7.36	18	17	17	16	9.39	11	10	9	8
16	7.40	18	18	17	17	9.43	11	10	10	9
17	7.44	19	19	18	18	9.47	12	11	10	9
18	7.48	20	19	19	18	9.51	13	12	11	10
19	7.52	21	20	20	19	9.55	14	12	12	11
20	7.56	21	21	20	20	9.59	14	13	12	11
21	8.00	22	22	21	20	10.03	15	14	13	12
22	8.04	23	22	22	21	10.07	16	15	14	13
23	8.08	24	23	22	22	10.11	17	16	15	13
24	8.12	24	24	23	23	10.15	17	16	15	14
25	8.16	25	24	24	23	10.19	18	17	16	15
26	8.20	26	25	25	24	10.23	19	18	17	16
27	8.24	26	26	25	25	10.27	20	19	17	16
28	8.28	27	27	26	25	10.31	20	19	18	17
29	8.32	28	27	27	26					
30	8.36	29	28	27	27					
31	8.40	29	29	28	27					

		MÄRZ					APRIL			
		Aszendent					Aszendent			
Tag	Zeit	46°	48°	50°	52°	Zeit	46°	48°	50°	52°
1	10.34	21 ♏	20 ♏	19 ♏	17 ♏	12.37	15 ♐	13 ♐	11 ♐	9 ♐
2	10.38	22	20	19	18	12.41	15	14	12	10
3	10.42	22	21	20	19	12.45	16	15	13	11
4	10.46	23	22	21	19	12.49	17	15	14	12
5	10.50	24	23	21	20	12.53	18	16	14	12
6	10.54	25	23	22	21	12.57	19	17	15	13
7	10.58	25	24	23	22	13.01	20	18	16	14
8	11.02	26	25	24	22	13.05	20	19	17	15
9	11.06	27	26	24	23	13.09	21	19	18	16
10	11.10	28	26	25	24	13.13	22	20	18	16
11	11.14	28	27	26	24	13.17	23	21	19	17
12	11.18	29	28	27	25	13.21	24	22	20	18
13	11.22	0 ♐	29	27	26	13.25	25	23	21	19
14	11.26	1	29	28	27	13.29	26	24	22	20
15	11.30	1	0 ♐	29	27	13.33	26	25	23	20
16	11.34	2	1	29	28	13.37	27	25	23	21
17	11.38	3	2	0 ♐	29	13.41	28	26	24	22
18	11.42	4	2	1	29	13.45	29	27	25	23
19	11.46	4	3	2	0 ♐	13.49	0 ♑	28	26	24
20	11.50	5	4	2	1	13.53	1	29	27	25
21	11.54	6	5	3	2	13.57	2	0 ♑	28	26
22	11.58	7	5	4	2	14.01	3	1	29	26
23	12.02	8	6	5	3	14.05	4	2	0 ♑	27
24	12.06	8	7	5	4	14.09	5	3	1	28
25	12.10	9	8	6	4	14.13	6	4	1	29
26	12.14	10	8	7	5	14.17	7	5	2	0 ♑
27	12.18	11	9	8	6	14.21	8	6	3	1
28	12.22	12	10	8	7	14.25	9	7	4	2
29	12.26	12	11	9	7	14.29	10	8	5	3
30	12.30	13	12	10	8	14.33	11	9	6	4
31	12.34	14	12	11	9					

	MAI	Aszendent				JUNI	Aszendent			
Tag	Zeit	46°	48°	50°	52°	Zeit	46°	48°	50°	52°
1	14.36	12 ♉	9 ♉	7 ♉	5 ♉	16.38	21 ♒	19 ♒	17 ♒	14 ♒
2	14.40	13	10	8	6	16.42	23	21	19	16
3	14.44	14	11	9	7	16.46	24	23	20	18
4	14.48	15	13	10	8	16.50	26	24	22	20
5	14.52	16	14	11	9	16.54	28	26	24	22
6	14.56	17	15	12	10	16.58	0 ♓	28	26	24
7	15.00	18	16	13	11	17.02	1	0 ♓	28	26
8	15.04	19	17	14	12	17.06	3	2	0 ♓	28
9	15.08	20	18	16	13	17.10	5	4	2	0 ♓
10	15.12	21	19	17	14	17.14	7	5	4	2
11	15.16	23	20	18	15	17.18	9	7	6	4
12	15.20	24	22	19	16	17.22	11	9	8	6
13	15.24	25	23	20	17	17.26	12	11	10	8
14	15.28	26	24	22	19	17.30	14	13	12	11
15	15.32	28	25	23	20	17.34	16	15	14	13
16	15.36	29	27	24	21	17.38	18	17	17	15
17	15.40	0 ♒	28	25	22	17.42	20	20	19	18
18	15.44	1	29	27	24	17.46	22	22	21	20
19	15.48	3	1 ♒	28	25	17.50	24	24	23	23
20	15.52	4	2	29	26	17.54	26	26	25	25
21	15.56	6	3	1 ♒	28	17.58	28	28	28	28
22	16.00	7	5	2	29	18.00	0 ♈	0 ♈	0 ♈	0 ♈
23	16.04	8	6	4	1 ♒	18.04	2	2	2	2
24	16.08	10	8	5	2	18.08	4	4	5	5
25	16.12	11	9	7	4	18.12	6	6	7	7
26	16.16	13	11	8	5	18.16	8	8	9	9
27	16.20	14	12	10	7	18.20	10	10	11	12
28	16.24	16	14	11	8	18.24	12	13	13	15
29	16.28	17	15	13	10	18.28	14	15	15	17
30	16.32	19	17	15	12	18.32	16	17	18	19
31	16.36	21	19	17	14					

	JULI					AUGUST			
		Aszendent					Aszendent			
Tag	Zeit	46°	48°	50°	52°	Zeit	46°	48°	50°	52°
1	18.36	17♈	18♈	19♈	21♈	20.38	4♊	7♊	9♊	12♊
2	18.40	19	20	22	23	20.42	6	8	10	13
3	18.44	21	22	24	25	20.46	7	9	12	14
4	18.48	23	24	26	28	20.50	8	10	13	16
5	18.52	25	26	28	0♉	20.54	9	11	14	17
6	18.56	26	28	0♉	2	20.58	10	13	15	18
7	19.00	28	0♉	2	4	21.02	11	14	16	19
8	19.04	0♉	2	4	6	21.06	13	15	17	20
9	19.08	2	3	5	8	21.10	14	16	18	21
10	19.12	3	5	7	10	21.14	15	17	19	22
11	19.16	5	7	9	12	21.18	16	18	20	23
12	19.20	7	9	11	14	21.22	17	19	21	24
13	19.24	8	10	13	15	21.26	18	20	22	25
14	19.28	10	12	14	17	21.30	19	21	23	26
15	19.32	12	14	16	19	21.34	20	22	24	27
16	19.36	13	15	18	21	21.38	21	23	25	28
17	19.40	15	17	19	22	21.42	22	24	26	29
18	19.44	16	18	21	24	21.46	23	25	27	0♋
19	19.48	18	20	22	25	21.50	24	26	28	1
20	19.52	19	21	24	27	21.54	25	27	29	2
21	19.56	21	23	25	28	21.58	26	28	0♋	2
22	20.00	22	24	27	0♊	22.02	27	29	1	3
23	20.04	23	26	28	1	22.06	28	0♋	2	4
24	20.08	25	27	0♊	3	22.10	29	1	3	5
25	20.12	26	28	1	4	22.14	0♋	2	4	6
26	20.16	28	0♊	2	5	22.18	1	3	5	7
27	20.20	29	1	4	7	22.22	2	3	5	8
28	20.24	0♊	2	5	8	22.26	2	4	6	8
29	20.28	1	4	6	9	22.30	3	5	7	9
30	20.32	3	5	7	10	22.34	4	6	8	10
31	20.36	4	6	9	12	22.38	5	7	9	11

SEPTEMBER   OKTOBER

Tag	Zeit	Aszendent 46°	48°	50°	52°	Zeit	Aszendent 46°	48°	50°	52°
1	22.40	5♋	7♋	9♋	11♋	0.38	29♋	1♌	2♌	3♌
2	22.44	6	8	10	12	0.42	0♌	1	3	4
3	22.48	7	9	11	13	0.46	1	2	3	5
4	22.52	8	10	12	14	0.50	2	3	4	6
5	22.56	9	11	12	14	0.54	2	4	5	6
6	23.00	10	11	13	15	0.58	3	4	6	7
7	23.04	11	12	14	16	1.02	4	5	6	8
8	23.08	11	13	15	17	1.06	5	6	7	8
9	23.12	12	14	16	18	1.10	5	7	8	9
10	23.16	13	15	16	18	1.14	6	7	9	10
11	23.20	14	16	17	19	1.18	7	8	9	11
12	23.24	15	16	18	20	1.22	8	9	10	11
13	23.28	16	17	19	21	1.26	8	10	11	12
14	23.32	16	18	20	21	1.30	9	10	11	13
15	23.36	17	19	20	22	1.34	10	11	12	13
16	23.40	18	19	21	23	1.38	11	12	13	14
17	23.44	19	20	22	24	1.42	11	12	14	15
18	23.48	20	21	23	24	1.46	12	13	14	15
19	23.52	20	22	23	25	1.50	13	14	15	16
20	23.56	21	23	24	26	1.54	14	15	16	17
21	24.00	22	23	25	26	1.58	14	15	16	17
22	0.04	23	24	26	27	2.02	15	16	17	18
23	0.08	23	25	26	28	2.06	16	17	18	19
24	0.12	24	26	27	29	2.10	17	18	19	20
25	0.16	25	26	28	29	2.14	17	18	19	20
26	0.20	26	27	29	0♌	2.18	18	19	20	21
27	0.24	27	28	29	1	2.22	19	20	21	22
28	0.28	27	29	0♌	2	2.26	20	20	21	22
29	0.32	28	29	1	2	2.30	20	21	22	23
30	0.36	29	0♌	2	3	2.34	21	22	23	24
						2.38	22	23	24	24

Tag	Zeit	Aszendent				Zeit	Aszendent			
		46°	48°	50°	52°		46°	48°	50°	52°
1	2.40	22 ♌	23 ♌	24 ♌	25 ♌	4.38	14 ♍	15 ♍	15 ♍	15 ♍
2	2.44	23	24	24	25	4.42	15	15	16	16
3	2.48	24	24	25	26	4.46	16	16	16	17
4	2.52	24	25	26	27	4.50	16	17	17	17
5	2.56	25	26	27	27	4.54	17	18	18	18
6	3.00	26	27	27	28	4.58	18	18	19	19
7	3.04	27	27	28	29	5.02	19	19	19	19
8	3.08	27	28	29	29	5.06	19	20	20	20
9	3.12	28	29	29	0 ♍	5.10	20	20	21	21
10	3.16	29	29	0 ♍	1	5.14	21	21	21	22
11	3.20	0 ♍	0 ♍	1	2	5.18	22	22	22	22
12	3.24	0	1	2	2	5.22	22	23	23	23
13	3.28	1	2	2	3	5.26	23	23	24	24
14	3.32	2	2	3	4	5.30	24	24	24	24
15	3.36	3	3	4	4	5.34	25	25	25	25
16	3.40	3	4	4	5	5.38	25	26	26	26
17	3.44	4	5	5	6	5.42	26	26	26	26
18	3.48	5	5	6	6	5.46	27	27	27	27
19	3.52	5	6	7	7	5.50	28	28	28	28
20	3.56	6	7	7	8	5.54	28	29	29	29
21	4.00	7	7	8	9	5.58	29	29	29	29
22	4.04	8	8	9	9	6.02	1 ♎	1 ♎	1 ♎	1 ♎
23	4.08	8	9	9	10	6.06	1	1	1	1
24	4.12	9	10	10	11	6.10	2	1	1	1
25	4.16	10	10	11	11	6.14	2	2	2	2
26	4.20	11	11	12	12	6.18	3	3	3	3
27	4.24	11	12	12	13	6.22	4	4	4	4
28	4.28	12	13	13	13	6.26	5	4	4	4
29	4.32	13	13	14	14	6.30	5	5	5	5
30	4.36	14	14	14	15	6.34	6	6	6	6
						6.38	7	7	6	6

ANHANG B

Korrektur für Städte[84]

Aachen	$-$ 00 ^{h} 36 ^{m}	Bayreuth	$-$ 00 ^{h} 14 ^{m}
Aalen	$-$ 00 h 20 ^{m}	Bebra	$-$ 00 ^{h} 21 ^{m}
Achern	$-$ 00 ^{h} 28 ^{m}	Bedburg	$-$ 00 ^{h} 34 ^{m}
Alicante	$-$ 01 ^{h} 02 ^{m}	Belgrad	$+$ 00 ^{h} 22 ^{m}
Alsfeld	$-$ 00 ^{h} 23 ^{m}	Bensheim	$-$ 00 ^{h} 26 ^{m}
Altenkirchen	$-$ 00 ^{h} 30 ^{m}	Berchtesgaden	$-$ 00 ^{h} 08 ^{m}
Altötting	$-$ 00 ^{h} 09 ^{m}	Berheim/Erft	$-$ 00 ^{h} 33 ^{m}
Alzey	$-$ 00 ^{h} 28 ^{m}	Bergisch-	
Amberg	$-$ 00 ^{h} 13 ^{m}	Gladbach	$-$ 00 ^{h} 31 ^{m}
Amiens	$-$ 00 ^{h} 51 ^{m}	Berlin	
Amöneburg	$-$ 00 ^{h} 24 ^{m}	(Reichstag)	$-$ 00 ^{h} 06 ^{m}
Amorbach	$-$ 00 ^{h} 23 ^{m}	Bern	$-$ 00 ^{h} 30 ^{m}
Amsterdam	$-$ 00 ^{h} 40 ^{m}	Bernkastel	$-$ 00 ^{h} 32 ^{m}
Andermatt	$-$ 00 ^{h} 26 ^{m}	Besançon	$-$ 00 ^{h} 36 ^{m}
Andernach	$-$ 00 ^{h} 30 ^{m}	Biberach	$-$ 00 ^{h} 21 ^{m}
Andorra	$-$ 00 ^{h} 54 ^{m}	Bielefeld	$-$ 00 ^{h} 26 ^{m}
Ansbach	$-$ 00 ^{h} 18 ^{m}	Bingen	$-$ 00 ^{h} 28 ^{m}
Antwerpen	$-$ 00 ^{h} 42 ^{m}	Bitburg	$-$ 00 ^{h} 34 ^{m}
Arneburg	$-$ 00 ^{h} 12 ^{m}	Bochum	$-$ 00 ^{h} 31 ^{m}
Aschaffenburg	$-$ 00 ^{h} 23 ^{m}	Bolzano	$-$ 00 ^{h} 14 ^{m}
Aschendorf	$-$ 00 ^{h} 31 ^{m}	Bonn	$-$ 00 ^{h} 32 ^{m}
Augsburg	$-$ 00 ^{h} 16 ^{m}	Bordeaux	$-$ 01 ^{h} 02 ^{m}
Aurich	$-$ 00 ^{h} 16 ^{m}	Borkum	$-$ 00 ^{h} 33 ^{m}
Avignon	$-$ 00 ^{h} 41 ^{m}	Bottrop	$-$ 00 ^{h} 35 ^{m}
		Brandenburg	$-$ 00 ^{h} 10 ^{m}
Baden-Baden	$-$ 00 ^{h} 27 ^{m}	Bratislava	$+$ 00 ^{h} 08 ^{m}
Bamberg	$-$ 00 ^{h} 16 ^{m}	Braunau	$-$ 00 ^{h} 08 ^{m}
Barcelona	$-$ 00 ^{h} 51 ^{m}	Braunschweig	$-$ 00 ^{h} 18 ^{m}
Basel	$-$ 00 ^{h} 30 ^{m}	Bregenz	$-$ 00 ^{h} 21 ^{m}
Bautzen	$-$ 00 ^{h} 02 ^{m}	Bremen	$-$ 00 ^{h} 25 ^{m}

[84]Grimm, Hoffmann, Ebertin, *Die geographischen Positionen Europas*, Freiburg i. Br. [10]1989

Breslau	+ 00 ^{h} 08 ^{m}	Essen	− 00 ^{h} 32 ^{m}
Brüssel	− 00 ^{h} 43 ^{m}	Esslingen	− 00 ^{h} 23 ^{m}
Budapest	+ 00 ^{h} 16 ^{m}	Ettlingen	− 00 ^{h} 26 ^{m}
Bukarest	+ 00 ^{h} 44 ^{m}	Euskirchen	− 00 ^{h} 33 ^{m}
Buxtehude	− 00 ^{h} 21 ^{m}		
		Fellbach	− 00 ^{h} 23 ^{m}
Calw	− 00 ^{h} 25 ^{m}	Feuchtwangen	− 00 ^{h} 19 ^{m}
Castrop	− 00 ^{h} 31 ^{m}	Flensburg	− 00 ^{h} 22 ^{m}
Celle	− 00 ^{h} 20 ^{m}	Frankfurt/M.	− 00 ^{h} 25 ^{m}
Chemnitz	− 00 ^{h} 08 ^{m}	Frankfurt/O.	− 00 ^{h} 02 ^{m}
Chur	− 00 ^{h} 22 ^{m}	Freiburg/Br.	− 00 ^{h} 29 ^{m}
Clausthal	− 00 ^{h} 19 ^{m}	Freising	− 00 ^{h} 13 ^{m}
Cleve	− 00 ^{h} 35 ^{m}	Freudenstadt	− 00 ^{h} 26 ^{m}
Coburg	− 00 ^{h} 16 ^{m}	Friedberg	− 00 ^{h} 25 ^{m}
Crailsheim	− 00 ^{h} 20 ^{m}	Friedrichshafen	− 00 ^{h} 22 ^{m}
Cottbus	− 00 ^{h} 02 ^{m}	Fulda	− 00 ^{h} 21 ^{m}
Cuxhaven	− 00 ^{h} 25 ^{m}	Fürth	− 00 ^{h} 16 ^{m}
Dachau	− 00 ^{h} 14 ^{m}	Garmisch-	
Danzig	+ 00 ^{h} 15 ^{m}	Partenkirchen	− 00 ^{h} 16 ^{m}
Darmstadt	− 00 ^{h} 25 ^{m}	Gelsenkirchen	− 00 ^{h} 32 ^{m}
Deggendorf	− 00 ^{h} 08 ^{m}	Genf	− 00 ^{h} 35 ^{m}
Detmold	− 00 ^{h} 24 ^{m}	Gent	− 00 ^{h} 45 ^{m}
Dillingen/Saar	− 00 ^{h} 33 ^{m}	Gera	− 00 ^{h} 12 ^{m}
Dinslaken	− 00 ^{h} 33 ^{m}	Gießen	− 00 ^{h} 25 ^{m}
Donauwörth	− 00 ^{h} 17 ^{m}	Gifhorn	− 00 ^{h} 18 ^{m}
Dortmund	− 00 ^{h} 30 ^{m}	Glasgow	− 01 ^{h} 17 ^{m}
Dresden	− 00 ^{h} 05 ^{m}	Glogau	+ 00 ^{h} 04 ^{m}
Dublin	− 01 ^{h} 25 ^{m}	Godesberg	− 00 ^{h} 31 ^{m}
Duisburg	− 00 ^{h} 33 ^{m}	Göppingen	− 00 ^{h} 21 ^{m}
Düsseldorf	− 00 ^{h} 33 ^{m}	Görlitz	− 00 ^{h} 00 ^{m}
		Goslar	− 00 ^{h} 18 ^{m}
Eckernförde	− 00 ^{h} 21 ^{m}	Gotha	− 00 ^{h} 17 ^{m}
Edinburgh	− 01 ^{h} 13 ^{m}	Göttingen	− 00 ^{h} 20 ^{m}
Eisenach	− 00 ^{h} 19 ^{m}	Graz	+ 00 ^{h} 02 ^{m}
Emmendingen	− 00 ^{h} 29 ^{m}	Grenoble	− 00 ^{h} 37 ^{m}
Erfurt	− 00 ^{h} 16 ^{m}	Grevenbroich	− 00 ^{h} 34 ^{m}
Erlangen	− 00 ^{h} 16 ^{m}	Gronau/Westf.	− 00 ^{h} 32 ^{m}

Gummersbach	$- 00^h 30^m$	Iserlohn	$- 00^h 29^m$
Günzburg	$- 00^h 19^m$	Istanbul	$+ 00^h 56^m$
Güstrow	$- 00^h 11^m$	Itzehoe	$- 00^h 22^m$
Gütersloh	$- 00^h 26^m$		
		Jena	$- 00^h 14^m$
Hagen	$- 00^h 30^m$	Jever	$- 00^h 28^m$
Halberstadt	$- 00^h 16^m$	Juist	$- 00^h 32^m$
Halle/Saale	$- 00^h 12^m$	Jülich	$- 00^h 35^m$
Hamburg	$- 00^h 20^m$		
Hameln	$- 00^h 23^m$	Kaarst	$- 00^h 33^m$
Hamm/Westf.	$- 00^h 29^m$	Kaiserslautern	$- 00^h 29^m$
Hannover	$- 00^h 21^m$	Kamen	$- 00^h 29^m$
Harzburg	$- 00^h 18^m$	Karlsruhe	$- 00^h 26^m$
Heidelberg	$- 00^h 25^m$	Kassel	$- 00^h 22^m$
Heilbronn	$- 00^h 23^m$	Kattowitz	$+ 00^h 16^m$
Helmstedt	$- 00^h 16^m$	Kaufbeuren	$- 00^h 18^m$
Helsinki	$+ 00^h 40^m$	Kehl	$- 00^h 29^m$
Heppenheim	$- 00^h 25^m$	Kempten	$- 00^h 19^m$
Herborn	$- 00^h 27^m$	Kerpen/Rhld.	$- 00^h 33^m$
Herford	$- 00^h 25^m$	Kiel	$- 00^h 19^m$
Herne	$- 00^h 31^m$	Klagenfurt	$- 00^h 03^m$
Hersfeld, Bad	$- 00^h 21^m$	Kleve	$- 00^h 35^m$
Herten/Westf.	$- 00^h 31^m$	Koblenz	$- 00^h 30^m$
Herzogenrath	$- 00^h 36^m$	Köln	$- 00^h 32^m$
Hildesheim	$- 00^h 20^m$	Königsberg/Pr.	$+ 00^h 22^m$
Hof/Saale	$- 00^h 12^m$	Konstanz	$- 00^h 23^m$
Homburg, Bad	$- 00^h 26^m$	Kopenhagen	$- 00^h 10^m$
Homburg/Saar	$- 00^h 31^m$	Krakau	$+ 00^h 20^m$
Honnef	$- 00^h 31^m$	Krefeld	$- 00^h 34^m$
Höxter	$- 00^h 22^m$	Kreuznach, Bad	$- 00^h 29^m$
Hoyerswerda	$- 00^h 03^m$	Kufstein	$- 00^h 11^m$
Husum	$- 00^h 24^m$		
		Lahr	$- 00^h 28^m$
Ibbenbüren	$- 00^h 29^m$	Landau	$- 00^h 28^m$
Idar-Oberstein	$- 00^h 31^m$	Landshut/	
Ingolstadt	$- 00^h 14^m$	Bayern	$- 00^h 11^m$
Innsbruck	$- 00^h 14^m$	Langenfeld/	
Interlaken	$- 00^h 29^m$	Rhld.	$- 00^h 32^m$

Lausanne	– 00 h 33 m	Mosbach/	
Leer	– 00 h 30 m	Baden	– 00 h 23 m
Leipzig	– 00 h 10 m	Mühlheim/	
Leverkusen	– 00 h 32 m	Ruhr	– 00 h 32 m
Liechtenstein	– 00 h 10 m	München	– 00 h 14 m
Limburg/Lahn	– 00 h 28 m	Münster/Westf.	– 00 h 30 m
Lindau/			
Bodensee	– 00 h 21 m	Naumburg/	
Linz/Österreich	– 00 h 03 m	Saale	– 00 h 13 m
Lippstadt	– 00 h 27 m	Neapel	– 00 h 03 m
Liverpool	– 01 h 12 m	Neu-Branden-	
London	– 01 h 00 m	burg	– 00 h 07 m
Lörrach	– 00 h 29 m	Neumünster	– 00 h 20 m
Lübeck	– 00 h 17 m	Neunkirchen/	
Ludwigsburg	– 00 h 23 m	Saar	– 00 h 31 m
Ludwigs-		Neuss	– 00 h 33 m
hafen/Rh.	– 00 h 26 m	Neustadt/	
Lüneburg	– 00 h 18 m	Weinstr.	– 00 h 27 m
Lünen	– 00 h 30 m	Neuwied	– 00 h 30 m
Luxemburg	– 00 h 35 m	Nienburg/	
Luzern	– 00 h 27 m	Weser	– 00 h 23 m
Lyon	– 00 h 41 m	Nizza	– 00 h 31 m
		Norden	– 00 h 31 m
Magdeburg	– 00 h 13 m	Nordhausen	– 00 h 17 m
Mailand	– 00 h 23 m	Nordhorn	– 00 h 32 m
Mainz	– 00 h 27 m	Northeim	– 00 h 20 m
Mannheim	– 00 h 26 m	Nürnberg	– 00 h 16 m
Marburg/Lahn	– 00 h 25 m	Nürtingen	– 00 h 23 m
Marseille	– 00 h 38 m		
Merseburg	– 00 h 12 m	Oberammer-	
Minden	– 00 h 24 m	gau	– 00 h 16 m
Monaco	– 00 h 30 m	Oberhausen	– 00 h 33 m
Mönchen-		Oeynhausen	– 00 h 25 m
gladbach	– 00 h 34 m	Offenbach	– 00 h 25 m
Monheim/		Offenburg	– 00 h 28 m
Rhld.	– 00 h 32 m	Oldenburg/	
Montabaur	– 00 h 29 m	Old.	– 00 h 27 m
Moers	– 00 h 33 m	Oldeslohe	– 00 h 18 m

Olpe	$- 00^h 28^m$	Rorschach	$- 00^h 22^m$
Orléans	$- 00^h 52^m$	Rosenheim	$- 00^h 11^m$
Oslo	$- 00^h 17^m$	Rostock	$- 00^h 11^m$
Osnabrück	$- 00^h 28^m$	Rothenburg	
Ostende	$- 00^h 48^m$	o.d.T.	$- 00^h 19^m$
Osterode/Harz	$- 00^h 19^m$	Rotterdam	$- 00^h 42^m$
		Rottweil	$- 00^h 25^m$
Paderborn	$- 00^h 25^m$	Rüsselsheim	$- 00^h 26^m$
Paris	$- 00^h 51^m$		
Passau	$- 00^h 06^m$	Saarbrücken	$- 00^h 32^m$
Peine	$- 00^h 19^m$	Saarlouis	$- 00^h 33^m$
Pforzheim	$- 00^h 25^m$	Salzburg	$- 00^h 08^m$
Pilsen	$- 00^h 06^m$	Salzgitter	$- 00^h 18^m$
Pinneberg	$- 00^h 21^m$	Salzuflen, Bad	$- 00^h 25^m$
Pirmasens	$- 00^h 29^m$	Schleswig	$- 00^h 22^m$
Pirna	$- 00^h 04^m$	Schönebeck	$- 00^h 13^m$
Plauen	$- 00^h 11^m$	Schwabach	$- 00^h 16^m$
Posen	$+ 00^h 08^m$	Schwäbisch	
Potsdam	$- 00^h 08^m$	Gmünd	$- 00^h 21^m$
Prag	$- 00^h 02^m$	Schwäbisch	
Pulheim	$- 00^h 33^m$	Hall	$- 00^h 21^m$
Pyrmont	$- 00^h 23^m$	Schwedt/Oder	$- 00^h 03^m$
		Schweinfurt	$- 00^h 19^m$
Radebeul	$- 00^h 05^m$	Schwerin/	
Rastatt	$- 00^h 27^m$	Meckl.	$- 00^h 14^m$
Ratingen	$- 00^h 33^m$	Schwerte	$- 00^h 30^m$
Ratzeburg	$- 00^h 17^m$	Sieburg	$- 00^h 31^m$
Ravensburg	$- 00^h 22^m$	Siegen	$- 00^h 28^m$
Recklinghausen	$- 00^h 31^m$	Sindelfingen	$- 00^h 24^m$
Regensburg	$- 00^h 12^m$	Singen/	
Remscheid	$- 00^h 31^m$	Hohentwiel	$- 00^h 25^m$
Rendsburg	$- 00^h 21^m$	Soest	$- 00^h 28^m$
Reutlingen	$- 00^h 23^m$	Sofia	$+ 00^h 33^m$
Reval	$+ 00^h 39^m$	Solingen	$- 00^h 31^m$
Rheine	$- 00^h 30^m$	Solothurn	$- 00^h 30^m$
Riesa	$- 00^h 07^m$	Speyer	$- 00^h 26^m$
Rinteln	$- 00^h 24^m$	Stade	$- 00^h 22^m$
Rom	$- 00^h 10^m$	St. Ingbert	$- 00^h 31^m$

St. Wendel	− 00 ^{h} 31 ^{m}	Warschaum	+ 00 ^{h} 24 ^{m}
Stendal	− 00 ^{h} 13 ^{m}	Weiden/Ober-	
Stettin	− 00 ^{h} 02 ^{m}	pfalz	− 00 ^{h} 11 ^{m}
Stockholm	+ 00 ^{h} 12 ^{m}	Weinheim	− 00 ^{h} 25 ^{m}
Stralsund	− 00 ^{h} 08 ^{m}	Wesel	− 00 ^{h} 34 ^{m}
Straßburg	− 00 ^{h} 29 ^{m}	Wetzlar	− 00 ^{h} 26 ^{m}
Straubing	− 00 ^{h} 10 ^{m}	Wien	+ 00 ^{h} 06 ^{m}
Stuttgart	− 00 ^{h} 23 ^{m}	Wiener Neu-	
Suhl	− 00 ^{h} 17 ^{m}	stadt	+ 00 ^{h} 05 ^{m}
		Wiesbaden	− 00 ^{h} 27 ^{m}
Tauberbischofs-		Wilhelmshaven	− 00 ^{h} 28 ^{m}
heim	− 00 ^{h} 21 ^{m}	Willich	− 00 ^{h} 34 ^{m}
Tilsit	+ 00 ^{h} 28 ^{m}	Winterthur	− 00 ^{h} 25 ^{m}
Traunstein	− 00 ^{h} 17 ^{m}	Wismar	− 00 ^{h} 14 ^{m}
Trier	− 00 ^{h} 33 ^{m}	Witten	− 00 ^{h} 31 ^{m}
Troisdorf	− 00 ^{h} 31 ^{m}	Wittenberg	− 00 ^{h} 09 ^{m}
Tübingen	− 00 ^{h} 24 ^{m}	Wolfenbüttel	− 00 ^{h} 18 ^{m}
Tuttlingen	− 00 ^{h} 25 ^{m}	Wolfsburg	− 00 ^{h} 17 ^{m}
		Wolgast	− 00 ^{h} 05 ^{m}
Uerdingen	− 00 ^{h} 33 ^{m}	Worms	− 00 ^{h} 27 ^{m}
Ulm	− 00 ^{h} 20 ^{m}	Würzburg	− 00 ^{h} 20 ^{m}
Unna	− 00 ^{h} 29 ^{m}	Wunstorf	− 00 ^{h} 22 ^{m}
Utrecht	− 00 ^{h} 39 ^{m}	Wuppertal	− 00 ^{h} 31 ^{m}
Vaihingen	− 00 ^{h} 24 ^{m}	Xanten	− 00 ^{h} 34 ^{m}
Vechta	− 00 ^{h} 27 ^{m}		
Venlo	− 00 ^{h} 35 ^{m}	Zagreb	+ 00 ^{h} 25 ^{m}
Viersen	− 00 ^{h} 34 ^{m}	Zeitz	− 00 ^{h} 11 ^{m}
Villingen	− 00 ^{h} 26 ^{m}	Zittau	− 00 ^{h} 01 ^{m}
		Zürich	− 00 ^{h} 26 ^{m}
Waiblingen	− 00 ^{h} 23 ^{m}	Zweibrücken	− 00 ^{h} 31 ^{m}
Warendorf	− 00 ^{h} 28 ^{m}	Zwickau	− 00 ^{h} 10 ^{m}

ANHANG C

Liste der Sommerzeiten[85]
in Deutschland, Österreich und der Schweiz seit 1900

Deutschland:

Vom	30. 04. 1916	23^h	bis zum	01. 10. 1916	1^h MES
Vom	16. 04. 1917	2^h	bis zum	17. 09. 1917	3^h MES
Vom	15. 04. 1918	2^h	bis zum	16. 09. 1918	3^h MES
Vom	01. 04. 1940	2^h	bis zum	02. 11. 1942	3^h MES
Vom	29. 03. 1943	2^h	bis zum	04. 10. 1943	3^h MES
Vom	03. 04. 1944	2^h	bis zum	02. 10. 1944	3^h MES
Vom	02. 04. 1945	2^h	bis zum	16. 09. 1945	2^h MES

Berlin und sowjetisch besetzte Zone:

Vom 24. 05. 1945 2^h bis zum 24. 09. 1945 3^h MES
(Vorsicht: doppelte Sommerzeit während dieses Zeitraums.
Es sind 2 Stunden abzuziehen.)
Vom 24. 09. 1945 3^h bis zum 18. 11. 1945 2^h MES

Deutschland

Vom 14. 04. 1946 2^h bis zum 07. 10. 1946 3^h MES
Vom 06. 04. 1947 3^h bis zum 11. 05. 1947 3^h MES

---

[85] Sollten Sie in einem der folgenden Jahre während der aufgeführten Zeiträume geboren sein, so müssen Sie von Ihrer Geburtszeit eine Stunde in Abzug bringen, umden richtigen Aszendenten berechnen zu können. Diese Stunde stellt den Zeitunterschied zwischen MEZ (mitteleuropäischer Zeit) und MES (mitteleuropäische Sommerzeit) dar. Die Angaben bis 1980 sind den *Globalen Häusertabellen*, München [4]1986, entnommen. Für die Jahre 1980 bis 1990 entstammen die Angaben dem»Astrolab«-Programmvon Röttger.

Vom 11. 05. 1947 3^h bis zum 29. 06. 1947 3^h MES
(Vorsicht: doppelte Sommerzeit während dieses Zeitraums.
Es sind 2 Stunden abzuziehen.)
Vom 29. 06. 1947 3^h bis zum 05. 10. 1947 3^h MES
Vom 18. 04. 1948 2^{h*} bis zum 03. 10. 1948 3^h MES
Vom 10. 04. 1949 2^{h*} bis zum 02. 10. 1949 3^h MES
* Sowjetisch besetzte Zone: 3^h

Bundesrepublik und DDR seit 1980:

Vom 06. 04. 1980 2^h bis zum 28. 09. 1980 3^h MES
Vom 29. 03. 1981 2^h bis zum 27. 09. 1981 3^h MES
Vom 28. 03. 1982 2^h bis zum 26. 09. 1982 3^h MES
Vom 27. 03. 1983 2^h bis zum 25. 09. 1983 3^h MES
Vom 25. 03. 1984 2^h bis zum 30. 09. 1984 3^h MES
Vom 31. 03. 1985 2^h bis zum 29. 09. 1985 3^h MES
Vom 31. 03. 1986 2^h bis zum 28. 09. 1986 3^h MES
Vom 29. 03. 1987 2^h bis zum 27. 09. 1987 3^h MES
Vom 27. 03. 1988 2^h bis zum 25. 09. 1988 3^h MES
Vom 26. 03. 1989 2^h bis zum 24. 09. 1989 3^h MES
Vom 25. 03. 1990 2^h bis zum 30. 09. 1990 3^h MES

Österreich:

Vom 30. 04. 1916 23^h bis zum 01. 10. 1916 1^h MES
Vom 16. 04. 1917 2^h bis zum 17. 09. 1917 3^h MES
Vom 15. 04. 1918 2^h bis zum 16. 09. 1918 3^h MES
Vom 28. 04. 1919 2^h bis zum 29. 09. 1919 3^h MES
Vom 05. 04. 1920 2^h bis zum 13. 09. 1920 3^h MES

Vom 01. 04. 1940 2^h bis zum 02. 11. 1942 3^h MES
Vom 01. 04. 1943 2^h bis zum 04. 10. 1943 3^h MES
Vom 01. 04. 1944 2^h bis zum 02. 10. 1944 3^h MES

Vom	02. 04. 1945	2^h	bis zum	12. 04. 1945	?^{h} MES	(Wien)
Vom	02. 04. 1945	2^h	bis zum	23. 04. 1945	?^{h} MES	(übriges Österreich)
Vom	14. 04. 1946	2^h	bis zum	07. 10. 1946	3^h MES	
Vom	06. 04. 1947	3^h	bis zum	05. 10. 1947	3^h MES	
Vom	18. 04. 1948	2^h	bis zum	03. 10. 1948	3^h MES	
Vom	06. 04. 1980	0^h	bis zum	27. 09. 1980	24^h MES	
Vom	29. 03. 1981	2^h	bis zum	27. 09. 1981	3^h MES	
Vom	28. 03. 1982	2^h	bis zum	26. 09. 1982	3^h MES	
Vom	27. 03. 1983	2^h	bis zum	25. 09. 1983	3^h MES	
Vom	25. 03. 1984	2^h	bis zum	30. 09. 1984	3^h MES	
Vom	31. 03. 1985	2^h	bis zum	29. 09. 1985	3^h MES	
Vom	30. 03. 1986	2^h	bis zum	28. 09. 1986	3^h MES	
Vom	29. 03. 1987	2^h	bis zum	27. 09. 1987	3^h MES	
Vom	27. 03. 1988	2^h	bis zum	25. 09. 1988	3^h MES	
Vom	26. 03. 1989	2^h	bis zum	24. 09. 1989	3^h MES	
Vom	25. 03. 1990	2^h	bis zum	30. 09. 1990	3^h MES	

Schweiz:

Vom	03. 06. 1916	2^h	bis zum	30. 09. 1916	0^h MES
Vom	05. 05. 1941	2^h	bis zum	06. 10. 1941	0^h MES
Vom	04. 05. 1942	2^h	bis zum	05. 10. 1942	0^h MES
Vom	06. 04. 1980	2^h	bis zum	28. 09. 1980	3^h MES
Vom	29. 03. 1981	2^h	bis zum	27. 09. 1981	3^h MES
Vom	28. 03. 1982	2^h	bis zum	26. 09. 1982	3^h MES
Vom	27. 03. 1983	2^h	bis zum	25. 09. 1983	3^h MES
Vom	25. 03. 1984	2^h	bis zum	30. 09. 1984	3^h MES
Vom	31. 03. 1985	2^h	bis zum	29. 09. 1985	3^h MES

Vom 31. 03. 1986 2^h bis zum 28. 09. 1986 3^h MES
Vom 29. 03. 1987 2^h bis zum 27. 09. 1987 3^h MES
Vom 27. 03. 1988 2^h bis zum 25. 09. 1988 3^h MES
Vom 26. 03. 1989 2^h bis zum 24. 09. 1989 3^h MES
Vom 25. 03. 1990 2^h bis zum 30. 09. 1990 3^h MES

Hinweis für Grenzfälle

Sollte Ihr Aszendent nach der Berechnung mit diesen Tabellen in den Grenzbereich zwischen zwei Tierkreiszeichen fallen, so empfiehlt es sich, etwas genauer zu rechnen. Eine Möglichkeit besteht darin, die geographische Breite Ihres Geburtsortes exakt zu bestimmen und dann zwischen den in Zwei-Grad-Schritten angegebenen Breiten in Anhang A zu interpolieren.

Doch selbst rechnerisch sehr genaue Vorgehensweise garantiert in diesen Grenzfällen leider noch nicht das richtige Ergebnis. Wenn Sie absolut sichergehen wollen, können Sie sich auch direkt an mich wenden. Ich werde Ihren Aszendenten gegen Übersendung eines frankierten Rückumschlages mit Hilfe modernster Computertechnik ausrechnen, sofern Sie mir Ort, Tag und Minute Ihrer Geburt mitteilen.

Wenden Sie sich bitte an folgende Adresse:

Droemersche Verlagsanstalt Th. Knaur Nachf.,
Taschenbuch-Lektorat
81664 München

SYMBOLE

Tierkreiszeichen		Planeten	
♈	Widder	☉	Sonne
♉	Stier	☽	Mond
♊	Zwillinge	☿	Merkur
♋	Krebs	♀	Venus
♌	Löwe	♂	Mars
♍	Jungfrau	♃	Jupiter
♎	Waage	♄	Saturn
♏	Skorpion	♅	Uranus
♐	Schütze	♆	Neptun
♑	Steinbock	♇	Pluto
♒	Wassermann	☊	Mondknoten
♓	Fische		

ABKÜRZUNGEN

AC   =   Aszendent

DC   =   Deszendent

EST   =   Eastern Standard Time

GMT   =   Greenwich Mean Time (Weltzeit)

IC   =   Imum Coeli (Himmelstiefe)

LMT   =   Local Mean Time (mittlere Ortszeit)

MC   =   Medium Coeli (Himmelsmitte)

MES   =   Mitteleuropäische Sommerzeit

MEZ   =   Mitteleuropäische Zeit

N   =   Nördliche Breite

O   =   Östliche Länge

R   =   Rückläufige Bewegung, retrograd

W   =   Westliche Länge

Astrologie

Howard Sasportas
Astrologische Häuser und Aszendenten
Vorwort von Liz Greene

Esoterik

(4165)

Howard Sasportas
Uranus, Neptun, Pluto im Transit

Esoterik

(4243)

Brigitte Hamann
DIE ZWÖLF ARCHETYPEN
Tierkreis und Persönlichkeitsstruktur

(4253)

Michael Roscher
DAS BUCH DER HOROSKOPE
240 Horoskope bekannter Persönlichkeiten

(4234)

Michael Roscher
PRAXIS DER HOROSKOP INTERPRETATION
Einführung in die Transpersonale Astrologie

(4281)

Michael Roscher
ASTROLOGIE UND PSYCHOSOMATIK
Horoskopkonstellationen aus medizinischer Sicht

(4280)